D1664368

Wolls Lehr- und Handbücher der Wirtschafts- und Sozialwissenschaften

Herausgegeben von
Universitätsprofessor Professor h. c. Dr. Dr. h. c. Artur Woll

Bisher erschienene Werke:

Wachstumstheorie

Von
Dr. Lucas Bretschger
o. Professor für Ökonomie
an der ETH Zürich

3., überarbeitete und erweiterte Auflage

R.Oldenbourg Verlag München Wien

Bibliografische Information Der Deutschen Bibliothek

Die Deutsche Bibliothek verzeichnet diese Publikation in der Deutschen
Nationalbibliografie; detaillierte bibliografische Daten sind im Internet
über <http://dnb.ddb.de> abrufbar.

© 2004 Oldenbourg Wissenschaftsverlag GmbH
Rosenheimer Straße 145, D-81671 München
Telefon: (089) 45051-0
www.oldenbourg-verlag.de

Gedruckt auf säure- und chlorfreiem Papier
Gesamtherstellung: Druckhaus „Thomas Müntzer" GmbH, Bad Langensalza

ISBN 3-486-20003-8

Inhaltsverzeichnis

Abbildungsverzeichnis

Variablen und Abkürzungen

- A Totale Faktorproduktivität, Wissensstand
- A^L Arbeitsproduktivität
- A^K Kapitalproduktivität
- a Input-Koeffizient; Vermehrungsfaktor
- BIP   Bruttoinlandsprodukt
- C Konsum
- CCH   Carrying Capacity of the Habitat
- CES   Constant Elasticity of Substitution
- c Pro-Kopf-Konsum
- c^R Extraktionskosten
- D Konstante (in der Produktionsfunktion)
- DK Durchschnittskosten
- E Ernteaufwand
- GE Grenzerlös
- GK Grenzkosten
- GPK Grenzprodukt (-ertrag) des Kapitals
- GR goldene Regel
- g_i Wachstumsrate der Variablen i
- H Humankapital
- h Pro-Kopf-Transfer
- i_j Investitionen in Faktor j
- I Investitionen in Realkapital
- K Kapitalstock
- KR Keynes-Ramsey
- k Kapitalintensität
- L Arbeit; Bevölkerung
- M natürliches Konsumgut; nominelle Geldmenge/Geldangebot
- M^d nominelle Geldnachfrage
- m reales Geldangebot pro Kopf
- m^d reale Geldnachfrage pro Kopf
- MSY   Maximum Sustainable Yield
- N natürlicher Produktionsfaktor
- n Anzahl Designs bzw. Zwischenprodukte
- O Boden
- P Preisniveau
- p Güterpreis
- p^R Ressourcenpreis
- p_x inverse Nachfragefunktion
- Q staatliche Vorleistungen
- q staatliche Vorleistungen pro Kopf
- R erschöpfbare Ressource
- r Zinssatz

- S Sparsumme
- S_0 Anfangsbestand einer Ressource
- s Sparquote
- s^d, s^f Wissenskapital im Inland (d) resp. Ausland (f)
- T qualifizierte Arbeit
- t Zeitindex
- TFP Totale Faktorproduktivität
- U Nutzen
- U/L Nutzen pro Kopf
- u Zeitanteil des Humankapitals in der Produktion
- V Bestand der erneuerbaren natürlichen Ressource
- v Kapitalkoeffizient
- W Vermögen
- w Lohnsatz
- w_i Faktorentgelt des Faktors i
- X Ressourceneinsatz bei differenzierten Gütern; allg. Ressourceneinsatz
- x_i differenziertes Zwischenprodukt i
- Y Output, Einkommen
- y Pro-Kopf-Einkommen
- Y^D Güternachfrage
- Y^H High-Tech-Konsumgut (F+E-Modell)
- Y^L Arbeitseinkommen
- Y^S Güterangebot
- y_v verfügbares Pro-Kopf-Einkommen
- Z Ernte
- z Marktwert eines Designs
- α Produktionselastizität des Kapitals
- β Spezialisierungsparameter; Produktionselastizität der Arbeit
- γ Kehrwert der Elastizität der intertemporalen Substitution
- δ Abschreibungssatz für Realkapital
- ε Substitutionselastizität; Preiselastizität der Nachfrage; Störterm
- ζ Produktivitätsparameter im Zwischenproduktesektor; Variable für Spezialisierungsvorteile; Effizienzvariable des Finanzsektors
- η Maß für die Intensität, mit welcher die Erfahrung die totale Faktorproduktivität beeinflusst
- θ_i Faktorquote des Faktors i
- κ Wissenskapital
- λ Konvergenzgeschwindigkeit; Opportunitätskosten der Kapitalbildung
- μ Effizienz des Bildungssektors
- ν Externalitäten-Parameter (Konsumbereich)
- ξ Produktionselastizität des Bodens
- π Gewinn in der Zwischenprodukt-Herstellung
- π^R Rente aus Ressourcenverkauf

- ρ Diskontrate
- σ Substitutionselastizität
- τ Steuersatz
- ϕ Verteilungsparameter; partielle Produktionselastizität des Wissensbestandes
- ψ Externalitäten-Parameter (Produktionsbereich)
- ω Produktionselastizität der Arbeit

Vorwort

Die Erklärung der langfristigen Wirtschaftsentwicklung ist von jeher ein Hauptanliegen der ökonomischen Theorie gewesen. Der heutige "Wohlstand der Nationen" und vor allem die beträchtlichen internationalen Unterschiede im Lebensstandard sind das Resultat spezifischer Wachstumsprozesse der Vergangenheit. In jüngster Zeit haben neue theoretische und empirische Erkenntnisse der makroökonomischen Erforschung dieser Prozesse wesentliche Impulse verliehen. Das vorliegende Buch vermittelt eine breite Übersicht über das Gebiet der Wachstumstheorie. Es umfaßt sowohl die älteren Ansätze wie auch die aktuelle Literatur der "Neuen" Wachstumstheorie, in der die langfristige Wachstumsrate einer Wirtschaft durch die Theorie bestimmt wird.

Das Lehrbuch ist in zehn Kapitel gegliedert. Nach einer Einführung folgen die älteren Ansätze der Wachstumstheorie, die zinsabhängige Sparquote, der Übergang zur neueren Entwicklung sowie die wesentlichen Beiträge der Neuen Wachstumstheorie. Dem aktuellen Thema des "nachhaltigen Wachstums" wird am Ende ein speziell ausführliches Kapitel gewidmet. Die ergänzende Literatur ist jeweils am Ende jedes Kapitels angegeben, themenspezifische Ergänzungen zum Text sind schwerpunktmäßig in separaten Boxen wiedergegeben. Für den umfassenden Bereich des Wachstums in offenen Volkswirtschaften, das hier in Kapitel 8 besprochen wird, steht mit BRETSCHGER, L.: "Integration und langfristige Wirtschaftsentwicklung" (Oldenbourg 1997) zusätzlich eine vertiefende und auf den vorliegenden Text abgestützte Arbeit zur Verfügung.

Der vorliegende Text ist in erster Linie ein Lehrbuch für einen einsemestrigen Kurs in Wachstumstheorie, der im Hauptstudium der Wirtschaftswissenschaften durchgeführt wird. Er kann aber auch im Rahmen anderer Veranstaltungen als Grundlage eingesetzt werden. Überdies richtet er sich an Lesende mit Vorkenntnissen in den Wirtschaftswissenschaften, die sich den aktuellen Wissensstand dieses Forschungsgebiets im Selbststudium aneignen wollen.

Ein gewisses Maß an analytischer Darstellung ist zur Erfassung der Wachstumstheorie unumgänglich. Im Gegensatz zu anderen Texten dieses Bereichs werden in diesem Buch die mathematischen Formulierungen aber nur gerade so weit aufgebaut, als sie zur Vermittlung der wesentlichen Inhalte unerläßlich sind. Die intertemporalen Optimierungen werden z.B. anschaulich in Zwei-Perioden-Ansätzen hergeleitet, und im Bereich der Unternehmungen finden diejenigen Produktionsfunktionen Anwendung, die den Inhalt der Theorie so einfach wie möglich wiedergeben. Diese Art der Darstellung hat sich in der bisherigen Unterrichtsarbeit zur optimalen Vermittlung des makroökonomischen Gehalts der verschiedenen Ansätze bewährt.

Die Vorarbeiten zu diesem Buch entstanden anlässlich eines einjährigen akademischen Aufenthalts an der Universität Princeton. Frühere Fassungen wurden beim Unterricht in Vorlesungen und Seminaren an den Universitäten Zürich und Konstanz eingesetzt. Dadurch konnte der Text inhaltlich und didaktisch kontinuierlich verbessert werden. Ebenso flossen in die theoretische Arbeit Erfahrungen in der wirtschaftspolitischen Anwendung ein. Im Rahmen eines Projekts über die Standortattraktivität der Wirtschaftsregion Zürich mündete die wachstumstheoretisch fundierte Analyse in wirtschaftspolitische Empfehlungen zur Stärkung der dynamischen Entwicklung. Die Umsetzung des nachhaltigen Wachstums im laufenden Regierungsprogramm Boliviens war ein wichtiges Element in der Beurteilung der aktuellen Nachhaltigkeitsdiskussion.

Für die aktive inhaltliche Mitarbeit an diesem Buch und die zahlreichen Verbesserungsvorschläge bedanke ich mich bei Hansjörg Schmidt von der Universität Zürich und Frank Hettich von der Universität Konstanz. Ebenso danke ich Daniel Kalt für die technische Unterstützung bei der Fertigstellung des Manuskripts.

Vorwort zur zweiten Auflage

Der Absatz der ersten Auflage war derart zügig, dass ich mich darauf beschränken konnte, den Text kritisch durchzusehen.

Vorwort zur dritten Auflage

Seit der ersten Auflage dieses Buches sind im Bereich der Wachstumstheorie zahlreiche neue Lehrbücher und Skripten erschienen. Bei der Auswahl eines angemessenen Textes empfiehlt es sich deshalb, die unterschiedlichen Eigenschaften und angestrebten Zielgruppen der einzelnen Beiträge zu beachten. Das vorliegende Lehrbuch zeichnet sich durch folgende Merkmale aus:

- es ist auf die Kenntnisse und Bedürfnisse der Studierenden im Hauptstudium bzw. Masterstudium an einer deutschsprachigen Universität bzw. Hochschule zugeschnitten,

- es ermöglicht der Leserin und dem Leser, ohne bzw. ohne großen Zusatzaufwand die analytischen Ergebnisse nachzuvollziehen, was bei den in Diplomstudiengängen häufig eingesetzten (amerikanischen) Texten der Doktorandenstufe oft nur in eingeschränktem Maße möglich ist,

- es baut sorgfältig auf den Theorieteilen des wirtschaftswissenschaftlichen Grundstudium auf, führt aber bis hin zum Verständnis der aktuellsten Entwicklungen im Bereich der Wachstumstheorie,

- es erweitert die Darstellung der Theorie in überschaubaren Schritten, so dass bezüglich der Lesbarkeit zwischen der älteren und der neuen Wachstumstheorie kein Bruch entsteht,

- es verwendet häufig anschauliche Zwei-Perioden-Modelle zur Herleitung intertemporaler Ergebnisse, da diese die Intuition wesentlich erleichtern,

- es ergänzt viele Theorieteile direkt mit konkreten Anwendungen oder empirischen Resultaten, welche den Sachverhalt geeignet illustrieren.

Für die dritte Auflage wurde der Text gründlich durchgesehen und an zahlreichen geeigneten Stellen durch neue Teile ergänzt. Das allgemeine Ziel war dabei die Optimierung der didaktischen Vermittlung des Stoffs. Im Speziellen wurden neuere Entwicklungen vor allem in den Bereichen Innovationen und Skaleneffekte, Wachstum in offenen Volkswirtschaften sowie Nachhaltiges Wachstum hinzu gefügt. Zusätzlich wurden das Datenmaterial und die entsprechenden Abbildungen vollständig aktualisiert.

Für die aktive Mitarbeit an der dritten Auflage bedanke ich mich bei Hannes Egli, Thomas Steger und Sjak Smulders, vor allem aber bei Karen Pittel, die das gesamte Buch kritisch durchgesehen und an zahlreichen Stellen in eine bessere Form gebracht hat.

Lucas Bretschger

1. Erfassung der langfristigen Wirtschaftsentwicklung

1.1 Fakten und stilisierte Fakten im Längs- und Querschnitt

a) Fakten

Weltweit beobachten wir sowohl in den Niveaus der Pro-Kopf-Einkommen als auch in den regional erzielten Wachstumsraten große Unterschiede. In den industrialisierten Ländern war das Wachstum in den letzten zwei Jahrhunderten größer als in jeder Periode zuvor. In zahlreichen Ländern der dritten Welt ist hingegen keine vergleichbare Entwicklung festzustellen.

Bei diesen und den nachfolgenden Vergleichen ist zu beachten, dass die in der Statistik ausgewiesenen Pro-Kopf-Einkommen keine vollständigen Indikatoren für die individuelle Wohlfahrt sind, jedoch bis heute die beste Möglichkeit für quantitative internationale Vergleiche darstellen. Die Ergänzung dieser Einkommenszahlen mit qualitativen Indikatoren, Umweltkennzahlen und Maßen für die Einkommensverteilung ist dagegen meist sehr zweckmäßig.

Im Zeitraum 1960–2000 (vgl. Abbildung 1.1) lagen die durchschnittlichen realen Wachstumsraten der Pro-Kopf-Einkommen in den einzelnen Ländern zwischen leicht negativen Werten und knapp 7 Prozent pro Jahr. Vor allem Schwellenländer aus dem südostasiatischen Raum sowie Japan gehörten während dieser Zeit im Wachstum zu den Spitzenreitern. Die entwickelten Marktwirtschaften erreichten in der Zeit seit dem Zweiten Weltkrieg im Durchschnitt ein Wachstum der realen Pro-Kopf-Einkommen von rund 3 Prozent pro Jahr. Zu dieser Ländergruppe gehören die Länder Westeuropas, die USA, Kanada, Japan und Australien. Die Länder mit dem höchsten Wohlstand zu Beginn der Periode, die USA und die Schweiz, erzielten dabei ein eher unterdurchschnittliches Wachstum. Weniger entwickelte Länder wiesen zum Teil deutlich höhere Zuwachsraten auf.

Ein weitaus geringeres Pro-Kopf-Einkommen und tiefere Wachstumsraten wurden in den Ländern des früheren Ostblocks erzielt, doch ist ein direkter Vergleich aufgrund von Datenproblemen nur schwer möglich. In der Periode der Nachkriegszeit war in den Volkswirtschaften Lateinamerikas nach einer anfänglichen Wachstumsphase zwischen 1975 und 1990 an vielen Orten eine Stagnation zu verzeichnen. Dagegen lag Asien im Einkommensniveau zu Beginn der Periode zwar zurück, vermochte aber anschließend im Durchschnitt größere Wachstumsraten zu realisieren. Besonders hoch waren die Zuwächse in letzter Zeit in China, doch findet dieser Aufbau auf einem sehr tiefen Niveau statt.

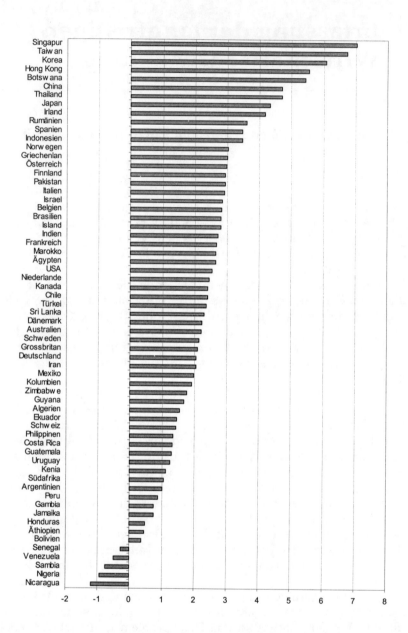

Anmerkung: *Durchschnittliche Wachstumsraten des Bruttoinlandsprodukts (BIP): real, pro*
               Jahr und pro Kopf, in %.
Quelle: *Summers/Heston/Aten, Penn World Table 6.1.*

Abbildung 1.1: Wachstumsraten 1960–2000 im Vergleich

Geringere Wachstumsraten bei noch tieferem Einkommensniveau wies in derselben Zeit Indien auf, während in Afrika, vor allem in der zweiten Hälfte der Periode 1975–1990, die realen Wachstumsraten in vielen Ländern rückläufig waren. Die Volkswirtschaften Afrikas südlich der Sahara weisen heute die tiefsten Niveaus für die Pro-Kopf-Einkommen auf.

In der Nachkriegszeit lassen sich für viele Länder zwei Wachstumsphasen unterscheiden. In den fünfziger und sechziger Jahren waren die durchschnittlichen Wachstumsraten vielerorts deutlich höher als nach der großen Rezession Mitte der siebziger Jahre. In Abbildung 1.2 sehen wir diese Entwicklung am Beispiel Deutschlands, Österreichs und der Schweiz. Für die fünf Konjunkturzyklen, welche die Länder von 1950 bis 2000 durchlaufen haben, sind jeweils die durchschnittlichen Wachstumsraten dargestellt.

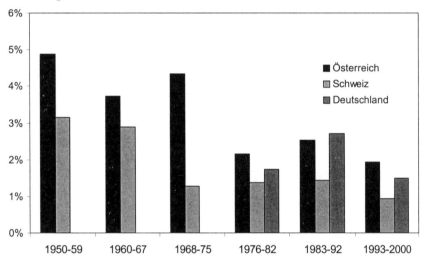

Anmerkung: *Durchschnittliche BIP-Wachstumsraten: real, pro Konjunkturzyklus und pro Kopf, in %, wegen mangelnder Daten fehlen die ersten drei Werte für Deutschland.*

Quelle: *Summers/Heston/Aten, Penn World Table 6.1 .*

Abbildung 1.2: BIP-Wachstumsraten für drei Länder

b) Stilisierte Fakten

Mit dem Begriff "stilisierte Fakten" werden in den Wirtschaftswissenschaften diejenigen ökonomischen Zusammenhänge bezeichnet, die durch viele Beobachtungen – z. B. in verschiedenen Ländern oder zu verschiedenen Zeitpunkten – gestützt werden. Die in der Stilisierung der Realität zum Ausdruck kommende Vereinfachung ist ein erster Schritt zur Theoriebildung. Die ersten sechs der nachfolgenden stilisierten Fakten stammen von KALDOR (1965), die restlichen Punkte wurden durch ROMER (1989) und andere Autoren ergänzt.

- Die Produktion pro Arbeitsplatz zeigt ein kontinuierliches Wachstum, ohne Tendenz zu sinkenden Raten der Produktivitätszunahmen.

- Die Kapitalausstattung pro Arbeitsplatz ist durch ein stetiges Wachstum gekennzeichnet.

- Der Ertrag des Kapitals bleibt im Zeitablauf konstant.

- Das Verhältnis von Kapital zur gesamten Produktion ist konstant.

- Arbeit und Kapital erhalten je einen konstanten Anteil des Gesamteinkommens.

- Es existieren große Unterschiede im Produktivitätswachstum zwischen den einzelnen Ländern.

- Das Bevölkerungswachstum ist im internationalen Querschnitt negativ korreliert mit der Wachstumsrate der Pro-Kopf-Einkommen.

- Große Anteile von qualifizierter beziehungsweise hochqualifizierter Arbeit an der gesamten Erwerbsbevölkerung beeinflussen das Wachstum positiv.

- Die Zunahmen im Außenhandelsvolumen sind im internationalen Querschnitt positiv korreliert mit den Wachstumsraten des Pro-Kopf-Einkommens.

- Es gibt keinen einfachen Zusammenhang zwischen dem Einkommensniveau zu Beginn einer Periode und den nachfolgenden Wachstumsraten, d.h. ärmere Länder wachsen nicht prinzipiell schneller als reiche.

Zu den stilisierten Fakten von KALDOR ist zu bemerken, dass sich die Aussagen teilweise überschneiden. Die ersten fünf Aussagen könnten eigentlich auf drei reduziert werden, da sich bei entsprechender Kombination jeweils zwei stilisierte Fakten aus den anderen drei direkt ergeben.

Darüber hinaus sind an dieser Stelle einige Hinweise angebracht. Der sechste Punkt zur unterschiedlichen Produktivitätsentwicklung ist eng mit der Aussage von Abbildung 1.1 verbunden, denn die Produktivitätsentwicklung pro Arbeitsplatz ist maßgeblich für die Entwicklung der Pro-Kopf-Einkommen verantwortlich. Zum Einfluss des Bevölkerungswachstums und der Bildung beziehungsweise des Humankapitals folgen in den Kapiteln 6 und 9 zusammen mit den theoretischen Erläuterungen entsprechende Grafiken. Zum Zusammenhang zwischen Außenhandel und Wachstum ist zu betonen, dass die positive Korrelation nichts über die Kausalität der Beziehung aussagt, was in Kapitel 8 weiter erläutert wird. Die relativen Wachstumschancen von ärmeren im Vergleich zu reicheren Ländern sind vor allem Gegenstand der Ausführungen zur Konvergenz in Kapitel 3.

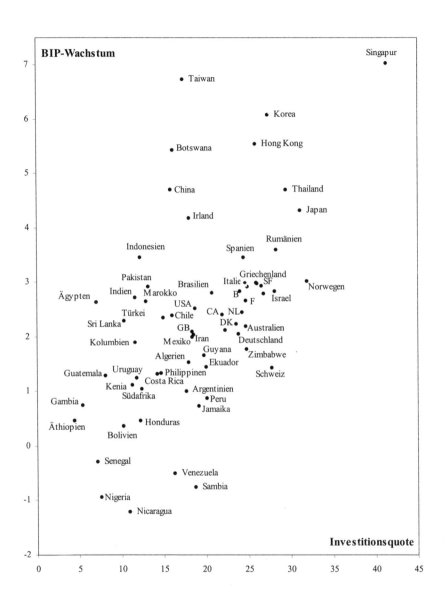

Anmerkung: *Wachstum real, pro Jahr und pro Kopf, in %; Investitionsquote als Durch-*
               schnitt der gesamten Periode.

Quelle: *Summers/Heston/Aten, Penn World Table 6.1.*

Abbildung 1.3: Durchschnittliche Wachstumsraten 1960–2000 und
durchschnittliche Investitionsquote

Als weitere Beobachtung lässt sich hinzufügen, dass im internationalen Querschnitt Länder mit hohen Investitionsquoten überdurchschnittlich hohe Wachstumsraten aufweisen. Abbildung 1.3 zeigt für einen Querschnitt von Ländern eine positive Korrelation zwischen den beiden Größen. Der Zusammenhang zwischen Investieren beziehungsweise Sparen und Wachstum stellt einen Grundpfeiler der makroökonomischen Wachstumstheorie dar.

1.2 Methodik in der Wachstumstheorie

In der Literatur finden sich verschiedene methodische Wege zur theoretischen Erfassung der langfristigen Wirtschaftsentwicklung; diese Wege sind wie folgt klassifizierbar:

* soziologisch-ökonomische Feldanalyse
* historisch-evolutorische Theorien
* empirisch-statistische Analyse
* exakte Modelltheorie

In der soziologisch-ökonomischen Feldanalyse bleiben die Erklärungsansätze möglichst nahe an der Realität. Es sollen viele wachstumsrelevante Tatbestände beschrieben werden, für viele Länder und zu verschiedenen Zeitpunkten. Die Ansätze bilden keine geschlossene Theorie, können aber als Grundlage zur Bildung von übergreifenden Theorien verwendet werden. Ein Vertreter dieser Richtung ist z.B. LEWIS (1955).

Die Wirtschaftsgeschichte befasst sich mit den historisch-evolutorischen Theorien. Die Theoriebildung findet hier auf der Grundlage einer breiten historischen Perspektive statt. Verschiedene Forschungsprogramme dieser Richtung sind stark interdisziplinär ausgerichtet. Die Evolutionstheorie innerhalb der Wirtschaftswissenschaften (vgl. Abschnitt 9.4) ist eine Art Gegenposition zu den neoklassisch orientierten Wachstumstheorien, die in diesem Buch vornehmlich besprochen werden.

Unter dem Begriff "empirisch-statistische" Analyse verstehen wir eine verfeinerte Datenanalyse. Diese kann von einfacheren Methoden bis zu raffinierten statistischen Untersuchungen reichen. Ein erster Schritt in dieser Art der Analyse ist die Bildung der bereits besprochenen stilisierten Fakten.

Im Terminus "exakte Modelltheorie" bezieht sich das Attribut "exakt" auf die verwendeten Modelle, nicht auf den Versuch, die Realität exakt abzubilden. Die verwendeten Modelle sollen auf konsistenten, d.h. sich nicht widersprechenden Annahmen basieren; die Resultate sollen ausschließlich über die verwendeten Modelle hergeleitet werden.

Die aufgeführten methodischen Wege unterscheiden sich u.a.:

• im Grad der Abstraktion von der Realität

• im Grad der Aggregation

• im Grad der Allgemeinheit der Ergebnisse

In der modernen makroökonomischen Theorie und damit auch in diesem Buch dominiert die exakte Modelltheorie. Diese Art der Forschung abstrahiert stark von der Wirklichkeit; sie führt zu einer starken "Reduktion der Komplexität", der komplexen Wirklichkeit. Die Vorstellung, dass gute Theorien einfache, d.h. stark reduzierende Theorien sind, ist in den Wirtschaftswissenschaften weit verbreitet.

Weiter wird in der Makroökonomik oft auf hoch aggregierter Ebene argumentiert. Allerdings ist die Aggregation einer Wirtschaft zu einem einzigen Produktionssektor nur bei gewissen Fragestellungen zweckmäßig. Gerade in der neueren Entwicklung der Wachstumstheorie wird wieder betont, dass der langfristige Entwicklungspfad stark auch von der Struktur einer Volkswirtschaft geprägt wird.

Je zweckmäßiger in der Makrotheorie die Reduktion der komplexen Wirklichkeit vorgenommen wird, desto allgemeiner sind die aus der Theorie ableitbaren Aussagen. Anders ausgedrückt: Je besser die verwendeten Modelle sind, umso breiter können die entsprechenden Ergebnisse auf verschiedene Länder und verschiedene Zeitperioden angewendet werden.

Ein bestimmtes Forschungsprogramm im Bereich der langfristigen Wachstumsprozesse muss sich nicht zwingend auf einen der vier methodischen Wege beschränken. So kann z.B. die exakte Modelltheorie stark von den anderen methodischen Wegen profitieren und sie teilweise integrieren. Beispiele für die positive Beeinflussung der drei anderen Wege auf die Makrotheorie sind:

• Die Bildung von stilisierten Fakten, die mit empirisch-statistischen Methoden erarbeitet werden.

• Die Untersuchung von Strukturbrüchen wie z.B. in der Zeit der "industriellen Revolution", bei der historisch-evolutorische Theorien eine wichtige Voraussetzung und Ergänzung für die makroökonomische Analyse sind.

• Die Ausführung von praxisnahen Wirtschaftsstudien, bei denen aufgrund des makroökonomischen Grundwissens mit einer Feldanalyse konkrete Probleme einer Region, z.B. im Hinblick auf wirtschaftspolitische Empfehlungen, untersucht werden. Ein Beispiel ist die Untersuchung der branchenmäßigen Zusammensetzung einer regionalen Wirtschaft (sogenannte Branchenportfolios) und die dazugehörige Analyse von strukturellen Stärken und Schwächen eines Wirtschaftsstandorts.

1.3 Entwicklung der Wachstumstheorie

Unter den klassischen Ökonomen haben sich unter anderen SMITH, RICARDO, MALTHUS und MARX mit der langfristigen Wirtschaftsentwicklung beschäftigt. Die Erforschung der Gründe für ein langanhaltendes volkswirtschaftliches Wachstum war ein zentrales Anliegen dieser führenden Ökonomen des 18. und 19. Jahrhunderts.

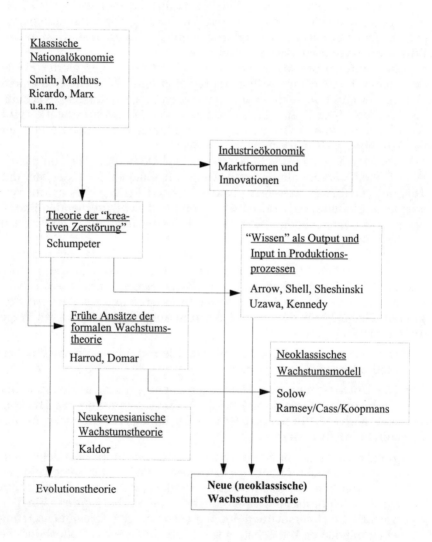

Abbildung 1.4: Entstehung der Neuen Wachstumstheorie

In der ersten Hälfte des 20. Jahrhunderts fand das Thema Wachstum jedoch nicht mehr dieselbe Beachtung. Die mikroökonomische Diskussion verlegte sich zunehmend auf die Analyse von partiellen oder allgemeinen Gleichgewichtssystemen. In der makrotheoretischen Forschung standen im Zuge der Großen Depression und der wissenschaftlichen Beiträge von KEYNES die Arbeitslosigkeit und die Möglichkeiten einer kompensatorischen Wirtschaftspolitik im Vordergrund.

Nur wenig zeitverschoben, aber vorerst noch weniger beachtet, schrieb SCHUMPETER bereits wesentliche Beiträge zur neueren Theorie der dynamischen Wirtschaftsentwicklung (Schumpeter 1934). Seine Theorie der "kreativen Zerstörung" betont die Innovationen als Wachstumsmotor und erweitert damit die bis dahin üblichen Ansätze um entscheidende Punkte. Der Denkansatz Schumpeters diente als Grundlage für mindestens drei Forschungsrichtungen in der zweiten Hälfte des 20. Jahrhunderts, die in Abbildung 1.4 ersichtlich sind.

Innerhalb der Industrieökonomik ("Industrial Organization") wurde der Zusammenhang zwischen den Marktformen und der Innovationstätigkeit in einem vorerst deskriptiven und empirischen, dann zunehmend aber auch in einem analytisch-mathematischen Rahmen ein dominantes Thema.

Eine zweite Weiterentwicklung erfolgte mit dem Beitrag von ARROW (1962), der wiederum zu einem wichtigen Hauptpfeiler der Neuen Wachstumstheorie wurde. Hier wird der Faktor Wissen nicht mehr ausschließlich als Input für wirtschaftliche Prozesse, sondern ebenso als Output eines Lernprozesses identifiziert (vgl. Kapitel 5 und 6). Die ökonomische Theorie des branchenspezifischen "Learning by Doing", wobei sich dieses "Doing" vorerst auf die Investitionstätigkeit bezog, führte das für die neueren Ideen entscheidende Element der Aktivitäten mit sogenanntem positiven "Spillover" (vgl. Kapitel 5) in die Theorie ein.

Bei KENNEDY (1964) wird der Gedanke des technischen Wissens als Input weitergeführt und auf eine makroökonomische Produktionsfunktion mit einer separaten Beeinflussungsmöglichkeit von Kapital- und Arbeitsproduktivität angewendet. SHELL (1967) betont in seinem Aufsatz, dass nicht nur der Faktor Wissen, sondern auch andere Ressourcen für die Produktion von neuem Wissen maßgeblich sind. Wissen ist gemäß seinen Ausführungen ein bewusst produzierter Output aus einem separaten Forschungssektor.

In einer etwas anderen Richtung führt der Beitrag von SHESHINSKI (1967) weiter. Er zeigt, dass ein positiver Spillover die Höhe der optimalen Kapitalakkumulation wesentlich beeinflusst. Da der Autor allerdings abnehmende Grenzerträge in der Faktorakkumulation annimmt, ist der entscheidende Schritt zur "Neuen Wachstumstheorie" (noch) nicht getan. Der erste Vertreter der neuen Generation von Wachstumstheoretikern, ROMER (1986), argumentiert nämlich mit der Aussage, dass der Grenzertrag der unter Marktbedingungen akkumulierten Faktoren eine positive Konstante approximiert, also nicht gegen Null geht, wie in der traditionellen Theorie angenommen wird. Erst damit können im Zeitablauf nicht sinkende Wachstumsraten theoretisch erklärt werden. Daneben ist zu beachten, dass UZAWA (1965) bereits die Bedeutung des Humankapitals für Wachstumsprozesse betont, was in der neueren Theorie weiter entwickelt wird.

Ziemlich direkt auf SCHUMPETER und weniger auf neoklassische Vorbilder stützen sich die evolutionstheoretischen Ansätze des volkswirtschaftlichen Wachstums. In Anlehnung an naturwissenschaftliche Modelle wird die dynamische Wirtschaftsentwicklung als ein nicht vollständig prognostizierbarer Prozess verstanden (vgl. Abschnitt 9.4).

Die zweite Hauptlinie der Forschungsentwicklung in der Wachstumstheorie generierte die bekanntesten Wachstumsmodelle der Nachkriegszeit; weder bezieht sie sich auf SCHUMPETER noch wird der Faktor Wissen als endogene Variable behandelt. Ausgangspunkt des Harrod-Domar-Wachstumsmodells (Harrod 1939, Domar 1946, vgl. Kapitel 2)) ist wie in der keynesianischen Multiplikatoranalyse eine konstante Sparquote. Von diesen Autoren gingen starke Impulse auf die neoklassische Wachstumstheorie, angefangen mit dem Modell von SOLOW (1956), aus (vgl. Kapitel 3), die ihrerseits die neueren Entwicklungen wesentlich mitgeprägt hat.

Eine Weiterentwicklung des neoklassischen Wachstumsmodells fand im sogenannten Ramsey-Cass-Koopmans-Modell statt (vgl. Abschnitt 4.4). Diese Theorie greift in der Kombination mit der neoklassischen Produktionstechnik auf einen älteren Ansatz von RAMSEY (1928) zur zinsabhängigen Spartätigkeit zurück.

In der neoklassischen wie in der Neuen Wachstumstheorie spielt die Form der aggregierten Produktionsfunktion eine wichtige Rolle. Dagegen lehnen die Schule des britischen Cambridge und beispielsweise KALDOR als Vertreter des neokeynesianischen Wachstumsmodells die aggregierte Produktionsfunktion als analytisches Konstrukt vollständig ab. Das bei HARROD und DOMAR zum Ausdruck gebrachte Problem der nicht gewährleisteten Anpassung an die gleichgewichtige Wachstumsrate wird im Kaldor-Modell durch eine Anpassung der Einkommensverteilung gelöst.

Zusammenfassend kann im Hinblick auf die neuen Entwicklungen in der Wachstumstheorie festgehalten werden, dass neben dem neoklassischen Wachstumsmodell die Industrieökonomik und die makroökonomischen Beiträge zum Faktor Wissen die Hauptpfeiler für die sogenannte Neue Wachstumstheorie bilden, die ab Kapitel 5 ausgiebig zur Sprache kommt.

1.4 Abgrenzung und Anwendung der Wachstumstheorie

a) Abgrenzung zwischen Wachstums- und Konjunkturtheorie

Die Gegenüberstellung der beiden Theoriebereiche kann anhand folgender Kriterien beschrieben werden (vgl. auch Abschnitt 9.2):

- Erklärung der langfristigen Wirtschaftsentwicklung versus Erklärung zyklischer Schwankungen: Diese Charakterisierung trifft den Unterschied zwischen Wachstums- und Konjunkturtheorie am besten.

- Erklärung des langfristigen Trends versus Erklärung der Abweichungen vom Trend: Diese Charakterisierung ist nicht grundsätzlich falsch, aber heikel, da die entsprechende Zerlegung der Einkommensreihen theoretisch und empirisch umstritten ist.

- Erklärung der Angebotsseite versus Erklärung der Nachfrageseite einer Volkswirtschaft: Diese Charakterisierung wurde früher oft gebraucht, ist aber unzweckmäßig, da moderne Theorien in beiden Bereichen sowohl die Angebots- wie auch die Nachfrageseite behandeln.

b) Anwendungsgebiete der Wachstumstheorie

Kern der Wachstumstheorie ist die Erklärung der mittel- und langfristigen Wirtschaftsentwicklung durch wenige zentrale Determinanten. Besonders interessante Aussagen sind aber auch in Verbindung mit anderen Theoriebereichen möglich. Beispiele sind die Verbindungen mit der ...

Außenhandelstheorie:
Hier resultieren Aussagen zur langfristigen Wirkung von Freihandelsabkommen, zur wirtschaftlichen Integration und zur Konkurrenzfähigkeit von Regionen und Volkswirtschaften (vgl. Kapitel 8).

Umwelttheorie:
Zentrales Thema ist in diesem Bereich das nachhaltige Wachstum (vgl. Kapitel 10).

Arbeitsmarkttheorie:
Hier interessieren vor allem die langfristigen Beschäftigungsaussichten in einer Volkswirtschaft.

Konjunkturtheorie:
Eine Fragestellung bei dieser Verbindung ist, inwiefern Rezessionen Wachstumsschwächen auslösen oder – im Gegenteil – langfristig sogar heilend wirken.

c) Wachstumstheorie und Wirtschaftspolitik

Zu jedem Theorieansatz der Wachstumstheorie gehören die Fragen nach den wirtschaftspolitischen Implikationen, nach der Zweckmäßigkeit von staatlichen Eingriffen und nach geeigneten Instrumenten. Dabei spielen bei dieser Fragestellung die verschiedenen Aspekte des Marktversagens die hauptsächliche Rolle, doch sind in Bezug auf wirtschaftspolitische Empfehlungen auch die Restriktionen der politischen Entscheidungsträger mit zu berücksichtigen.

Ein erster Schwerpunkt in der politischen Diskussion ist im Zeichen der zunehmenden Globalisierung der Weltwirtschaft und der Intensivierung des Standortwettbewerbs die Frage der Wettbewerbsfähigkeit. Doch auch die Nachhaltigkeit und die langfristigen Aussichten auf dem Arbeitsmarkt gehören zu den Gebieten, in denen Antworten von seiten der Theorie auf aktuelle und konkrete Fragestellungen sehr gesucht sind.

In der Anwendung der Theorie stellt sich heraus, dass im Bereich des Wachstums nicht nur direkte Instrumente wie z.B. die Subventionierung der Forschung in Betracht zu ziehen sind; vielmehr ist zu beachten, dass durch die zahlreichen Interdependenzen in einer Volkswirtschaft viele Politikbereiche das Wachstum beeinflussen und damit wachstumsrelevant sind.

Literatur zum 1. Kapitel

- ARROW, K.J.: The Economic Implications of Learning by Doing, in: The Review of Economic Studies, 1962, S. 155–173

- DOMAR, E.D.: Capital Expansion, Rate of Growth, and Employment, in: Econometrica, 1946, S. 137–147

- HARROD, R.F.: An Essay in Dynamic Theory, in: The Economic Journal 1939, S. 14–33

- KALDOR, N.: Capital Accumulation and Economic Growth, in: Lutz F. (Hrsg.), The Theory of Capital, Macmillan, London 1965

- KENNEDY, C.: Induced Bias in Innovation and the Theory of Distribution, in: The Economic Journal, 1964, 541-547

- LEWIS, W.A.: The Theory of Economic Growth, Allen and Unwin, London 1955

- MALTHUS, T.R.: An Essay on the Principle of Population, Original: London 1798, Nachdruck: Pickering, London 1986

- MARX, K.. Das Kapital, Band I–III, Nachdruck: Dietz, Berlin 1987

- RAMSEY, F.P.: A Mathematical Theory of Saving, in: The Economic Journal 1928, S. 543–559

- RICARDO, D.: On the Principles of Political Economy and Taxation, Original: 1817, Nachdruck: Cambridge University Press, Cambridge, Mass. 1951
- ROMER, P.M.: Increasing Returns and Long-Run Growth, in: Journal of Political Economy 1986, S. 1002–1037
- ROMER, P.M.: Capital Accumulation in the Theory of Long-Run Growth, in: Barro, R.J. (Hrsg.): Modern Business Cycle Theory, Harvard University Press, Cambridge Mass. 1989
- SCHUMPETER, J.A.: Theorie der wirtschaftlichen Entwicklung, Original: 1911; The Theory of Economic Development, Harvard University Press, Cambridge Mass. 1934
- SHELL, K.: A Model of Inventive Economic Activity and Capital Accumulation, in: Shell, K. (Hrsg.): Essays on the Theory of Optimal Economic Growth, MIT Press, Cambridge Mass. 1967
- SHESHINSKI, E.: Optimal Accumulation with Learning by Doing, in: Shell, K. (Hrsg.): Essays on the Theory of Optimal Economic Growth, MIT Press, Cambridge Mass. 1967
- SMITH, A.: An Inquiry into the Nature and the Causes of the Wealth of Nations, Original: 1776, Nachdruck: Random House, New York 1937
- SOLOW, R.M.: A Contribution to the Theory of Economic Growth, in: The Quarterly Journal of Economics, 1956, S. 65–94
- UZAWA, H.: Optimum Technical Change in an Aggregative Model of Economic Growth, in: International Economic Review, 1965, S. 18–31

2. Frühe Ansätze der formalen Wachstumstheorie

2.1 Kapazitäts- und Einkommenseffekt (Domar-Lösung)

Ausgangspunkt der frühen Ansätze zur formalen Wachstumstheorie ist neben den klassischen Darstellungen der langfristigen Wirtschaftsentwicklung die Beschäftigungstheorie von KEYNES (1936). Im Vordergrund stehen die Arbeiten von HARROD (1939) und DOMAR (1946). Die Ziele dieser Arbeiten bestehen hauptsächlich darin zu erklären, unter welchen Bedingungen eine Wirtschaft wachsen kann und ob während des Wachstumsprozesses die Märkte (vor allem der Arbeitsmarkt) geräumt sind.

DOMAR betont, dass positive Nettoinvestitionen nicht mit einem konstanten Kapitalstock vereinbar sind, wie dies in vielen Konjunkturmodellen vereinfachend angenommen wird. Vielmehr müssen nach DOMAR die Nachfrage beziehungsweise das Einkommen und der Kapitalstock im Zeitablauf in gleichem Maß zunehmen, damit die Kapazitäten voll ausgelastet werden können.

Der Einfachheit halber wird in der Folge eine geschlossene Volkswirtschaft unterstellt, in welcher der Staat nicht gesondert berücksichtigt wird. Des weiteren sind alle Größen real, die Auswirkungen der Geldseite werden erst im nächsten Kapitel unter Abschnitt 3.9 behandelt.

Notation:

- Y^S Güterangebot (potentielle Produktion)
- Y^D Güternachfrage/Einkommen
- K Kapitalstock
- L Arbeit
- v Kapitalkoeffizent (K/Y^S)
- I Investitionen
- g_x Wachstumsrate der Variablen x ($g_x = \dfrac{dx(t)/dt}{x(t)}$)
- s Sparquote
- S Sparsumme
- t Zeitindex

Die Theorie von DOMAR besteht aus zwei Elementen. Das erste Element betrifft den sogenannten Kapazitätseffekt. Dieser beschreibt die Vergrösserung des Produktionspotentials einer Volkswirtschaft, die durch Investitionen in Realkapital erzielt wird. Dabei bewirkt eine Zunahme des Bestands an Realkapital genau eine proportionale Erhöhung des Produktionspotentials. Falls keine Abschreibungen angenommen werden, muss nicht zwischen Netto- und Bruttoinvestitionen unterschieden werden. Die Veränderung des Kapitalstocks ergibt sich aus:

$$I(t) = dK(t) \tag{2.1}$$

Dabei ist es nicht zwingend, dass der zusätzliche Kapitalstock ausgelastet ist. Der Kapazitätseffekt der Investitionen gilt deshalb für die potentielle Produktion und lässt sich schreiben als:

$$dY^S(t) = \frac{1}{v} \cdot I(t) \tag{2.2}$$

Das zweite Element der Theorie betrifft den Einkommenseffekt. Dieser gibt die Vergrößerung des Einkommens im Anschluss an Investitionen wieder. Wie im keynesianischen Konjunkturmodell ist auch bei DOMAR die Sparquote s konstant und exogen gegeben. Aus $s \cdot Y^D = I$ folgt:

$$dY^D(t) = \frac{1}{s} \cdot dI(t) \tag{2.3}$$

Der Ausdruck $1/s$ ist der Keynesianische Multiplikator der Investitionen in der einfachsten Modellversion (ohne Geldhaltung, Staat, Ausland usw.). Da für die Sparquote $0 < s < 1$ gilt, vergrößert eine autonome Investitionszunahme das Einkommen $Y^D(t)$ um ein Mehrfaches der ursprünglichen Investition. Damit ist gezeigt, dass die Investitionen sowohl die Produktions- als auch die Nachfrageseite der Volkswirtschaft beeinflussen.

Zur Lösung des Modells halten wir uns an folgende, in der Wachstumstheorie allgemein verwendete Definition: Ein Wachstum wird gleichgewichtig genannt, wenn die Bedingung $Y^D = Y^S$ zu jedem Zeitpunkt erfüllt ist. In diesem dynamischen Gleichgewicht wachsen alle Variablen mit einer konstanten Rate. Der Zustand des konstanten Wachstums der Variablen wird auch "Steady-State" genannt.

Das Gleichgewicht wird berechnet, indem dY^S aus (2.2) mit dY^D aus (2.3) gleichgesetzt wird. Dies ergibt:

$$\frac{dI(t)}{I(t)} = \frac{s}{v} = g_Y \qquad \text{mit } g_Y = \frac{dY(t)}{Y(t)} \tag{2.4}$$

Das gleichgewichtige Wachstum ist durch die exogenen Parameter s und v bestimmt. In der folgenden Abbildung 2.1 ist die Abhängigkeit des Wachstums von s und v grafisch dargestellt. Die Steigungen der Geraden $S(Y^D)$ und $Y^S(K)$ bestimmen die Wachstumsrate g_Y.

Die Abschreibungen, d.h. die Unterscheidung von Brutto- und Nettoinvestitionen, werden erst unter 2.4 eingeführt. Eine Desinvestition und der damit verbundene Kapitalstockschwund sind damit hier nicht möglich.

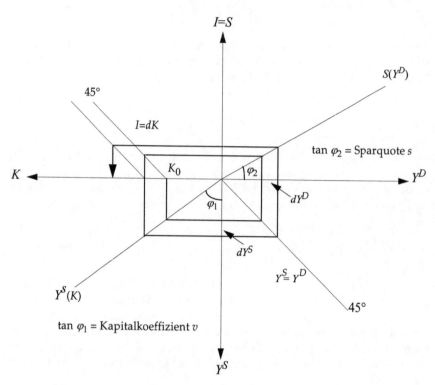

Abbildung 2.1: Gleichgewichtiges Wachstum nach DOMAR

2.2 Akzelerator und Sparfunktion (Harrod-Lösung)

HARROD (1939) behandelt dasselbe Problem aus einem etwas anderen Blickwinkel. Im Unterschied zu DOMAR stehen bei ihm nicht die Investitionen, sondern die Gesamtnachfrage am Anfang der Theorie. Davon ausgehend, erklärt er, wie die Gesamtnachfrage auf die Investitionen und die Ersparnisse wirkt. Er bedient sich bei der Modellformulierung der Akzelerator-"Theorie" der Investitionen sowie einer spezifischen Sparfunktion.

Hinter der sogenannten Akzelerator-Annahme steht folgende theoretische Grundüberlegung: Auf eine wachsende Güternachfrage reagieren die Unternehmungen normalerweise mit einer Ausweitung der Produktion. Unter der Annahme ausgelasteter Kapazitäten ($Y^S = Y^D$) bedarf es dazu des Kaufs neuer Maschinen, d.h. einer Erweiterung des Kapital-stocks. Dies bedeutet, dass die Investitionen von den Nachfrageschwan-kungen abhängig sind:

$$I(t) = v \cdot dY^D(t) \qquad (2.5)$$

Die Beziehung der beiden Grössen $I(t)$ und $Y^D(t)$ wird über den Kapital-koeffizienten v hergestellt. Die Gleichung (2.5) beruht auf der vereinfa-chenden Annahme, dass die Unternehmungen unendlich schnell auf Nachfrageschwankungen reagieren und der mit der Investition verbun-dene Ausbau des Kapitalstocks ohne Zeitverzögerung erfolgt.

Das nächste Element der Theorie betrifft die Sparfunktion der Haus-halte. Ein konstanter Anteil des Einkommens wird annahmegemäß gespart:

$$S(t) = s \cdot Y^D(t) \qquad (2.6)$$

Damit lässt sich wiederum das Gleichgewicht berechnen. Die Annahme eines gleichgewichtigen Wachstums sowie die Identität von Sparen und Investieren ergeben:

$$g_K = g_Y = \frac{s}{v} \qquad (2.7)$$

Damit ist gezeigt worden, dass HARROD und DOMAR trotz unterschiedli-cher Grundüberlegungen zum gleichen Resultat kommen. Dies ist zu einem großen Teil den vereinfachenden Bedingungen zu verdanken, auf denen beide Modelle basieren.

2.3 Konsequenzen für die Beschäftigung

Wie schon eingangs des Kapitels erwähnt, interessieren neben der gleich-gewichtigen Wachstumsrate auch die Folgen auf die Beschäftigung der Bevölkerung. Dazu benötigt man eine explizite Produktionsfunktion. Da sowohl HARROD als auch DOMAR es unterlassen haben, sich auf eine explizite Produktionsfunktion festzulegen, muß dieses Element aus heu-tiger Sicht ergänzt werden.

Die meisten Autoren verwenden zu diesem Zweck die "Leontief-Pro-duktionsfunktion" (mit einem konstanten Einsatzverhältnis der Produk-tionsfaktoren), da diese der Vorstellung von HARROD und DOMAR am besten zu entsprechen scheint. Sie lautet:

$$Y = \min[A^L \cdot L(t), A^K \cdot K(t)] \qquad\qquad (2.8)$$

wobei A^X die (exogene) Produktivität des Einsatzfaktors X bezeichnet.

Eine Substitution von Kapital durch Arbeit und umgekehrt ist in dieser limitationalen Produktionsfunktion nicht möglich, was in Abbildung 2.2 dargestellt ist. Die Isoquanten verlaufen rechtwinklig, einzig die Produktion in den Eckpunkten ist effizient.

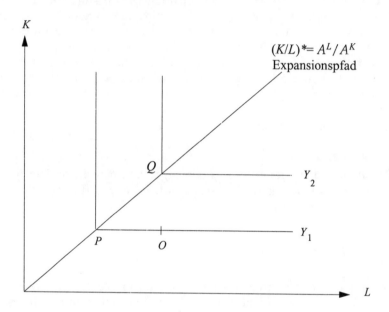

Abbildung 2.2: Die Leontief-Produktionsfunktion

Der die effizienten Punkte verbindende Expansionspfad zeichnet sich durch ein konstantes Faktoreinsatzverhältnis $(K/L)^*$ aus. Entsprechen in der betrachteten Volkswirtschaft die Mengen an Arbeit und Kapital nicht den optimalen Einsatzbedingungen, wirkt sich dies unter den gezeigten Produktionsbedingungen sehr ungünstig aus: Entweder bleibt ein Teil des Kapitals unausgelastet, oder es entsteht Arbeitslosigkeit. Z.B. ist im Punkt O die Menge $\overline{OP}$ der Bevölkerung arbeitslos. Erst wenn die Menge $\overline{OQ}$ an neuem Kapital akkumuliert wird, ist der Zustand der Vollbeschäftigung erreicht.

Für die Situation auf dem Arbeitsmarkt ist das Wachstum der Bevölkerung ein weiterer wichtiger Punkt. Gerade in ärmeren Ländern ist das Bevölkerungswachstum, das wir mit g_L bezeichnen, bedeutend. Als Bedingung für ein Wachstumsgleichgewicht ergibt sich aufgrund der gegebenen Produktionsfunktion, dass der Kapitalstock mit der gleichen Rate wie die Bevölkerung wachsen muss:

$$g_K = \frac{s}{v} = g_L \qquad (2.9)$$

Die Wachstumsrate s/v wird auch als "befriedigende" Wachstumsrate ("warranted rate of growth") bezeichnet, die Größe g_L als "natürliche" Wachstumsrate. Entspricht während des Wachstumsprozesses die befriedigende der natürlichen Rate, kann Arbeitslosigkeit vermieden werden.

Bis jetzt wurden die Größen auf aggregierter Ebene betrachtet, was für die individuelle Wohlfahrt indirekt von Bedeutung ist. Als nächstes gehen wir deshalb über zu Pro-Kopf-Größen, welche die Stellung des (durchschnittlichen) Individuums direkt ausdrücken und deshalb in vielen Wachstumsmodellen eine große Rolle spielen.

Werden die bisherigen Gleichungen für das Gesamteinkommen durch L dividiert, gelangt man zur Pro-Kopf-Schreibweise. Alle Pro-Kopf-Variablen sind in der Folge durch Kleinbuchstaben gekennzeichnet.

Notation:

- y Pro-Kopf-Einkommen (Y/L)
- k Kapitalintensität (K/L)

Die Pro-Kopf-Produktionsfunktion lautet:

$$y(t) = \min[A^L, A^K \cdot k(t)] \qquad (2.10)$$

Dieser Zusammenhang lässt sich wie folgt auch grafisch abbilden:

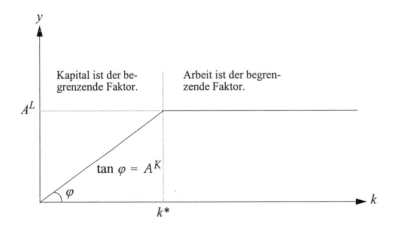

Abbildung 2.3: Die Leontief-Pro-Kopf-Produktionsfunktion

Aus der Abbildung wird ersichtlich, dass bei einer Kapitalmenge, die kleiner ist als im Gleichgewicht, der Output pro Kopf und damit das Pro-Kopf-Einkommen durch den knappen Faktor Kapital begrenzt wird. Im umgekehrten Fall wird das Pro-Kopf-Einkommen durch die verfügbare Arbeitsmenge begrenzt. Die Produktionsfunktion kann in Anlehnung an die Abbildung wie folgt umgeschrieben werden:

$$y(t) = A^L \qquad\qquad \text{für } k(t) > k* \qquad (2.11)$$

$$y(t) = A^K \cdot k(t) \qquad\qquad \text{für } k(t) < k*$$

2.4 Anpassung der Kapitalintensität

In der Pro-Kopf-Schreibweise zeigt sich, dass die Kapitalintensität eine wichtige Variable für die Bestimmung des Pro-Kopf-Einkommens darstellt. Um die dynamischen Eigenschaften des Systems zu zeigen, wird deshalb gefragt, wie sich die Kapitalintensität in der Zeit verändert. Für die Ableitung einer Variablen nach der Zeit verwenden wir in der Folge die Form mit einem Punkt, also z.B.:

$$\frac{dk}{dt} = \dot{k}$$

Logarithmieren der Kapitalintensität und Differenzieren nach der Zeit ergibt:

$$\ln(k(t)) = \ln(K(t)) - \ln(L(t)) \qquad (2.12)$$

$$\frac{1}{k} \cdot \dot{k} = \frac{1}{K} \cdot \dot{K} - \frac{1}{L} \cdot \dot{L} \qquad (2.13)$$

$$g_k = g_K - g_L \qquad (2.14)$$

Die Vereinfachung, dass keine Abschreibungen nötig sind, wird jetzt aufgehoben. Ein Teil des Kapitalstocks werde jede Periode abgeschrieben, wobei der Abschreibungssatz mit δ bezeichnet wird, so dass gilt:

$$\dot{K} = s \cdot Y(t) - \delta K(t) = \text{Nettoinvestitionen} \qquad (2.15)$$

Einsetzen von (2.15) in (2.14) ergibt für jede Periode ($dt = 1$):

$$g_k = \frac{s \cdot Y(t)}{K(t)} - \delta - g_L = \frac{s \cdot y(t)}{k(t)} - \delta - g_L \qquad (2.16)$$

Je nachdem, ob Arbeit oder Kapital in der Bestimmung des gesamten Outputs der begrenzende Faktor ist, muss in dieser Gleichung ein anderer Ausdruck für Y eingesetzt werden. Dies ergibt die folgenden zwei Beziehungen (2.17) und (2.18):

$$g_k = \frac{s \cdot A^L}{k} - (\delta + g_L) \qquad \text{wenn } k > k^* \qquad (2.17)$$

In diesem Fall haben Kapitalstockveränderungen keinen Einfluss auf das Pro-Kopf-Einkommen. Die umgekehrte Situation liegt für $k < k^*$ vor:

$$g_k = s \cdot A^K - (\delta + g_L) \qquad \text{wenn } k < k^* \qquad (2.18)$$

Dabei gilt $k^* = A^L / A^K$. Im Anschluss an (2.18) können drei Fälle unterschieden werden, je nachdem ob $(s \cdot A^K)$ kleiner, gleich oder größer als $(\delta + g_L)$ ist.

In den Abbildungen 2.4 bis 2.6 sind die drei Fälle dargestellt. Die $(s \cdot y)/k$ - Kurve lässt sich in die zwei Abschnitte $k < k^*$ und $k > k^*$ einteilen (vgl. Abbildung 2.3). Je nach Größe der Kapitalintensität k bestimmt der Faktor Arbeit oder der Faktor Kapital die Outputhöhe pro Kopf y. Gilt $k < k^*$, so verändern sich das Kapital und der Output mit den gleichen Raten, und die Bruttoinvestitionsquote bleibt konstant. Überschießt hingegen k das optimale Faktoreinsatzverhältnis k^*, so verändert sich zwar das Kapital, aber nicht der Output, da die Arbeit die Produktion limitiert.

1. Szenario $s \cdot A^K < (\delta + g_L)$ **in** k_0

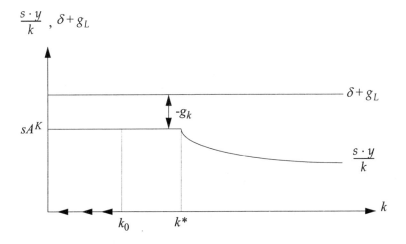

Abbildung 2.4: Sinkende Kapitalintensität

In diesem Szenario existiert kein gleichgewichtiger Wachstumspfad. Die Bruttoinvestitionen genügen nicht, um die wachsende Bevölkerung mit Kapital auszustatten und gleichzeitig die nötigen Abschreibungen zu tätigen. Ausgehend von k_0, sinkt die Kapitalintensität ständig um g_k und tendiert in der langen Frist gegen Null. Die Arbeitslosigkeit besteht schon mit k_0, sie verschärft sich mit der Zeit, da das Verhältnis von Kapital zu Arbeit gegen Null konvergiert.

2. Szenario $s \cdot A^K = (\delta + g_L)$ in k_0

Im Unterschied zum vorherigen Beispiel ist eine Volkswirtschaft im Fall $s \cdot A^K = (\delta + g_L)$ und $k_0 < k^*$ imstande, den Kapitalstock mit der Rate δ abzuschreiben und ihn gleichzeitig in Höhe des Bevölkerungswachstums auszuweiten. Zu mehr reicht es aber nicht. Die Bruttoinvestitionsquote erlaubt keine Erhöhung der Kapitalintensität k.

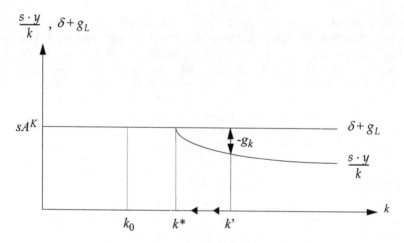

Abbildung 2.5: Stationäre Wirtschaft

Im Fall $k' > k^*$ ist das Land mit einer sinkenden Kapitalintensität k konfrontiert, die sich in der langen Frist dem Optimum k^* annähert. Die exogenen Parameter sind in diesem Szenario derart vorgegeben, dass sich die Wirtschaft zu einem Gleichgewicht entwickelt, in dem keine Unterbeschäftigung herrscht.

3. Szenario $s \cdot A^K > (\delta + g_L)$ in k_0

Im Falle von $k_0 < \tilde{k}$, wächst die Kapitalintensität in der Anfangsphase, bis der Schnittpunkt der beiden Kurven in $\tilde{k}$ erreicht ist. Sollte k_0 größer als $\tilde{k}$ sein, wird k auf $\tilde{k}$ sinken. In dieser Situation wird das langfristige

Gleichgewicht (bei dem der Kapitalstock nicht voll ausgelastet ist) durch das anfängliche Faktoreinsatzverhältnis nicht beeinflusst. Einzig ausschlaggebend sind die exogenen Modellparameter δ, s, A^K und g_L. Unterschiedliche Wachstumsgleichgewichte für verschiedene Länder können gemäß diesem dritten Szenario durch ländermäßig unterschiedliche Abschreibungsraten, Sparquoten, Kapitalproduktivitäten und Bevölkerungswachstumsraten erklärt werden. Zu beachten ist, dass im Gleichgewicht ein Nullwachstum der Pro-Kopf-Größen erreicht wird. Der Gesamt-Output wächst mit der gleichen Rate wie die Bevölkerung. Es ist möglich, zusätzlich einen exogenen technischen Fortschritt in das Modell einzuführen, doch dies wird erst im 3. Kapitel getan.

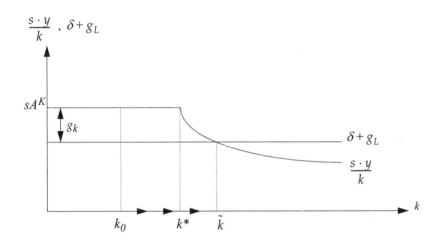

Abbildung 2.6: Wachstum der Kapitalintensität

2.5 Würdigung und Kritikpunkte

Die Beiträge von HARROD und DOMAR sind ein zentraler Ausgangspunkt für viele der nachfolgenden Arbeiten in der Wachstumstheorie. Dies schlägt sich im festen Platz nieder, der diesen Autoren in der Lehrbuch-Literatur zuteil wird. Ebenso bleiben die Frage der Bedeutung von Ungleichgewichten für Wachstumsprozesse sowie der Einfluss in die umgekehrte Richtung für Theorie und Praxis relevant. Allerdings sind die Beiträge zu diesem spezifischen Thema der Wachstumstheorie in der letzten Zeit nicht mehr allzu zahlreich.

Die theoretischen Ergebnisse von HARROD und DOMAR wurden in vielerlei Hinsicht kritisiert, und heutige Schlussfolgerungen stehen zum Teil in starkem Widerspruch zu den frühen Ansätzen der formalen Wachstumstheorie. Die Kritikpunkte lassen sich wie folgt zusammenfassen:

- Das Harrod/Domar-Modell unterstellt eine starre Produktionstechnik. Kurzfristig mag die Leontief-Produktionsfunktion der Realität entsprechen, doch die Wachstumstheorie konzentriert sich im Unterschied zur Konjunkturtheorie auf die lange Frist. Dann ist die Substituierbarkeit der Einsatzfaktoren aber mindestens zum Teil gegeben.

- Vollbeschäftigung ist ein "Zufall", weil sie nur unter günstigen Umständen entstehen kann. Keiner der für das Wachstum relevanten Modellparameter ist endogen, d.h. von der Theorie erklärt.

- Weil das Wachstumsgleichgewicht in vielen Fällen instabil ist, wurde für diesen Ansatz der Begriff "Wachstum auf des Messers Schneide" geprägt.

- Die konstante Sparquote entspricht nicht der Theorie der intertemporalen Optimierung, gemäß der die Variable s vom Zinssatz abhängt.

- Die Faktorproduktivitäten sind konstant oder wachsen mit einer vom Modell nicht erklärten Rate.

In den Wachstumstheorien, die seit HARROD und DOMAR entstanden sind, ist u.a. versucht worden, dieser Kritik Rechnung zu tragen. Dies wird in den folgenden Kapiteln deutlich.

Literatur zum 2. Kapitel

- DOMAR, E.D.: Capital Expansion, Rate of Growth, and Employment, in: Econometrica 1946, S. 137–147

- HAROD, R.F.: An Essay in Dynamic Theory, in: The Economic Journal 1939, S. 14–33

- KEYNES, J.M.: The General Theory of Employment, Interest and Money, Macmillan, London 1936

3. Das neoklassische Wachstums-modell

3.1 Grundlegende Annahmen

Das neoklassische Wachstumsmodell von SOLOW (1956) hat drei Bausteine: eine aggregierte Sparfunktion, einen aggregierten Finanzierungssektor und eine aggregierte Produktionsfunktion. Dieses dreiteilige Schema wurde in vielen nachfolgenden Modellen übernommen.

- Sparen: Wie bei HARROD/DOMAR ist die Sparquote konstant.
- Finanzierung: Wie bei HARROD/DOMAR sind Ersparnisse und Investitionen identisch.
- Produktion: Im Unterschied zu HARROD/DOMAR wird die Substitution von Arbeit und Kapital in der Produktion zugelassen. Dies führt zu einem variablen Kapitalkoeffizienten, dessen Größe von den relativen Faktorpreisen abhängt.

In Abbildung 3.1 sind die unterschiedlichen Annahmen zur Produktionstechnik wiedergegeben. Im Unterschied zu HARROD/DOMAR kann im neoklassischen Wachstumsmodell ein gegebener Output Y mit verschiedenen Kombinationen der Produktionsfaktoren Arbeit L und Kapital K unter Vollbeschäftigung hergestellt werden.

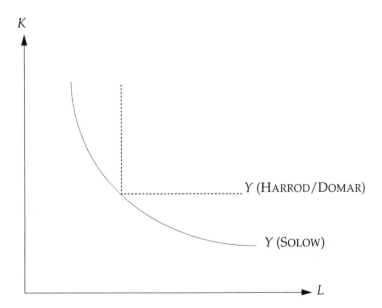

Abbildung 3.1: Produktionsfunktionen im Vergleich

Weitere Annahmen des neoklassischen Wachstumsmodells sind der vollständige Wettbewerb auf Güter- und Faktormärkten sowie die konstanten Skalenerträge in der aggregierten Produktionsfunktion. Wird
berücksichtigt, dass die in diesem Modell unterstellten Prozesse in Richtung des Gleichgewichts auf den Faktormärkten eine gewisse Zeit bean-
spruchen, kann die eckige Isoquante in der vorstehenden Abbildung als
Annahme zur kurzen Frist, die neoklassische Produktionsfunktion als
Darstellung der mittleren und längeren Frist aufgefasst werden.

3.2 Herleitung des langfristigen Gleichgewichts

Die Produktion ist (ohne technischen Fortschritt, vgl. dazu Abschnitt 3.3)
durch die folgende Produktionsfunktion gegeben:

$$Y(t) = F(K(t), L(t)) \tag{3.1}$$

Der Output Y bestimmt sich durch eine Funktion F, die als Argumente K
und L besitzt. Die Funktion weist konstante Skalenerträge in K und L auf.
Somit lautet die Beziehung in der Pro-Kopf-Schreibweise und mit k für
die Kapitalintensität:

$$y(t) = f(k(t)) \tag{3.2}$$

Im Unterschied zur aggregierten Schreibweise verwenden wir in der Pro-
Kopf-Schreibweise f als Funktionszeichen. Für diese Funktion f werden
folgende Eigenschaften unterstellt:

$$f' > 0, f'' < 0, f'(0) = \infty, f'(\infty) = 0$$

f' bezeichnet die erste Ableitung der Funktion f; zur Verdeutlichung wird
diese in der Folge an verschiedenen Stellen auch als $f'(k)$ dargestellt. Die
vier dargestellten Anforderungen (manchmal auch nur die letzten zwei)
werden als "Inada-Bedingungen" bezeichnet. Damit nimmt $f(k)$ den in
Abbildung 3.2 dargestellten Verlauf an.

Ohne technischen Fortschritt ist das Pro-Kopf-Einkommen auf dem
Gleichgewichtsniveau, wenn die Kapitalintensität einen konstanten Wert
erreicht hat. Deshalb kann zur Ermittlung des Gleichgewichts die zeitliche Veränderung der Kapitalintensität betrachtet werden. Für die Ableitungen einer Variablen nach der Zeit verwenden wir in der Folge wieder
die Form mit einem Punkt, also z.B.:

$$\frac{dk}{dt} = \dot{k}$$

Die zeitliche Veränderung der Kapitalintensität im Solow-Modell ergibt sich aus dem Zusammenfügen von Spar-, Finanzierungs- und Produktionsfunktion. Wiederum unterstellen wir für das Kapital einen konstanten Abschreibungssatz δ und erhalten:

$$S(t) = s \cdot Y(t) = s \cdot F(K(t), L(t))$$

$$= I(t) + \delta K(t) = \dot{K}(t) + \delta K(t) \qquad (3.3)$$

Durch Gleichsetzen und Umformen der hervorgehobenen Ausdrücke ergibt sich:

$$\frac{\dot{K}}{L} = s \cdot f(k(t)) - \delta \cdot k(t)$$

Wird nun die linke Seite mit L erweitert und auf beiden Seiten der Term $(\dot{L} \cdot K)/L^2$ subtrahiert, gelangen wir zu:

$$\frac{L \cdot \dot{K}}{L^2} - \frac{\dot{L} \cdot K}{L^2} = s \cdot f(k(t)) - \delta \cdot k(t) - g_L \cdot k(t)$$

Da die linke Seite dieses Ausdrucks genau die zeitliche Veränderung der Kapitalintensität ist, gilt in diesem Modell:

$$\dot{k} = s \cdot f(k(t)) - (\delta + g_L) \cdot k(t) \qquad (3.4)$$

Dies ist die Kerngleichung des Solow-Modells. Für die erste Art der grafischen Darstellung dieses fundamentalen Zusammenhangs dividieren wir den Ausdruck durch die Sparquote s. Damit kann die Anpassung der Kapitalintensität als Differenz zwischen der Pro-Kopf-Produktion und einer Geraden, die in der Grafik mit $((g_L + \delta)/s) \cdot k$ bezeichnet ist, dargestellt werden. Die mit einem Pfeil gekennzeichnete Differenz d bedeutet analytisch:

$$d = \frac{\dot{k}}{s} = f(k(t)) - \left(\frac{\delta + g_L}{s}\right) \cdot k(t)$$

Ist die Kapitalintensität kleiner als der gleichgewichtige Wert, nehmen k und y stetig zu. Im Gleichgewicht mit k^* stagniert das Pro-Kopf-Einkommen, da die Kapitalausstattung pro Arbeitsplatz nicht mehr weiter ansteigt ($\dot{k} = 0$).

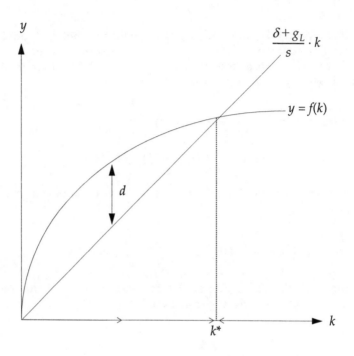

Abbildung 3.2: Wachstum und Gleichgewicht im Solow-Modell

Das abgebildete Gleichgewicht ist aufgrund der Bedingungen, die für die Funktion f postuliert werden, eindeutig und stabil. Bei konstanten Parametern für g_L, δ und s kann langfristig nur die stetige Verschiebung der Produktionsfunktion nach oben ein Wachstum erzeugen. Eine solche Verschiebung ist z.B. durch den technischen Fortschritt bedingt.

3.3 Anpassungs- und Gleichgewichtswachstum

Das Solow-Modell kann die Wachstumsrate einer Volkswirtschaft in Abhängigkeit von strukturellen Parametern wie Sparquote und Bevölkerungswachstum nur in der Phase der Anpassung an das langfristige Gleichgewicht erklären. In der langen Frist, d.h. auf dem gleichgewichtigen Wachstumspfad, erhöht sich das Einkommen im Modell aber nur dann, wenn zusätzlich ein exogener technischer Fortschritt angenommen wird.

Für den Stand des technischen Wissens wird eine Variable A in die Produktionsfunktion aufgenommen. Die Funktion lautet jetzt:

$$Y(t) = A(t) \cdot F(K(t), L(t)) \tag{3.5}$$

beziehungsweise in der Pro-Kopf-Schreibweise:

$$y(t) = A(t) \cdot f(k(t)) \tag{3.6}$$

Der technische Fortschritt führt zu einem Wachstum in der Variablen A. Die zeitliche Veränderung der Kapitalintensität ist wie folgt bestimmt:

$$\dot{k} = s \cdot A(t) \cdot f(k(t)) - (\delta + g_L) \cdot k(t) \tag{3.7}$$

Äquivalent zur Abbildung 3.2. sind die beiden Terme auf der rechten Seite dieser Gleichung, nach Division mit s, in Abbildung 3.3 dargestellt.

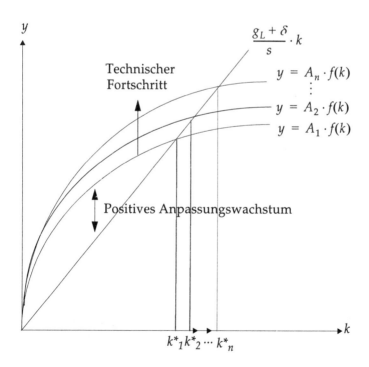

Abbildung 3.3: Exogener technischer Fortschritt

Abbildung 3.3 zeigt die Unterscheidung in Anpassungs- und Gleichgewichtswachstum, die für das Verständnis des Solow-Modells zentral ist.
Der exogene technische Fortschritt verschiebt die Produktionsfunktion
nach oben. Im abgebildeten Fall ergibt sich eine sukzessive Vergrößerung von A ($A_1 < A_2 < ... < A_n$).

In einer zweiten, häufig verwendeten Art der Darstellung desselben
Sachverhalts wird das Wachstum der Kapitalintensität direkt als Differenz zweier geometrischer Orte sichtbar. Für die Produktionsfunktion
verwenden wir in diesem Fall die bekannte "Cobb-Douglas"- Form:

$$Y(t) = A(t) \cdot K(t)^{\alpha} \cdot L(t)^{1-\alpha} \qquad 0 < \alpha < 1 \qquad (3.8)$$

In der Pro-Kopf-Schreibweise lautet sie:

$$y(t) = A(t) \cdot k(t)^{\alpha} \qquad (3.9)$$

Zum Parameter α ist dabei die folgende Erläuterung hilfreich. Die Produktionselastizität des Kapitalstocks ist definiert als $(dy/dk)/(y/k)$. Für
die Cobb-Douglas-Funktion (3.9) gilt:

$$\frac{dy/dk}{y/k} = \frac{\alpha \cdot A \cdot k^{\alpha-1}}{\dfrac{A \cdot k^{\alpha}}{k}} = \alpha$$

Die Produktionselastizität des Kapitals in der Cobb-Douglas-Funktion ist
damit gerade gleich α. In der Neoklassik wird für die Größe dieser Elastizität ein Wert von rund einem Drittel angenommen (vgl. Box 3.1). Die
Produktionselastizitäten der Arbeit und des Kapitals ergänzen sich im
neoklassischen Wachstumsmodell gerade zu Eins. In der neueren Theorie gilt diese Annahme allerdings nicht mehr (vgl. ab Kapitel 5).

Das Wachstum der Kapitalintensität ergibt sich aus (3.7) und unter
Verwendung von (3.9) als:

$$g_k = s \cdot A(t) \cdot k(t)^{\alpha-1} - (\delta + g_L) \qquad (3.10)$$

Dies führt zur grafischen Darstellung von Abbildung 3.4 für das Wachstum der Kapitalintensitätn (Annahme: $g_A = 0$).

In dieser Darstellung und in den anderen Ausführungen gilt $k = K/L$.
Logarithmieren und Differenzieren von k nach der Zeit ergibt, wie in
Kapitel 2 bereits eingeführt:

$$g_k = g_K - g_L$$

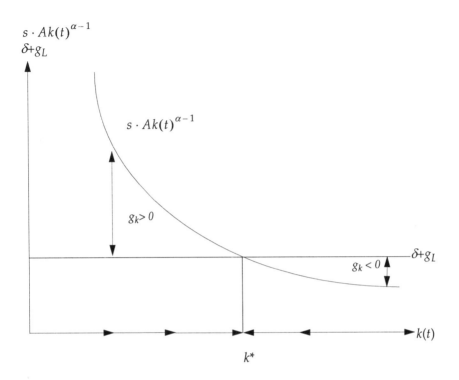

Abbildung 3.4: Neoklassisches Anpassungswachstum

Nullsetzen und Auflösen der Gleichung (3.10) führt zur gleichgewichtigen Kapitalintensität mit konstantem technischen Wissen A:

$$k^* = \left[\frac{\delta + g_L}{s \cdot A}\right]^{\frac{1}{\alpha - 1}} \qquad (3.11)$$

In der Literatur wird die Kapitalintensität manchmal als Kapital pro Effizienzeinheit $K/(A^L \cdot L)$ aufgeführt, was wir mit $\hat{k}$ bezeichnen. Der technische Fortschritt wirkt hier auf den Faktor Arbeit; der Unterschied zur vorangegangenen Darstellung wird im nächsten Abschnitt erläutert.

Wenn $\hat{k} = K/(A^L \cdot L)$, ist die Wachstumsrate dieser Art der Kapitalintensität:

$$g_{\hat{k}} = g_K - g_{A^L} - g_L$$

Im langfristigen Gleichgewicht mit technischem Fortschritt ist $\hat{k}$ konstant, d.h. $g_{\hat{k}} = 0$.

Entsprechend zu oben kann für $\hat{k}$ der gleichgewichtige Wert gesucht werden; mit dieser Art des technischen Fortschritts gilt:

$$\hat{k}^* = \left[\frac{\delta + g_L + g_{A^L}}{s}\right]^{\frac{1}{\alpha - 1}} \tag{3.12}$$

3.4 Klassifikation des technischen Fortschritts

Im neoklassischen Modell ist ein über die Anpassung an die optimale Kapitalintensität hinausgehendes, kontinuierliches Wachstum nur durch den exogen vorgegebenen technischen Fortschritt möglich. Wie aus den bisherigen Ausführungen bereits hervorgeht, spricht man in diesem Zusammenhang von technischem Fortschritt, wenn eine Erweiterung des technischen Wissens die Erhöhung des Outputs erlaubt, ohne dass der Einsatz an Produktionsfaktoren erhöht werden muss. Der technische Fortschritt kann sich auf die beiden Faktoren Arbeit und Kapital gleichmäßig oder in unterschiedlicher Weise auswirken, weshalb in der Literatur die in der Folge beschriebene Klassifikation eingeführt wurde.

a) Produktvermehrender technischer Fortschritt:

Hicks-Neutralität

Nach HICKS sind technologische Innovationen als "neutral" anzusehen, wenn bei vorgegebener Kapitalintensität ($k = K/L$) das Verhältnis der Grenzprodukte der beiden Faktoren über die Zeit konstant bleibt. D.h.:

$$\frac{F_{K,0}}{F_{L,0}} = \frac{F_{K,t}}{F_{L,t}} = \text{konstant} \tag{3.13}$$

wobei t Zeitindizes sind und z.B. $F_{K,0}$ das Grenzprodukt des Kapitals im Zeitpunkt 0 angibt. Hicks-neutraler technischer Fortschritt wird auch "produktvermehrend" genannt und impliziert eine über die Zeit konstante Einkommensverteilung auf die beiden Faktoren.

Die Produktionsfunktion hat dann die bereits bekannte Form:

$$Y(t) = A(t) \cdot F(K(t), L(t)) \tag{3.14}$$

Es ist nun allerdings denkbar, dass sich technische Innovationen unterschiedlich auf die beiden Faktorproduktivitäten auswirken. Es werden deshalb anschließend Situationen betrachtet, in denen der technische Fortschritt entweder arbeits- oder kapitalvermehrend wirkt.

Box 3.1: Empirische Bestimmung der Einkommensniveaus

Mit Hilfe des neoklassischen Wachstumsmodells können die unterschiedlichen Einkommensniveaus in verschiedenen Ländern erklärt werden. Im ersten Teil einer empirischen Studie von MANKIV/ROMER/WEIL (1992) wird dazu angenommen, dass sich die untersuchten Länder im langfristigen Gleichgewicht befinden. Ausgangspunkt bildet die gleichgewichtige Kapitalintensität in Ausdruck (3.12) des Haupttexts. Wird die gleichgewichtige Kapitalintensität in die Pro-Kopf-Produktionsfunktion der Cobb-Douglas-Form (3.9) eingesetzt, ergibt sich nach Logarithmieren folgende Schätzgleichung:

$$\ln y = \text{const} + (\alpha/(1-\alpha)) \ln s - (\alpha/(1-\alpha)) \ln (\delta + g_L + g_A) + \varepsilon$$

wobei ε der Störterm ist. Diese Gleichung wurde im internationalen Querschnitt für verschiedene Samples empirisch geschätzt. Die Daten für die Pro-Kopf-Einkommen sind im internationalen Datenset von SUMMERS/HESTON/ATEN verfügbar, die Sparquoten wurden als Investitionsquoten erfasst und wie das Bevölkerungswachstum demselben Datenset entnommen. Für die Summe aus Abschreibungsrate und technischem Fortschritt wurde der Wert 0.05 unterstellt.

In einem Querschnitt über 98 Länder, bei dem die Länder mit hohem Erdölexport ausgeschlossen wurden, ergab sich für die Zeitperiode 1960–1985 folgendes Ergebnis:

$$\ln y = 5.48 + 1.42 \ln s - 1.97 \ln (\delta + g_L + g_A)$$
$$\quad\ \ (1.59)\ (0.14)\qquad (0.56)$$

OLS-Schätzung, in Klammern Standardfehler, R^2 (korrigiert) 0.59

Die geschätzten Koeffizienten für die Sparquote und das Bevölkerungswachstum haben das erwartete Vorzeichen und sind hoch signifikant. Die Hypothese, dass diese beiden geschätzten Koeffizienten dieselbe Größe (mit umgekehrtem Vorzeichen) aufweisen, kann zudem nicht verworfen werden. Die Unterschiede in Sparquoten und Bevölkerungswachstum erklären gemäß Auffassung der Autoren einen großen Teil der internationalen Unterschiede im Einkommensniveau. Allerdings stellen die Autoren selbst fest, dass der implizierte Wert für α von 0.6 fast doppelt so groß ist, als unter neoklassischen Annahmen eigentlich zu erwarten wäre. Daher folgern sie, dass die Akkumulation von Humankapital in der Theorie ebenfalls berücksichtigt werden muss. Mit einer zusätzlichen, zum Realkapital analogen Sparquote für Humankapital wird im erwähnten Aufsatz das Modell noch einmal geschätzt. Daraus ergeben sich auch im Hinblick auf den Kapitalanteil befriedigende Resultate.

Die Ergebnisse zeigen, dass der empirische Gehalt des neoklassischen Modells größer ist, als allgemein angenommen wird. Allerdings beziehen sich diese Resultate nur auf Einkommensniveaus. Zudem sind die Schätzungen für das Sample der wichtigen OECD-Länder weit weniger erfreulich. Des weiteren ist die Annahme, der technische Fortschritt sei in allen Ländern genau gleich groß gewesen, eher realitätsfern. Falls der technische Fortschritt in den einzelnen Ländern von der Investitionsquote abhängt, ist ferner die gewählte Schätzmethode nicht mehr angemessen. Wenn akzeptiert wird, dass technische Innovationen für das Wachstum zentral sind, dann müssen sie erklärt werden. Dies ist u.a. Gegenstand der Neuen Wachstumstheorie (vgl. ab Kapitel 5).

b) Faktorvermehrender technischer Fortschritt:

Wenn wir es nicht mit produkt-, sondern mit faktorvermehrendem technischen Fortschritt zu tun haben, kann die Produktionsfunktion geschrieben werden als:

$$Y(t) = F(A^L(t) \cdot L(t), A^K(t) \cdot K(t)) \qquad (3.15)$$

Die Argumente $A^K(t) \cdot K(t)$ und $A^L(t) \cdot L(t)$ dieser Produktionsfunktion werden Faktor-Effizienzeinheiten genannt. Wir gehen im folgenden von konstanten Skalenerträgen aus und betrachten zunächst den Fall des rein arbeitsvermehrenden technischen Fortschritts

Harrod-Neutralität

Im Fall des arbeitsvermehrenden technischen Fortschritts ist $A^K(t)$ konstant und der Einfachheit halber gleich Eins gesetzt, und $A^L(t) \cdot L(t)$, d.h. die effiziente Arbeit, steigt an.

Wenn nun angenommen wird, dass das Verhältnis $A^L(t) \cdot L(t)/K(t)$ konstant bleibt, verringert sich das Verhältnis der für die Produktion einer bestimmten Outputmenge benötigten Faktormengen $L(t)/K(t)$ in dem Maße, wie die Effizienz des Faktors Arbeit $A^L(t)$ durch den technischen Fortschritt gesteigert werden kann.

Wenn L in gleichem Maße reduziert wird, wie A^L steigt, dann bleibt auch das Grenzprodukt des Kapitals, das nur vom Verhältnis $A^L(t) \cdot L(t)/K(t)$ abhängt, konstant. Aus diesem Grund wird der arbeitsvermehrende technische Fortschritt manchmal auch "arbeitssparend" genannt. Eine proportionale Erhöhung der Inputs führt dann zu einer ebenso großen Ausdehnung des Outputs. Damit bleibt der Kapitalkoeffizient v ($v=K(t)/Y(t)$) konstant.

Nach diesen Überlegungen läßt sich Harrod-Neutralität definieren als technischer Fortschritt, der die Kapitalertragsrate ($=F_k$) und den Kapitalkoeffizienten ($v=K(t)/Y(t)$) nicht verändert. Zudem bleibt das Verhältnis der Faktoreinkommen unverändert. Die Produktionsfunktion nimmt somit folgende Form an:

$$Y(t) = F(K(t), A(t) \cdot L(t)) \qquad A^K = 1 \qquad (3.16)$$

Abbildung 3.5 verdeutlicht den Unterschied zwischen den beiden Konzepten der Harrod- und Hicks-Neutralität. Im Fall der Harrod-Neutralität wird die ursprüngliche Produktionsfunktion $f(k)$ durch den technischen Fortschritt so nach oben verschoben, dass im Schnittpunkt mit der Geraden v die Steigung der Produktionsfunktion (und damit auch die Kapitalertragsrate f_k) konstant bleibt.

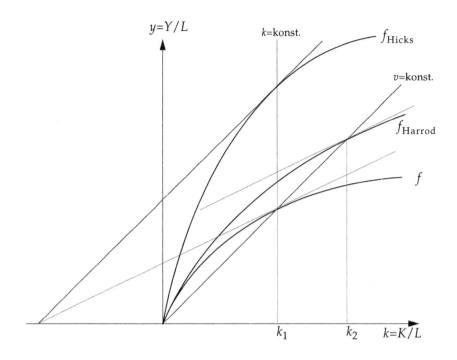

Abbildung 3.5: Harrod- und Hicks-Neutralität

Es wird deutlich, dass bei arbeitsvermehrendem technischen Fortschritt die Kapitalintensität, d.h. das Verhältnis von Kapital zur "puren" Arbeit L, ansteigt, während im Falle der Hicks-Neutralität die Kapitalintensität konstant bleibt.

Solow-Neutralität

Analog zur Harrod-Neutralität wird technischer Fortschritt als rein kapitalvermehrend oder Solow-neutral bezeichnet, wenn sich bei konstantem Arbeitskoeffizienten L/Y die Grenzproduktivität der Arbeit nicht verändert (A^L konstant). Dies impliziert folgende Produktionsfunktion (vgl. mit (3.16)):

$$Y(t) = F(A(t) \cdot K(t), L(t)) \qquad A^L = 1 \qquad (3.17)$$

Der technische Fortschritt wirkt sich nur auf die Kapitalproduktivität aus. Um den gesamtwirtschaftlichen Output zu erhöhen, muss folglich der Kapitaleinsatz in dem Maße weniger stark erhöht werden, wie der technische Fortschritt $A(t)$ die Kapitalproduktivität steigert.

c) Fortschritt und Steady-State

Es soll nun noch gezeigt werden, dass bei allgemeinen Produktionsfunktionen nur der technische Fortschritt im Sinne von Harrod mit dem Konzept des Steady-State-Wachstums vereinbar ist. Aus Kapitel 2 wissen wir, dass im Steady-State gilt:

$$g_Y = g_K = \frac{s}{v} = \text{konstant} \qquad (3.18)$$

Diese Bedingung kann nur erfüllt sein, wenn bei konstanter Sparquote auch v konstant bleibt. Das bedeutet aber, dass technischer Fortschritt keinerlei kapitalvermehrende Wirkung haben darf, weil dann $v=K/Y$ ansteigen würde. Technischer Fortschritt ist folglich bei allgemein gewählter Produktionsfunktion nur dann mit dem Steady-State-Konzept vereinbar, wenn er Harrod-neutral oder rein arbeitsvermehrend ist. In Ergänzung zu dieser Feststellung sollte die gute Übereinstimmung der Definition des Harrod-neutralen Fortschritts mit den von KALDOR beschriebenen stilisierten Fakten des Wachstums (vgl. Kapitel 1) beachtet werden.

Ein wichtiger Spezialfall in der Frage des technischen Fortschritts ist die Cobb-Douglas-Produktionsfunktion; bei dieser Funktion lassen sich die verschiedenen Arten des technischen Fortschritts direkt ineinander überleiten. Die drei Arten des Hicks-, Harrod- und Solow-neutralen technischen Fortschritts lauten für diese Produktionsfunktion:

$$Y = \tilde{A}_{Hi} \cdot K^{\alpha} \cdot L^{1-\alpha}$$

$$Y = K^{\alpha} \cdot (A_{Ha} \cdot L)^{1-\alpha} = A_{Ha}^{1-\alpha} \cdot K^{\alpha} \cdot L^{1-\alpha} = \tilde{A}_{Ha} \cdot K^{\alpha} \cdot L^{1-\alpha}$$

$$Y = (A_{So}K)^{\alpha} \cdot L^{1-\alpha} = A_{So}^{\alpha} \cdot K^{\alpha} \cdot L^{1-\alpha} = \tilde{A}_{So} \cdot K^{\alpha} \cdot L^{1-\alpha}$$

Diese Funktionen unterscheiden sich qualitativ nicht. Die Cobb-Douglas-Produktionsfunktion ist damit unabhängig von der Definition des technischen Fortschritts.

3.5 Die Rolle der Wirtschaftspolitik

Die wirtschaftspolitischen Entscheide sollten sich gemäß Wohlfahrtstheorie am Nutzen der Haushalte orientieren. Weder der Output noch die Investitionen bringen aber direkten Nutzen. In der mikroökonomischen Theorie ist es der Konsum, der (neben weiteren Größen wie Vermögen, Umweltqualität u.a.m.) das Nutzenniveau bestimmt. Im Rahmen des neoklassischen Wachstumsmodells stellt damit das Erreichen des größtmöglichen Konsums im Wachstumsgleichgewicht eine wohlfahrts-optimale Zielsetzung dar. Im Gleichgewichtswachstum sind die Pro-Kopf-Investitionen gleich der Summe von Abschreibungsrate und Bevölkerungswachstum, multipliziert mit der Kapitalintensität:

$$g_k = 0 \quad =>(\delta + g_L) \cdot k^* = s \cdot y^* = s \cdot A \cdot f(k^*) \qquad (3.19)$$

Der zu maximierende Pro-Kopf-Konsum im Wachstumsgleichgewicht c^* ergibt sich aus der Differenz zwischen dem Pro-Kopf-Output y^* und den Pro-Kopf-Investitionen (= Pro-Kopf-Ersparnisse):

$$c^* = A \cdot f(k^*) - s \cdot A \cdot f(k^*) \qquad (3.20)$$

Einsetzen von (3.19) in (3.20) ergibt:

$$c^* = A \cdot f(k^*) - (\delta + g_L) \cdot k^* \qquad (3.21)$$

Das totale Differential aus (3.21) lautet:

$$dc^* = f(k^*) \cdot dA - k^* \cdot d\delta - k^* \cdot dg_L$$
$$\qquad \quad 1. \qquad \quad 2. \qquad \quad 3.$$
$$+ (Af'(k^*) - \delta - g_L) \cdot dk^* \qquad (3.22)$$
$$\qquad \quad 4.$$

Die vier Terme 1, 2, 3 und 4 können wie folgt kommentiert werden:

- **1.** Der technische Fortschritt, ausgedrückt durch dA, ist exogen gegeben und lässt sich darum in diesem Modell von der Regierung nicht beeinflussen. Er ist in diesem Modell ein Geschenk, das "wie Manna vom Himmel fällt". (In der Folge wird allerdings $dA=0$ angenommen).

- **2. und 3.** Die Abschreibungsrate und das Bevölkerungswachstum sind gemäß den Annahmen des Solow-Modells exogen und konstant ($d\delta = dg_L = 0$).

- **4.** Die Kapitalintensität ist der einzige Faktor, über dessen Größe die Regierung in einem gewissen Maß bestimmen kann. Zur Beeinflussung können Instrumente wie die staatliche Investitions- oder Sparförderung sowie die unterschiedliche Besteuerung der Einsatzfaktoren Arbeit und Kapital dienen.

Der Einfluß von k^* auf c^* ist gemäß (3.22):

$$\frac{dc^*}{dk^*} = Af'(k^*) - (\delta + g_L)$$

Soll der Konsum c^* maximiert werden, muß $dc^*/dk^* = 0$ gelten. Dies ergibt die goldene Regel, die nach ihrem Erfinder auch "Phelps Golden Rule of Capital Accumulation" genannt wird:

$$Af'(k) = \delta + g_L \qquad\qquad (3.23)$$

bzw. $\dfrac{dy}{dk} = \delta + g_L$

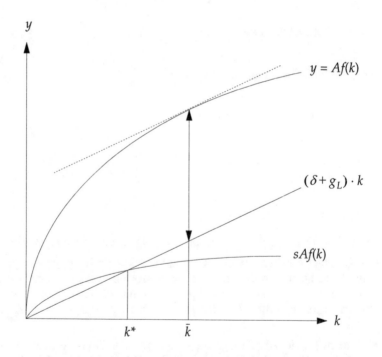

Abbildung 3.6: Maximaler Pro-Kopf-Konsum

Für einen maximalen Pro-Kopf-Konsum sollte gemäß dieser Bedingung das Grenzprodukt des Kapitals der Summe aus Abschreibungsrate und Rate des Bevölkerungswachstums entsprechen. Diese Bedingung lässt sich grafisch sehr schön zeigen. Die Stelle k^* zeigt im Diagramm das Gleichgewicht an (vgl. Abb. 3.6). Dagegen ist der Pro-Kopf-Konsum da am größten, wo die Steigung der beiden geometrischen Orte $Af(k)$ und $(\delta + g_L) \cdot k$ dieselbe ist; dies ist in der Abbildung an der Stelle $\bar{k}$ der Fall. Für das Erzielen eines maximalen Pro-Kopf-Konsums muss es deshalb der Politik gelingen, die Kurve $sAf(k)$ so zu verschieben, dass k^* genau bei $\bar{k}$ zu liegen kommt.

Wie kann dieses Ziel erreicht werden? Ein Beispiel wird in der folgenden Überlegung dargestellt.

Notation:

- w_L Lohnsatz, d.h. Lohn pro Arbeitskraft
- w_K Kapitalertragsrate, mit der die Kapitalgeber für die zur Verfügungstellung von Kapital entlohnt werden

Wie bisher wird von den zwei Produktionsfaktoren Kapital und Arbeit ausgegangen; der Zeitindex wird der Einfachheit halber weggelassen. Das durch den Verkauf der produzierten Güter erwirtschaftete Einkommen in der Höhe von Y wird vollständig an die Kapitalgeber und die Arbeitnehmer ausbezahlt:

$$Y = w_L \cdot L + w_K \cdot K$$

In der Pro-Kopf-Schreibweise gilt:

$$y = w_L + w_K \cdot k$$

Ein durchschnittlicher Haushalt erhält neben seinem Lohn für die Arbeit auch einen Kapitalertrag in der Höhe von $w_K \cdot k$. Die Kapitalertragsrate ist bei vollständiger Konkurrenz gleich dem Grenzprodukt des Kapitals:

$$\frac{dy}{dk} = \frac{d(Y/L)}{d(K/L)} = \frac{dY}{dK} = w_K \qquad (3.24)$$

Die Division von (3.19) durch k^* ergibt:

$$\delta + g_L = \frac{s \cdot Af(k^*)}{k^*} = \frac{s \cdot Y^*/L}{K^*/L} = s \cdot \frac{Y^*}{K^*} \qquad (3.25)$$

Mit der Goldenen Regel folgt:

$$s \cdot Y^* = w_K \cdot K^* \qquad (3.26)$$

Das gesamte Sparen ist im "goldenen" Gleichgewicht gleich dem gesamten Kapitalertrag. So kann für dieses vereinfachende Modell folgende Grundregel postuliert werden: Investiert, d.h. spart ein Land seine Kapitalerträge und konsumiert es die Löhne, so maximiert es den Konsum pro Kopf.

3.6 Wachstumsbuchhaltung

Im Rahmen der Wachstumsbuchhaltung wird das volkswirtschaftliche Wachstum nach dem Beitrag der einzelnen Faktor-Bestandesänderungen zum Outputwachstum statistisch zerlegt. Dabei finden die Faktorquoten als Gewichte Verwendung. Das mit den Zunahmen der Faktorbestände nicht erklärbare Wachstum wird als Solow-Residual bezeichnet.

Notation:

- θ_L, θ_K Lohnquote beziehungsweise Kapitalquote
- F_X Ableitung der Funktion F nach X

Ausgangspunkt bildet die Produktionsfunktion (3.5) mit technischem Fortschritt in der Form:

$$Y(t) = A(t) \cdot F(K(t), L(t))$$

Der Faktor $A(t)$ wird in der Wachstumsbuchhaltung häufig als "totale Faktorproduktivität" bezeichnet. Nach der Zeit t abgeleitet, ergibt sich (die Zeitindizes werden der Einfachheit halber in der Folge weggelassen):

$$\dot{Y} = (F \cdot \dot{A}) + (A \cdot F_K \cdot \dot{K}) + (A \cdot F_L \cdot \dot{L})$$

Division durch Y beziehungsweise $A \cdot F$ führt zu:

$$\frac{\dot{Y}}{Y} = \frac{(F \cdot \dot{A})}{A \cdot F} + \frac{(A \cdot F_K \cdot K)}{Y} \cdot \frac{\dot{K}}{K} + \frac{(A \cdot F_L \cdot L)}{Y} \cdot \frac{\dot{L}}{L}$$

Ausgedrückt in der Notation für Wachstumsraten:

$$g_Y = g_A + \frac{(A \cdot F_K \cdot K)}{Y} \cdot g_K + \frac{(A \cdot F_L \cdot L)}{Y} \cdot g_L \qquad (3.27)$$

Der Lohnsatz w_L (= Grenzkosten der Arbeit) wird in einer Marktwirtschaft mit vollkommener Konkurrenz durch das Grenzprodukt der

Arbeit $A \cdot F_L$ bestimmt:

$$w_L = A \cdot F_L$$

Die Lohnquote ist gegeben durch:

$$\theta_L = \frac{w_L \cdot L}{Y} = \frac{(A \cdot F_L) \cdot L}{Y} \qquad (3.28)$$

Da für die aggregierte Produktionsfunktion konstante Skalenerträge unterstellt werden, ergibt die Summe der Faktorquoten θ_L und θ_K den Wert Eins, d.h. Y geht vollständig an die Eigentümer von K und L über:

$$Y = w_L \cdot L + w_K \cdot K$$

In Quoten ausgedrückt, erreicht durch Division mit Y, bedeutet derselbe Sachverhalt:

$$\theta_K = 1 - \theta_L \qquad (3.29)$$

Damit ergibt sich aus (3.27) die in der Wachstumsbuchhaltung benützte Formel:

$$g_Y = g_A + (1 - \theta_L) \cdot g_K + \theta_L \cdot g_L \qquad (3.30)$$

Die Daten für sämtliche Variablen dieses Ausdrucks – außer g_A – sollten im Prinzip aus der nationalen Buchhaltung (volkswirtschaftliche Gesamtrechnung) abgeleitet werden können.

Das Wachstum der totalen Faktorproduktivität g_A folgt dann als Residuum (Solow-Residual) und kann als technischer Fortschritt interpretiert werden. Im Sprachgebrauch der Wachstumsbuchhaltung ist ein Ergebnis dann "befriedigend", wenn das Residual bei einer Berechnung relativ klein wird.

Für die Praxis bedarf (3.30) deshalb auch etlicher Erweiterungen:

- Der Begriff "Kapital" umfasst eine Vielzahl inhomogener Arten von Kapital; der Qualitätsaspekt muss ergänzt werden.

- Auch der Faktor Arbeit ist nicht homogen; die verschiedenen Qualifikationen sind zu berücksichtigen.

- Die Aufnahme zusätzlicher Produktionsfaktoren, wie z.B. Boden, ist ebenfalls angezeigt.

Damit ist ein großes Problem dieses Verfahrens bereits angedeutet: Die Daten müssen in der geforderten Qualität in den Statistiken vorhanden sein. Ausserdem können an der Wachstumsbuchhaltung folgende Punkte kritisiert werden:

- Die Produktionstechnik und die Marktform werden sehr restriktiv abgebildet. In der Realität bestehen Marktunvollkommenheiten sowie die Möglichkeit zunehmender Skalenerträge in der aggregierten Produktionsfunktion.

- Gleichung (3.30) zeigt keine Kausalbeziehungen auf, sondern ist eine statistische Identität. Der gegenseitige, endogene Einfluss zwischen Kapitalbildung und technischem Fortschritt wird vollständig vernachlässigt.

Eine weitergehende und befriedigendere Methode zur statistischen Erforschung der langfristigen Entwicklung ist die empirische Überprüfung von theoretischen Modellen der Neuen Wachstumstheorie mit Hilfe der Regressionsanalyse (vgl. Box 3.1 und Kapitel 5 ff.). Erst mit dieser Art von empirischem Test wird es möglich, echte Kausalbeziehungen im Wachstumsprozess zu untersuchen.

3.7 Wachstumsbonus

Nehmen wir an, dass sich die Effizienz in einer Volkswirtschaft erhöht, z.B. aufgrund von wirtschaftspolitischen Veränderungen. In den letzten Jahren wurde in diesem Zusammenhang vor allem die Steigerung der gesamtwirtschaftlichen Effizienz durch die Teilnahme am europäischen Binnenmarktprogramm diskutiert, vgl. dazu CECCHINI (1988). Andere Maßnahmen zur Steigerung der Wettbewerbsintensität oder zweckmäßige Deregulierungen können aber denselben Effekt haben.

Wie stark steigt das Pro-Kopf-Einkommen im langfristigen Gleichgewicht, wenn das Solow-Modell unterstellt wird? Das mittelfristige Zusatzwachstum, das in der neoklassischen Wachstumstheorie die (z.B. bei CECCINI berechnete) statische Effizienzerhöhung positiv verstärkt, nennen wir nach BALDWIN (1989) den "Wachstumsbonus".

Unterstellt wird eine einfache, neoklassische Produktionsfunktion in Pro-Kopf-Schreibweise mit den üblichen Bezeichnungen und der Cobb-Douglas-Form wie unter Abschnitt 3.3:

$$y(t) = A(t) \cdot f(k(t)) = A(t) \cdot (k(t))^{\alpha} \qquad (3.31)$$

Logarithmieren und Differenzieren nach der Zeit ergibt:

$$g_y = g_A + \alpha \cdot g_k \qquad (3.32)$$

Das Wachstum des Pro-Kopf-Einkommens bei einer Cobb-Douglas-Funktion besteht gemäß (3.32) aus zwei Summanden. Tritt nun eine Zunahme der gesamtwirtschaftlichen Effizienz A ein, so wird sich das Wachstumsgleichgewicht verändern; es findet ein Anpassungswachstum in der Variablen k statt, bis das neue Gleichgewicht erreicht ist. Im y/k - Diagramm verschiebt sich die Produktionsfunktion mit zunehmendem A nach oben, wie aus Abbildung 3.7 ersichtlich wird.

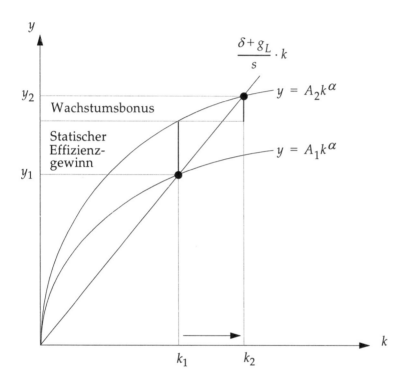

Abbildung 3.7: Wachstumsbonus

Die Abbildung zeigt die beiden Schritte der Einkommenserhöhung. Bei konstanter Kapitalintensität ergibt sich vorerst ein Anwachsen des Pro-Kopf-Einkommens, das als "statischer Effizienzgewinn" bezeichnet wird. Damit ist allerdings das System nicht auf dem gleichgewichtigen Wachstumspfad.

Erst nach einer Anpassung der Kapitalintensität wird das langfristige Gleichgewicht wieder erreicht. Wie groß ist das Wachstum der Kapitalintensität in Abhängigkeit vom Wachstum der Effizienzsteigerung in A? Dazu wird folgende Überlegung angestellt. Der Anteil der Kapitaleinkommen am gesamten Einkommen ist:

$$\theta_K = \frac{w_K \cdot K}{Y} = \alpha \qquad (3.33)$$

Für das Faktorentgelt w_K gilt dann:

$$w_K = \alpha \cdot y / k \tag{3.34}$$

Da α (per Annahme) und y/k (im langfristigen Gleichgewicht) konstant sind, müssen der Grenzertrag des Kapitals und somit auch das Faktorentgelt für Kapital w_K im langfristigen Gleichgewicht konstant sein. Der Grenzertrag des Kapitals ist gleich:

$$w_K = \frac{dY}{dK} = \frac{dy}{dk} = \alpha \cdot A \cdot k^{\alpha-1}$$

Logarithmieren und Differenzieren nach der Zeit ergibt:

$$\frac{\dot{w}_K}{w_K} = \frac{\dot{A}}{A} + (\alpha-1) \cdot \frac{\dot{k}}{k} \tag{3.35}$$

Wenn w_K im Gleichgewicht konstant ist, muss $\dot{w}_K/w_K$ gleich Null sein. Damit gilt für (3.35) in Wachstumsraten ausgedrückt:

$$g_A = (1 - \alpha) g_k$$

Daraus findet man die gesuchte Wachstumsrate für k in Abhängigkeit vom Effizienzgewinn:

$$g_k = \frac{1}{1 - \alpha} \cdot g_A \tag{3.36}$$

Einsetzen von (3.36) in (3.32) ergibt:

$$g_y = g_A + \frac{\alpha}{1 - \alpha} \cdot g_A = g_A \left(1 + \frac{\alpha}{1 - \alpha} \right) \tag{3.37}$$

Die Eins in der Klammer auf der rechten Seite steht für den statischen Effizienzgewinn, der zweite Term in der Klammer ist der Wachstumsbonus. Damit ist der auch in Abbildung 3.7 dargestellte Wachstumsbonus gleich:

$$\frac{\alpha}{1 - \alpha} \tag{3.38}$$

Je höher der postulierte Wert für die Produktionselastizität des Kapitals α liegt, desto größer ist der verstärkende Effekt der induzierten Kapitalbildung für das Einkommen auf dem gleichgewichtigen Wachstumspfad. Der Wachstumsbonus ist also abhängig von der unterstellten Produktionsfunktion. Wird von positiven Externalitäten der Kapitalbildung (vgl. Kapitel 6) ausgegangen, ist die Produktionselastizität des Kapitals größer als unter neoklassischen Annahmen. Dasselbe gilt, wenn der Kapitalbegriff um Humankapital erweitert wird (vgl. Box 3.1). Im Rahmen der Neuen Wachstumstheorie sind weitere Punkte für die Wirkungen einer einmaligen Effizienzsteigerung von großer Bedeutung (vgl. ab Kapitel 6, insbesondere Kapitel 8). Die Auswirkungen eines Binnenmarktprogramms auf die langfristige, endogene Wachstumsrate unter Einschluss der Außenhandelstheorie sind in BRETSCHGER (1996) ausführlich behandelt.

3.8 Konvergenz

Im neoklassischen Wachstumsmodell konvergieren die Einkommens- und Produktivitätsniveaus zu einem stabilen langfristigen Gleichgewicht. In diesem Steady-State wachsen die relevanten Größen (Pro-Kopf-Produktion und Kapitalintensität) nur noch mit der exogen vorgegebenen Rate des technischen Fortschritts. In der Übergangsdynamik hin zum Steady-State wachsen rückständigere Länder und Regionen jedoch schneller als diejenigen, die sich näher an oder sogar in ihrem Gleichgewicht befinden (vgl. Abbildung 3.4).

Damit führt der Konvergenzprozess zu einem Aufholen (Catching-up) von weniger kapitalreichen Ländern und Regionen zu bereits weiter entwickelten. Gleichen sich die Einkommensniveaus und die Kapitalintensitäten verschiedener Länder oder Regionen – unabhängig von den volkswirtschaftlichen Parametern wie Sparquote, Technologieniveau, Bevölkerungswachstum usw. – im Zeitablauf aneinander an, so spricht man von "absoluter" Konvergenz.

Abbildung 3.8 zeigt für einen internationalen Querschnitt, dass in der Realität keine absolute Konvergenz beobachtet werden kann. Diejenigen Länder, die 1960 eine niedrige Produktivität aufwiesen, sind in den folgenden dreißig Jahren nicht unbedingt schneller gewachsen als die wohlhabenderen Länder.

Das neoklassische Wachstumsmodell prognostiziert allerdings auch keine absolute, sondern eine sogenannte bedingte Konvergenz. Nur wenn sämtliche Parameter des Modells über alle Länder gleich sind, konvergieren sie zum gleichen Steady-State, und nur für diesen Fall wird ein eindeutiges Aufholen ärmerer Regionen zu den reicheren prognostiziert. Statistisch gesprochen: Nur wenn die Modellparameter konstant gehalten werden, ist gemäß neoklassischer Theorie eine absolute Konvergenz zu beobachten.

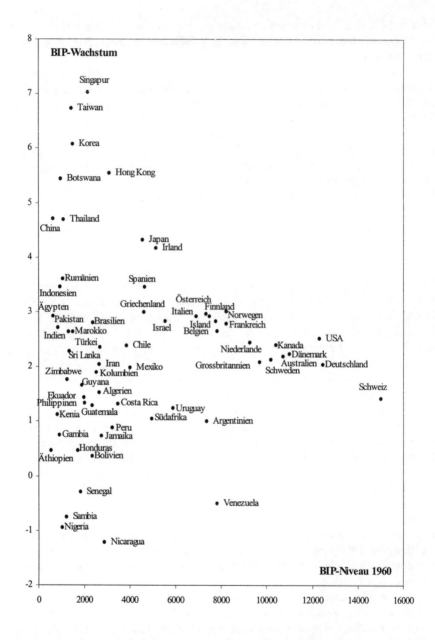

Anmerkung: *Durchschnittliche BIP-Wachstumsraten: real, pro Jahr und pro Kopf, in %;*
              Niveau 1960: real und pro Kopf, in $, zu 1996-er Preisen.
Quelle: *Summers/Heston/Aten, Penn World Table 6.0.*

Abbildung 3.8: Durchschnittliche Wachstumsraten 1960–1998 und Einkommensniveau 1960

Ein hypothetisches Beispiel zeigt, wie ein reicheres Land (R) ein höhe-res Anpassungswachstum aufweisen kann als ein armes Land (P). Die Graphen aus Abbildung 3.4 sind in Abbildung 3.9 für beide Länder ein-getragen. Land R hat trotz höherer Kapitalintensität eine größere Wachs-tumsrate, weil es weiter von seinem eigenen Gleichgewicht entfernt ist als Land P. In diesem Beispiel sind dafür die tieferen Bevölkerungs-wachstums- beziehungsweise Abschreibungsraten und die höhere Spar-quote beziehungsweise der höhere Technologieparameter verantwortlich. Dies ist z.B. insofern realistisch, als in Wirklichkeit ärmere Länder neben einem tieferen Pro-Kopf-Kapitalstock gleichzeitig ein höheres Bevölkerungswachstum verzeichnen.

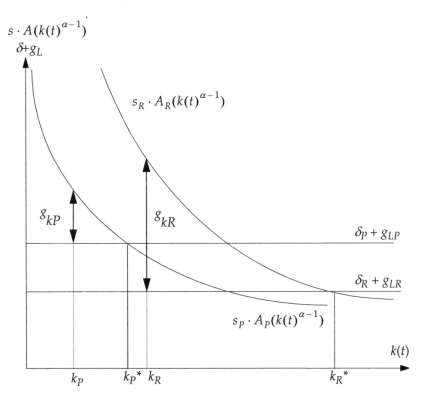

Abbildung 3.9: Bedingte Konvergenz

Damit kann im Rahmen der neoklassischen Wachstumstheorie erklärt werden, weshalb westliche Länder, obschon mit viel Kapital ausgestattet, auch heute noch zum Teil höhere Pro-Kopf-Wachstumsraten als gewisse Entwicklungsländer aufweisen.

Die Konvergenzhypothese wurde auf verschiedenste Art und Weise empirisch untersucht. Die bekannteste Arbeit stammt von MANKIW, ROMER und WEIL (1992, vgl. Box 3.2). Hier und in zahlreichen, weiteren

internationalen Querschnittsanalysen konnte bisher ein signifikant nega-
tiver Zusammenhang zwischen dem Ausgangsniveau der Produktivität
und dem späteren Wachstum nachgewiesen werden. Dazu mussten aber
immer bestimmte Modellparameter beziehungsweise Faktoren, die das
individuelle Gleichgewicht der Länder beeinflussen, konstant gehalten
werden. Neben dem Anfangseinkommen waren z.B. die Sparquote
(repräsentiert durch die Investitionsquote) sowie Bevölkerungswachstum, Abschreibung und exogener technischer Fortschritt als erklärende
Variable für das Wachstum in der Regression zu berücksichtigen.

Damit ist aber genau die Prognose der bedingten, d.h. von den Modell-
parametern abhängigen Konvergenz bestätigt. Für die Länder der OECD
kann sogar eine absolute Konvergenz festgestellt werden, wie sich schon
durch bloßen Augenschein dieser Ländergruppe in Abbildung 3.8 vermuten lässt. Der eindeutig negative Zusammenhang zwischen Anfangs-
niveau und Wachstum kommt bei diesen Ländern wahrscheinlich durch
die starke Ähnlichkeit, die ihre Sparquoten, Bevölkerungswachstumsraten usw. im gesamten betrachteten Zeitraum aufwiesen, zustande.

Interessant ist in diesem Zusammenhang auch die Konvergenzgeschwindigkeit, d.h. jene Geschwindigkeit, mit der die verbleibende
Lücke zum langfristigen Gleichgewicht geschlossen wird. Wie schnell
kann ein Land, das noch nicht im Steady-State angelangt ist beziehungsweise durch einen Schock aus diesem verdrängt wurde, ins Gleichgewicht (zurück-)kommen?

Die Konvergenzgeschwindigkeit des Kapitalstocks pro Kopf lässt sich
für die Cobb-Douglas-Produktionsfunktion $y(t) = Ak(t)^\alpha$ folgendermaßen bestimmen. Die Veränderung der Kapitalintensität in der Periode t
ist gegeben durch:

$$\dot{k} = s \cdot Ak(t)^\alpha - (\delta + g_L) \cdot k(t) \tag{3.39}$$

Die Funktionsform von $\dot{k}$ ist in Abbildung 3.10 wiedergegeben. Die Konvergenzgeschwindigkeit λ ist das Verhältnis der Veränderung von k in
der Periode t zur verbleibenden Lücke zum Steady-State:

$$\lambda = \frac{\dot{k}_t}{k^* - k_t} \quad (= \tan\varphi) \tag{3.40}$$

Als Approximation beziehungsweise unter der Annahme, dass sich das
betrachtete Land in der Nähe des Steady-States befindet, kann die Konvergenzgeschwindigkeit als (negative) Steigung der $\dot{k}$-Funktion im
Punkt k^* berechnet werden. Für die hier unterstellte Produktionsfunktion ist k^* gemäß Abschnitt 3.3:

$$k^* = \left[\frac{\delta + g_L}{s \cdot A}\right]^{\frac{1}{\alpha - 1}}$$

Box 3.2: Empirische Ergebnisse zur Konvergenz

Im zweiten Teil der bereits erwähnten empirischen Studie von MANKIW/ROMER/WEIL (1992) wurde angenommen, dass sich die untersuchten Länder in der Phase der Anpassung an das langfristige Gleichgewicht befinden. In einem ersten Versuch testeten die Autoren die absolute Konvergenz, d.h., die Wachstumsraten g_y des Pro-Kopf-Einkommens in der Zeitperiode 1960–1985 wurden mit dem Ausgangsniveau des Pro-Kopf-Einkommens y (1960) in Beziehung gebracht. Im Querschnitt mit 98 Ländern ergab sich folgendes Schätzresultat:

$$g_y = - 0.27 + 0.094 \ln y \ (1960)$$
$$(0.38) \ (0.049)$$

OLS-Schätzung, in Klammern Standardfehler, R^2 (korrigiert) 0.03

Wie bereits aus Abbildung 3.8 ersichtlich war, lässt sich weltweit keine unbedingte Konvergenz der Einkommensniveaus feststellen. Die Schätzung erklärt für dieses Sample nichts von der realen Entwicklung, der Koeffizient für das Ausgangsniveau weist sogar das "falsche" Vorzeichen auf. Für das Sample der OECD-Länder ist, wie im Haupttext erwähnt, das Resultat derselben Schätzung allerdings recht ansprechend, da diese Länder ähnliche Strukturen aufweisen.

Für das große Sample mit 98 Ländern sieht die Situation jedoch anders aus, wenn der empirische Test die bedingte Konvergenz betrifft, wie sie vom neoklassischen Wachstumsmodell für die Wirklichkeit prognostiziert wird. Außerdem wurde in derselben Studie die Akkumulation von Humankapital (vgl. Box 3.1) mit einer Variablen SCHOOL zusätzlich erfasst. Das Ergebnis dieser Schätzung lautet:

$$g_y = 3.04 - 0.289 \ln y \ (1960) + 0.524 \ln s - 0.505 \ln (g_L + g_A + \delta)$$
$$(0.83) \ (0.062) \qquad\quad (0.087) \qquad\quad (0.288)$$
$$+ \ 0.233 \ SCHOOL$$
$$(0.060)$$

OLS-Schätzung, in Klammern Standardfehler, R^2 (korrigiert) 0.46

Die geschätzten Koeffizienten haben das erwartete Vorzeichen und sind alle signifikant. Ebenso sind die Größenordnungen der Koeffizienten sehr plausibel. Das Modell erklärt fast die Hälfte der Unterschiede in den internationalen Wachstumsraten, was angesichts der großen Unterschiede zwischen den einzelnen Ländern ein gutes Resultat ist. Eine noch größere Erklärungskraft besitzt dasselbe Modell zur bedingten Konvergenz für das OECD-Sample. In jener Schätzung ergab sich ein R^2 von 0.65.

Insgesamt sind die Ergebnisse zur bedingten Konvergenz recht überzeugend. Allerdings ist auch hier die bereits in Box 3.1 angeführte Kritik gültig. Weiter ist festzustellen, dass die Erweiterung des neoklassischen Modells um den Faktor Humankapital auch ein wichtiges Postulat der Neuen Wachstumstheorie ist (vgl. Kapitel 6). Wird berücksichtigt, dass sich die Neue Wachstumstheorie zum Ziel gesetzt hat, die hier noch exogene, langfristige Wachstumsrate durch die Theorie zu erklären, ist ersichtlich, dass die hier gezeigten Resultate mit den neueren Theorien nicht in Konflikt geraten. Vielmehr wird der Beweis erbracht, dass die hier verwendeten Variablen in allen Ansätzen zentral sind für die Erklärung der längerfristigen Wirtschaftsentwicklung.

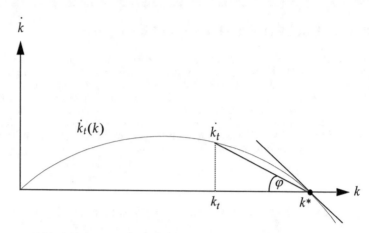

Abbildung 3.10: Konvergenzgeschwindigkeit

Die (negative) Ableitung von (3.10) nach k ergibt nach Einsetzen dieses Ausdrucks für k^*:

$$\tilde{\lambda} = (1 - \alpha)(\delta + g_L) \tag{3.41}$$

Damit würde sich z.B. für die Parameterwerte $\alpha = 0,4$ und $(\delta + g_L) = 0,04$ eine Konvergenzgeschwindigkeit von 0,024 ergeben, d.h., die Lücke zum Gleichgewicht würde sich in jeder Periode mit jeweils 2,4% der verbleibenden Strecke schließen. Tatsächlich implizierenviele empirische Schätzungen zur Konvergenz, wie z.B. die bereits erwähnte von MANKIW, ROMER und WEIL, eine (bedingte) Konvergenzgeschwindigkeit von etwa 2%.

$$(k^* - k_t)(1 - \lambda)^T = (k^* - k_t)(x/100)$$

beziehungsweise

$$T = \frac{\ln(x/100)}{\ln(1 - \lambda)}$$

Die sogenannte Halbwertszeit ($x = 50$) beträgt z.B. bei einer Konvergenzgeschwindigkeit von 2% ca. 35 Jahre.

Abschließend ist zu beachten, dass im Solow-Modell die Konvergenz allein durch die Kapitalakkumulation erklärt wird, dass sich aber in der Realität neben der Angleichung der Kapitalintensitäten auch Aufhol- und Konvergenzprozesse durch die Angleichung der Technologieniveaus, d.h. der Variablen $A(t)$, ergeben können.

Außerdem ist im Solow-Modell der Außenhandel nicht berücksichtigt (vgl. dazu Kapitel 8), welcher für ein schnelleres Aufholen beziehungsweise eine höhere Konvergenzgeschwindigkeit ärmerer Länder sehr wichtig sein kann.

3.9 Einbezug des monetären Sektors

Die bisher diskutierten Wachstumsmodelle zeichnen sich dadurch aus, dass die Existenz eines monetären Sektors in der Modellierung nicht explizit berücksichtigt ist. Dies wird mit der Hypothese der langfristigen Neutralität des Geldes begründet. Bereits in der klassischen National-ökonomie wurde Geld hingegen von bestimmten Autoren als Faktor dargestellt, für dessen Haltung die Wirtschaftssubjekte bereit sind auf andere Güter zu verzichten.

Deshalb kann der Schluss gezogen werden, dass die Geldnachfrage realen Bedürfnissen entspringt. Auch KEYNES war der Auffassung, dass mit der Annahme der Neutralität des Geldes bestimmte Probleme moderner Geldwirtschaften nicht erklärt werden könnten. In verschiedenen Ansätzen wurde deshalb versucht, einen monetären Sektor in bereits bestehende Wachstumsmodelle zu integrieren und dessen Auswirkungen auf den Wachstumsprozess zu analysieren.

a) Das Modell von TOBIN

Im Tobin-Modell werden Geld und Realkapital als alternative Formen der Vermögensanlage aufgefasst. Ausgangspunkt ist das neoklassische Wachstumsmodell von SOLOW mit der Pro-Kopf-Produktionsfunktion (ohne Zeitindizes):

$$y = f(k) \tag{3.42}$$

Die Veränderung der Kapitalintensität über die Zeit vollzieht sich gemäß der bereits bekannten Gleichung

$$\dot{k} = s \cdot f(k) - (g_L + \delta) \cdot k \tag{3.43}$$

Notation

- M^d nominelle Geldnachfrage
- m^d reale Geldnachfrage pro Kopf
- P Preisniveau
- r Nominalzinssatz
- m reales Geldangebot pro Kopf
- f_k Ableitung von f nach k

Die Integration des monetären Sektors in diesen Modellrahmen erfolgt durch die Formulierung einer Geldnachfragefunktion, die mit dem Pro-Kopf-Einkommen positiv (Transaktionskassenmotiv) und mit der Höhe des Nominalzinssatzes negativ (Spekulationskassenmotiv) korreliert ist. Die reale Geldnachfrage pro Kopf lautet dann:

$$\frac{M^d}{P \cdot L} = m^d(y, r) \qquad (3.44)$$

In dieser Geldnachfragefunktion entspricht y dem Pro-Kopf-Output $f(k)$, und der Nominalzinssatz r setzt sich aus dem Nettogrenzprodukt des Kapitals $(f_k - \delta)$ sowie der Inflationsrate g_P zusammen. Da angenommen wird, dass die Wirtschaftssubjekte in diesem neoklassischen Modell vollständige Voraussicht haben, entspricht die erwartete immer der tatsächlichen Inflation. (3.44) kann deshalb folgendermaßen umgeformt werden:

$$\frac{M^d}{P \cdot L} = m^d(f(k), f_k - \delta + g_P) = m^d(k, g_P) \qquad (3.45)$$

Auf dem gleichgewichtigen Wachstumspfad, auf dem der Realzinssatz $(f_k - \delta)$ konstant bleibt, ist die Geldnachfrage somit (negativ) von der Inflationsrate g_P sowie (positiv) von der Kapitalintensität k abhängig. Änderungen des realen Geldangebots pro Kopf $m = M/(P \cdot L)$ ergeben sich durch Logarithmieren und Differenzieren dieses Ausdrucks nach der Zeit als:

$$\dot{m} = (g_M - g_P - g_L) \cdot m \qquad (3.46)$$

wobei g_M die Wachstumsrate der nominellen Geldmenge ist. Im Geldmarktgleichgewicht entspricht das Geldangebot m der Nachfrage $m^d(k, g_P)$, und die pro Kopf gehaltene Geldmenge ist annahmegemäß konstant. Somit kann Gleichung (3.46) Null gesetzt werden, und es muss die folgende Bedingung gelten:

$$g_P = g_M - g_L \qquad (3.47)$$

Es wird angenommen, dass die Erhöhung des Geldangebots über staatliche (Pro-Kopf-) Transferzahlungen, die mit h_T bezeichnet werden, erfolgt:

$$h_T = g_M \cdot m = \frac{\dot{M}}{P \cdot L} \qquad (3.48)$$

Die Transferzahlungen erhöhen das verfügbare Einkommen y_v der Wirt-

schaftssubjekte. Dieser Einkommenssteigerung steht aber ein Inflations-
effekt gegenüber, der die gehaltenen Kassabestände mindert. Das real
zur Verfügung stehende Pro-Kopf-Einkommen ist demnach wie folgt
zusammengesetzt:

$$y_v = f(k) + h_T - g_P m \tag{3.49}$$

Einsetzen von (3.48) ergibt:

$$y_v = f(k) + (g_M - g_P) \cdot m \tag{3.50}$$

Unter Verwendung von (3.47) folgt schließlich:

$$y_v = f(k) + g_L \cdot m \tag{3.51}$$

Von diesem verfügbaren Einkommen gehen die Individuen bei ihrer
Konsum- beziehungsweise Sparentscheidung aus. Beim Einkommen
kann weiter zwischen den Verwendungszwecken Bruttoinvestitionen
und Konsum unterschieden werden:

$$Y/L = I/L + C/L \tag{3.52}$$

Die Bruttoinvestitionen pro Kopf (I/L) können aufgeteilt werden in Nettoinvestitionen $\dot{k}$ und einen Anteil ($g_L + \delta$)k für Abschreibungen δk
sowie für die Kapitalausstattung der neu hinzukommenden Bevölkerung
$g_L k$. (3.52) wird folglich zu:

$$f(k) = \dot{k} + (g_L + \delta) \cdot k + (1-s) \cdot y_v \tag{3.53}$$

Da im Steady-State $\dot{k} = 0$ gilt, erhält man durch das Einsetzen von (3.51)
in (3.53) sowie Umformung folgende Bedingung:

$$s \cdot f(k) = (g_L + \delta) \cdot k + (1-s) \cdot g_L \cdot m \tag{3.54}$$

b) Tobin- und Solow-Modell im Vergleich

Die Gleichung (3.54) entspricht – bis auf den letzten Term – der Gleichge-
wichtsbedingung für k im Solow-Modell. Die nachstehende Abbildung
verdeutlicht den Unterschied zwischen dem neoklassischen Wachstumsmodell und dem um den monetären Sektor erweiterten Modell.
Dabei ist zu beachten, dass in den grafischen Darstellungen 3.2 und 3.3

die zu (3.54) analogen Ausdrücke jeweils durch die Sparquote s dividiert wurden, so dass auf der linken Seite nur $f(k)$ übrigblieb. Es ist aber unmittelbar einsichtig, dass die hier gewählte Variante dasselbe Vorgehen zur Auffindung des Gleichgewichts bedeutet (vgl. Abbildung).

Das aus dem Solow-Modell bekannte Gleichgewicht k^{*S} ergibt sich aus dem Schnittpunkt der $sf(k)$-Kurve mit der $(g_L + \delta)k$-Geraden. Aus Gleichung (3.54) ist ersichtlich, dass im Tobin-Modell die Gerade $(g_L + \delta)k$ um $(1 - s) \cdot g_L \cdot m$ nach oben verschoben wird. Es ergibt sich somit bei einer realen Kassenhaltung vom Umfang m_0 die gleichgewichtige Kapitalintensität $k(m_0)^T$.

Eine expansive Geldpolitik über staatliche Transferzahlungen (g_M steigt) lässt nun gemäß (3.47) die Inflation und somit den Nominalzinssatz ansteigen. Dies führt gemäß (3.45) zu einer Reduktion der realen Kassenbestände auf m_1 und somit zu einer neuen (höheren) Kapitalintensität $k(m_1)^T$. In diesem Modell hat also eine Zunahme der Geldmengenwachstumsrate durchaus reale Auswirkungen, die sich in einem Ansteigen der Kapitalintensität sowie des gesamtwirtschaftlichen Outputs manifestieren.

Wenn nun die Geldmenge immer schneller ausgedehnt wird und folglich die Inflation kontinuierlich ansteigt, wird die reale Kassenhaltung gemäß (3.45) im Grenzfall gegen Null streben. Das Geld verliert seine Bedeutung vollständig, und das Tobin-Modell "konvergiert" gegen das Solow-Modell.

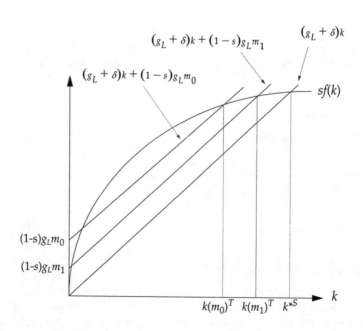

Abbildung 3.11: Vergleich Tobin- und Solow-Wachstumsmodell

Allerdings ist das monetäre Wachstumsmodell von TOBIN mit folgendem Widerspruch behaftet: Die modellmäßige Aussage, dass eine um einen monetären Sektor erweiterte Volkswirtschaft eine tiefere Kapitalintensität aufweist als eine einfache Tauschwirtschaft ohne Geld, entspricht nicht unseren Erwartungen. Die Existenz eines Finanzsektors führt normalerweise zu einer erhöhten Effizienz der Kapitalallokation und dürfte somit die Kapitalbildung positiv beeinflussen. Das paradoxe Ergebnis des Tobin-Modells ist darauf zurückzuführen, dass neben der Integration von Geld als zusätzliche Anlageform die ursprünglichen Annahmen des Solow-Modells einfach übernommen wurden. Geld hat keine produktive Funktion und absorbiert zudem Ersparnisse.

Die Erkenntnis, dass Geld durch die Senkung von Transaktionskosten durchaus einen Nutzen abwirft, führte zur Entwicklung von Modellen, die Geld als Argument in der Nutzenfunktion oder als Faktor in der Produktionsfunktion berücksichtigen. Anhand dieser Modelle konnte gezeigt werden, dass der Wachstumspfad einer monetären Volkswirtschaft denjenigen einer Tauschwirtschaft dominiert.

Neben den Erweiterungen in einem neoklassischen Modellrahmen wurden unter Zulassung dynamischer Ungleichgewichte verschiedene weitere Modelle, vornehmlich keynesianischer Provenienz, entwickelt. Die keynesianische Kritik richtete sich vor allem gegen die im neoklassischen Modell a priori festgelegte Identität von Sparen und Investieren. In den sogenannten Keynes-Wicksell-Modellen werden deshalb unabhängige Spar- und Investitionsfunktionen formuliert. Es wird zwar bei diesen Modellen ebenfalls angenommen, dass langfristig Ersparnisse und Investitionen in Übereinstimmung gebracht werden; in der kurzen Frist hingegen können, beispielsweise unter Annahme einer adaptiven Erwartungsbildung, unerwartete Preisniveauschwankungen zu Marktungleichgewichten führen. Diese haben dann Arbeitslosigkeit sowie eine Unterauslastung des Kapitalstocks zur Folge (vgl. dazu Abschnitt 9.1).

Literatur zum 3. Kapitel

* BALDWIN, R.E.: The Growth Effects of 1992, in: Economic Policy, 1989, S. 247–282

* BARRO, R.J., SALA-I-MARTIN, X.: Economic Growth, 2nd Ed., MIT Press, Cambridge Mass. 2003

* BRETSCHGER, L.: Integration und langfristige Wirtschaftsentwicklung, Oldenbourg, München 1996

* BRETSCHGER, L., SCHMIDT, H.: Converging on the Learning Curve: Theory and Application to German Regional Data, in: Weltwirtschaftliches Archiv, 1999, S. 261–279

* CECCHINI, P.: Der Vorteil des Binnenmarkts, Nomos, Baden-Baden 1988

- MANKIW, G., ROMER D. and WEIL, D.: A Contribution to the Empirics of Economic Growth, in: The Quarterly Journal of Economics 1992, S. 407–437

- SOLOW, R.M.: A Contribution to the Theory of Economic Growth, in: The Quarterly Journal of Economics 1956, S. 65–94

- TOBIN, J.: Money and Economic Growth, in: Econometrica 1965, S. 671–684

4. Die intertemporale Optimierung

4.1 Die Sparentscheidung in Theorie und Praxis

Wie schon in den Kapiteln 2 und 3 dargelegt, spielt das Sparen für die mittelfristige Wirtschaftsentwicklung eine bedeutende Rolle. In den weiteren Ausführungen wird diese Rolle sogar noch wichtiger werden, da der Sparprozess im Rahmen der neueren Theorien den langfristigen Wachstumspfad direkt beeinflussen kann (vgl. Kapitel 5 ff.).

Abbildung 4.1 veranschaulicht für die USA, Japan, Westdeutschland, Frankreich, Italien, Großbritannien und Kanada, dass sich im internationalen Querschnitt große Unterschiede bezüglich der Sparquoten feststellen lassen. Japan besitzt z.b. traditionell eine hohe Spartätigkeit, während die USA ebenso traditionsgemäß am unteren Rand der Skala zu finden sind. Eine tendenziell sinkende Sparquote ist hingegen den meisten Industriestaaten in der Nachkriegszeit gemeinsam. Zur Erklärung dieser Fakten bieten sich ökonomische, soziologische, demografische und institutionelle Tatbestände an.

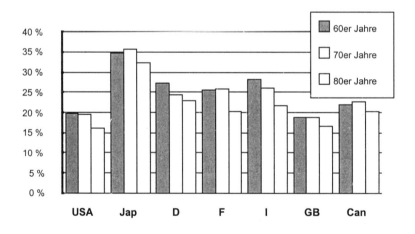

Quelle: Kauffmann, B., Microaspects of Saving, in: Heertje, A. (Hrsg.), World Savings, Blackwell Publ. 1993.

Abbildung 4.1: Länderspezifische Unterschiede in den Sparquoten

Entsprechend werden in der Literatur zahlreiche Einflussfaktoren für das Sparen diskutiert. Diese Faktoren reichen vom länderspezifischen Erbschaftsverhalten bis hin zur soziopolitischen Stabilität. Im Zusammen-

hang mit der makroökonomischen Wachstumstheorie steht für das
Sparen im Vordergrund, dass die Individuen durch den Sparentscheid
ihren zeitlichen Konsumpfad bestimmen. Die optimale Entscheidung der
Haushalte hängt von den Sparmotiven, den individuellen Präferenzen
und der ökonomischen Attraktivität des Sparens ab. Bezüglich Präferenzen sind zwei Größen wichtig, die deutlich auseinander gehalten werden
müssen: die Diskontrate und die Elastizität der intertemporalen Substitution (vgl. dazu den folgenden Abschnitt 4.2).

Ein großer Anteil des Sparens wird von Haushalten getätigt, entweder
direkt durch das persönliche Sparen oder indirekt in Form des Sparens
von Unternehmungen, die im Besitz der Haushalte sind. Die öffentlichen
Ersparnisse sind, wie Abbildung 4.2 am Beispiel der Schweiz zeigt, relativ klein. Deshalb wird im folgenden das Optimierungsproblem der privaten Haushalte analysiert.

Anteile am BSP	60er Jahre	70er Jahre	80er Jahre
Ersparnisse der Haushalte	7.9%	8.9%	9.1%
Ersp. der Unternehmungen	17.1%	15.9%	15.8%
öffentliche Ersparnisse	4.5%	3.9%	3.6%
Sparquote	**29.4%**	**28.6%**	**28.5%**

Quelle: *Elmeskov, J., et al., Saving Trends and Measurement Issues, OECD Working
Paper No. 105, Paris 1991.*

Abbildung 4.2: Struktur der Ersparnisse am Beispiel der Schweiz

4.2 Der Nutzen zeitlich verschiedener Konsumströme

Im Steady-State ist die Wachstumsrate des Konsums gleich derjenigen
des Outputs und der Ersparnisse. Mit der Berechnung des optimalen
Konsumwachstums kann man deshalb auf das Wachstum des Sozialpro-
dukts schließen. Aus diesem Grund ist die intertemporale Optimierung
des Konsums für die Wachstumstheorie zentral.

Bei rationalen Individuen erstrecken sich Spar- und Konsument-
scheide über viele Perioden. Der ökonomische Zusammenhang kann
aber zur analytischen Vereinfachung in einem Zwei-Perioden-Modell
dargestellt werden. In Abschnitt 4.3 wird aus der Zwei-Perioden-Darstellung die Verallgemeinerung auf viele Perioden abgeleitet. Die Optimierung über unendlich viele Zeitperioden ist in Box 4.1 behandelt. Im
Haupttext werden vorerst folgende Annahmen gemacht:

- Die Optimierung umfasst zwei Zeitperioden. Ein positives Vermögen am Ende des zweiten Zeitabschnittes bringt keinen Nutzen; die Haushalte lösen deshalb in der zweiten Periode alle ihre Ersparnisse auf.

- Die Haushalte bieten in beiden Perioden eine fixe Menge an Arbeitsleistungen zu einem konstanten Lohnsatz an. Dies hat zur Folge, dass die Arbeitseinkommen der beiden Perioden exogen vorgegeben sind.

- Geld kann zu einem gegebenen Marktzinssatz sowohl angelegt als auch aufgenommen werden. Der Haushalt muss in der Lage sein, in der zweiten Periode seine Kredite vollständig zurückzuzahlen.

Notation:

- C_1 Konsum in der ersten Periode
- C_2 Konsum in der zweiten Periode
- r Zinssatz
- Y_1^L Arbeitseinkommen in der ersten Periode
- Y_2^L Arbeitseinkommen in der zweiten Periode
- W_1 Vermögen zu Beginn der Optimierung

Im Zwei-Perioden-Modell ist das Konsumwachstum:

$$g_C = \frac{\Delta C}{C} = \frac{C_2 - C_1}{C_1} = g_Y = \frac{\Delta Y}{Y} = \frac{Y_2 - Y_1}{Y_1}$$

Ebenso gilt:

$$\frac{C_2}{C_1} = (1 + g_C)$$

a) Die Budgetrestriktion

Der betrachtete Haushalt erhält in der ersten Periode ein Arbeitseinkommen in der Höhe von Y_1^L. Daneben verfügt er über ein anfängliches Vermögen W_1. Das zukünftige Arbeitseinkommen Y_2^L ist, z.B. dank eines festen Arbeitsvertrages, bekannt.

Für die Herleitung der Budgetrestriktion sind zwei Varianten denkbar. Variante 1 lautet: Konsumiert der Haushalt im ersten Abschnitt weniger, als ihm sein Arbeitseinkommen Y_1^L und das Vermögen W_1 erlauben würden, wird er den Rest $Y_1^L + W_1 - C_1$ auf der Bank anlegen. So steht ihm in der zweiten Periode neben dem Arbeitseinkommen Y_2^L die Ersparnis in der Höhe von $(1 + r) \cdot (Y_1^L + W_1 - C_1)$ zur Verfügung.

Variante 2 bezieht sich dagegen auf folgenden Fall: Genügt dem Haushalt das Vermögen W_1 und das Arbeitseinkommen Y_1^L nicht, wird er einen Kredit in der Höhe von C_1 - Y_1^L - W_1 aufnehmen müssen. Diesen wird er im zweiten Zeitabschnitt zu $(1 + r)$ verzinst zurückzahlen müssen, so dass ihm für den Konsum C_2 nur noch Y_2^L - $(1 + r)(C_1 - Y_1^L - W_1)$ zur Verfügung steht.

Mit der Annahme, dass der Haushalt in beiden Fällen in der zweiten Periode alle bereitstehenden Mittel für den Konsum verwendet, ergibt sich für beide Varianten folgende Beziehung:

$$C_2 = (Y_1^L + W_1 - C_1)(1 + r) + Y_2^L \qquad (4.1)$$

Die Abhängigkeit des zukünftigen Konsums von demjenigen in der ersten Periode lässt sich als Budgetrestriktion im C_1/C_2-Raum darstellen. Die resultierende Budgetgerade wird neben dem Zinssatz r durch die exogenen Größen Y_1^L, Y_2^L und W_1 bestimmt.

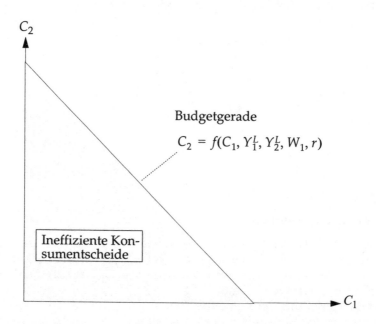

Abbildung 4.3: Intertemporale Budgetrestriktion

Die Steigung der Budgetgeraden wird durch die Ableitung der Funktion (4.1) nach C_1 errechnet:

$$\frac{dC_2}{dC_1} = -(1+r) \tag{4.2}$$

Der Haushalt ist zwar durch (4.1) in der Konsumentscheidung restringiert, doch erlaubt dies allein noch keine Erklärung der Konsumwahl. Das Optimum ist erst durch Beizug einer Nutzenfunktion bestimmbar.

b) Die Diskontrate

In der Wirtschaftswissenschaft geht man davon aus, dass Individuen den zukünftigen Konsum geringer einschätzen als den gegenwärtigen. Dieser sogenannte Diskont hat verschiedene Ursachen:

- Ungeduld: Die Individuen haben nicht die Neigung, auf einen Konsum lange zu warten. Heutiger Konsum bedeutet ihnen mehr als zukünftiger.

- Zeithorizont: Die Individuen können nicht langfristig planen, sondern haben einen begrenzten zeitlichen Horizont. Je weiter ein Konsumstrom in der Zukunft liegt, desto weniger wird er in die Entscheidung mit einbezogen.

- Unsicherheit: Es ist eine Tatsache, dass die Planung der Zukunft immer mit Unsicherheit verbunden ist.

Auf aggregierter Ebene, d.h. aus Sicht der Gesellschaft als Ganzes, ist die Berechtigung des Diskonts hingegen sehr umstritten. Viele Wissenschaftler, unter ihnen auch RAMSEY (1928), auf den die Darstellung in diesem Kapitel zurückgeht, sind der Meinung, eine positive Diskontrate sei für die Gesellschaft insgesamt ethisch nicht vertretbar (vgl. auch Kapitel 10). Was bewirkt der Diskont für das Konsumwachstum? Der Konsumnutzen der zweiten Periode wird mit der Rate ρ diskontiert. Auf diese Art wird zu Beginn der Optimierung der Nutzen der beiden zeitlich verschiedenen Konsumströme verglichen und entschieden, wieviel in der ersten Periode gespart beziehungsweise verbraucht werden soll.

Notation:

- $U(C_t)$ Nutzen in der Periode t aus dem Konsum in der Periode t

  Damit ist: $U(C_1)$: Heutiger Nutzen des heutigen Konsums

  $U(C_2)$: Zukünftiger Nutzen des zukünftigen Konsums

  $U(C_2)/(1+\rho)$: Heutiger Nutzen des zukünftigen Konsums

- ρ Diskontrate

Um den Unterschied zwischen der Diskontrate und den anderen Elementen der Nutzenfunktion deutlich zu machen, wird in der folgenden Abbildung eine *Hilfsgerade* eingeführt: Es wird eine der Budgetgeraden entsprechende Gerade für die Diskontrate ρ gezeichnet, wobei angenommen wird, dass die Diskontrate kleiner ist als der Marktzinssatz.

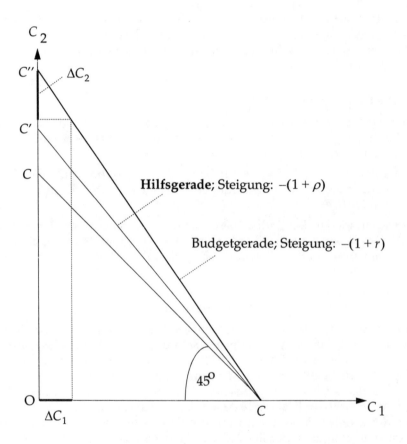

Abbildung 4.4: Diskontrate

Der Haushalt bewertet subjektiv die Konsummenge OC in der ersten Periode gleich wie die (größere) Menge OC' in der zweiten Periode. Ebenso gilt, dass der Haushalt für einen Konsumverzicht in der ersten Periode eine Entschädigung in der zweiten Periode von CC' fordert; der Markt bietet aber CC''. Wäre die Diskontrate das einzige Problem für die intertemporale Optimierung, würde der Haushalt den gesamten Konsum für die zweite Periode aufsparen und sich auf Punkt C'' begeben, weil der Zinssatz größer ist als die Diskontrate. Dennoch wird kein Haushalt so handeln. Weshalb?

c) Abnehmender Grenznutzen des Konsums

Eine zusätzliche Konsumeinheit bringt jedem Haushalt einen Zusatznutzen. In den Wirtschaftswissenschaften wird dabei ein abnehmender Grenznutzen des Konsums unterstellt. Das bedeutet, dass der Haushalt den Zusatznutzen als umso größer empfindet, je weniger Konsum er sich im Ausgangspunkt leisten kann. Daraus folgt:

Der Grenznutzen ist positiv: $\qquad\qquad\qquad\qquad$ $U'(C) > 0$

Die Steigung der Grenznutzenkurve ist abnehmend: $\quad U''(C) < 0$

Der abnehmende Grenznutzen drückt sich in der folgenden Grafik im konkaven Verlauf der Nutzenfunktion aus, in welcher der Nutzen U als Funktion des Konsums C erscheint:

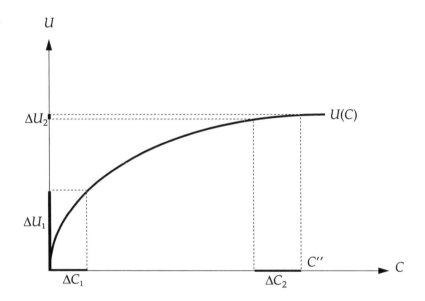

Abbildung 4.5: Abnehmender Grenznutzen

In der Abbildung wird die Frage aus dem vorhergehenden Abschnitt geklärt. Würde ein Haushalt den Punkt C'' der Abbildung 4.4 wählen, könnte er seinen Nutzen erhöhen, wenn er einen Teil seines Konsums von Periode 2 (ΔC_2) nach Periode 1 (ΔC_1) verschöbe, da $\Delta U_2 < \Delta U_1$ ist, obwohl $\Delta C_2 > \Delta C_1$. Damit deutet sich an, dass es ein Optimum geben muss, in dem es sich für den Haushalt nicht lohnt, Konsum von der einen Periode in eine andere zu verschieben. Dieses Optimum wird im anschließenden Abschnitt 4.3 erörtert.

d) Elastizität der intertemporalen Substitution

Eine einfache Nutzenfunktion entsteht aus der Addition des Nutzens in der ersten und der zweiten Periode. In diesem Unterabschnitt setzen wir zur Abgrenzung gegen Unterabschnitt b) die Diskontrate gleich Null. Im folgenden Abschnitt 4.3 werden dann alle Elemente der Optimierung zusammengefügt. Die Nutzenfunktion ohne Berücksichtigung des Diskonts ist:

$$U = U(C_1) + U(C_2) \tag{4.3}$$

Bei dieser (additiv separablen) Funktion wird unterstellt, dass das Nutzenniveau $U(C_1)$ des Konsums C_1 unabhängig sei von der Größe von C_2. Dies ist offensichtlich eine Vereinfachung. Ein verarmender Reicher (C_1 groß) wird wahrscheinlich nicht den gleichen Nutzen aus (einem fixen) C_2 ziehen wie ein aufsteigender Armer (C_1 klein).

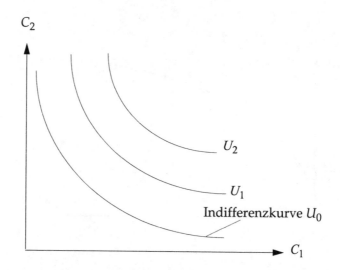

Abbildung 4.6: Indifferenzkurven

Durch die Annahmen an die Nutzenfunktion ist auch die Form der Indifferenzkurven im C_1/C_2-Raum bestimmt. Eine Indifferenzkurve verbindet die Punkte gleichen Nutzenniveaus. Das C_1/C_2-Diagramm in Abbildung 4.6 zeigt diese Niveaus, wobei der Nutzen nach rechts oben im Diagramm zunimmt.

Entlang einer Indifferenzkurve verändert sich der Nutzen nicht, d.h. $dU = 0$. Mit dem totalen Differential der Gleichung (4.3) läßt sich somit (unter der vorläufigen Annahme $\rho = 0$) die Steigung berechnen:

$$\text{Steigung} = \frac{dC_2}{dC_1} = -\frac{\partial U / \partial C_1}{\partial U / \partial C_2} \qquad (4.4)$$

Auf einer Indifferenzkurve liegen Punkte mit verschiedenen Konsumverhältnissen C_2/C_1. Bewegt man sich entlang der Kurve, verändert sich sowohl das Verhältnis C_2/C_1 als auch die Steigung dC_2/dC_1. Je nach Nutzenfunktion, d.h. je nach Form der Indifferenzkurve, ist die Veränderung der Steigung entlang der Kurve unterschiedlich. Die beiden Fälle in der folgenden Abbildung veranschaulichen diesen Zusammenhang:

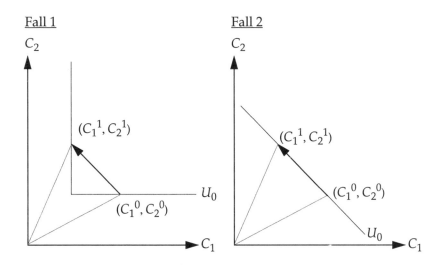

Abbildung 4.7: Extremfälle von Indifferenzkurven

Fall 1

Die Veränderung des Konsumverhältnisses von C_1^0/C_2^0 auf C_1^1/C_2^1 bewirkt eine Änderung der Steigung von 0 auf $-\infty$.

Fall 2

Die Veränderung des Konsumverhältnisses von C_1^0/C_2^0 auf C_1^1/C_2^1 hat bezüglich der Steigung keine Wirkung.

Ein Maß für die Krümmung der Indifferenzkurve ist die Elastizität γ, die eine Veränderung der Steigung der Kurve bezüglich einer Veränderung des Konsumverhältnisses misst:

$$\gamma = -\frac{\dfrac{\Delta Steigung}{Steigung}}{\dfrac{\Delta Konsumverhältnis}{Konsumverhältnis}} \qquad (4.5)$$

oder mathematisch ausgedrückt:

$$\gamma = -\frac{\dfrac{d(dC_2/dC_1)}{(dC_2/dC_1)}}{\dfrac{d(C_2/C_1)}{(C_2/C_1)}} \tag{4.6}$$

Entsprechend der übrigen Literatur wurde vor den Ausdruck ein Minuszeichen gesetzt, damit die Elastizität größer als Null ist. Die oft zitierte Elastizität der intertemporalen Substitution ist der Kehrwert von γ. Sie gibt Aufschluss darüber, wie stark sich eine Veränderung der Steigung der Indifferenzkurve auf das Konsumverhältnis auswirkt.

Wird z.B. an eine relativ stark gekrümmte Indifferenzkurve eine Budgetgerade angelegt (und somit ein optimaler Punkt bestimmt), so wird sich das (optimale) Verhältnis C_2/C_1 durch eine leichte Veränderung der Steigung der Budgetgeraden kaum verschieben – die Elastizität der intertemporalen Substitution ist relativ niedrig. Eine derartige Nutzenfunktion drückt demnach den Wunsch nach einer relativ gleichmäßigen Verteilung beziehungsweise einer Glättung des Konsums über die Zeit hinweg aus.

Mit Hilfe einer mathematischen Herleitung lässt sich zeigen, dass der Grenzwert des Ausdrucks (4.6), wenn die zwei Zeitpunkte 1 und 2 gegeneinander konvergieren, für den Zeitpunkt t folgenden Wert annimmt:

$$\gamma = -\frac{U''(C_t) \cdot C_t}{U'(C_t)} \tag{4.7}$$

Dabei sind $U'(C)$ die erste und $U''(C)$ die zweite Ableitung der Nutzenfunktion nach dem Konsum. In der nicht-dynamischen Literatur wird die Tatsache verwendet, dass der Parameter γ auch die Risikoaversion der Haushalte ausdrückt.

4.3 Keynes-Ramsey-Regel

a) Logarithmische Nutzenfunktion

Eine besonders bequeme Form einer (intratemporalen) Nutzenfunktion mit abnehmendem Grenznutzen besteht in der logarithmischen Nutzenfunktion $U(C) = \log C$. Im Zwei-Perioden-Modell unterstellen wir für den repräsentativen Haushalt eine solche logarithmische Nutzenfunktion und berücksichtigen jetzt auch die positive Diskontrate ($\rho > 0$) gemäß:

$$U(C_1, C_2) = \log C_1 + \frac{1}{1+\rho}\log C_2 \tag{4.8}$$

So ergibt sich die Steigung der Indifferenzkurve aus dem totalen Differential dieser Gleichung mit $dU = 0$ als:

$$\frac{dC_2}{dC_1} = -(1+\rho) \cdot \frac{C_2}{C_1} \tag{4.9}$$

Der Tangentialpunkt von Nutzenindifferenzkurve und Budgetgerade liefert die optimale Aufteilung des Konsums zwischen den beiden Perioden. Die Steigung der Indifferenzkurve entspricht deshalb im Optimum genau der Steigung der Budgetgeraden ($dC_2/dC_1 = -(1+r)$).

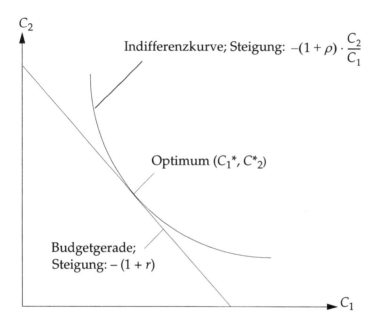

Abbildung 4.8: Optimales Konsumverhältnis im Zwei-Perioden-Modell

Im Optimum gilt für das Zwei-Perioden-Modell:

$$\frac{C_2}{C_1} = \frac{1+r}{1+\rho} \tag{4.10}$$

Die Elastizität der intertemporalen Substitution ist in diesem Ausdruck nicht enthalten, da sie bei einer logarithmischen Nutzenfunktion gerade den Wert Eins annimmt (vgl. Unterabschnitt c).

b) Übergang von diskreten zu stetigen Wachstumsraten

Der Satz von Taylor besagt, dass eine Funktion an jedem stetig differen-
zierbaren Punkt durch ein Polynom ausgedrückt werden kann. Für die
Funktion e^x ist das Taylor-Polynom:

$$e^x = 1 + x + \frac{x^2}{2!} + \frac{x^3}{3!} + \ldots$$

Die Wachstumsraten, mit denen man in der Wachstumstheorie rechnet,
sind größtenteils sehr klein ($x \ll 1$). Dies erlaubt, in der obigen Gleichung
die Terme höherer Ordnung unberücksichtigt zu lassen; es ergibt sich die
Approximation:

$$1 + x \cong e^x$$

Diese Approximation kommt dem richtigen Wert der Funktion umso
näher, je kleiner die betrachteten Zeitperioden werden. Deshalb wird der
hier beschriebene Übergang manchmal auch als "Übergang zu kleiner
Periodenlänge" bezeichnet.

Unter der Annahme, dass $g_C = \Delta C / C = (C_2 - C_1)/C_1 = C_2/C_1 - 1$,
folgt $C_2/C_1 = 1 + g_C$. Logarithmieren von Gleichung (4.10) ergibt
somit:

$$\ln(1 + g_C) = \ln(1 + r) - \ln(1 + \rho)$$

und mit der gezeigten Approximation folgt für die stetige Wachstumsrate:

$$g_C = r - \rho \qquad\qquad (4.11)$$

Ein Konsumwachstum ist gemäß diesem Ausdruck dann möglich, wenn
der Marktzinssatz größer ist als die Rate der Gegenwartspräferenz. Der
Ausdruck entspricht der einfachsten Form der Keynes-Ramsey-Regel,
nämlich derjenigen mit einer logarithmischen Nutzenfunktion sowie mit
einem Bevölkerungswachstum und einer Abschreibungsrate von Null.

c) *CES*-Nutzenfunktion

Eine in der Theorie und Empirie oft verwendete Funktion ist die "*CES*-
Funktion". *CES* steht für Constant Elasticity of Substitution, wobei im
dynamischen Zusammenhang die Elastizität der intertemporalen Substitution gemeint ist (die Funktion wird deshalb manchmal als "*CIES*-Funk-
tion" bezeichnet). Die Nutzenfunktion besitzt die Form:

$$U = C_1^{1-\gamma} + \left(\frac{1}{1+\rho}\right) \cdot C_2^{1-\gamma} \qquad (4.12)$$

Das totale Differential von (4.12) ergibt:

$$dU = (1-\gamma) \cdot (C_1)^{-\gamma} \cdot dC_1 + \frac{1-\gamma}{1+\rho} \cdot (C_2)^{-\gamma} \cdot dC_2 = 0$$

Daraus läßt sich wiederum die Steigung der Indifferenzkurve errechnen:

$$\frac{dC_2}{dC_1} = -(1+\rho) \cdot \left(\frac{C_1}{C_2}\right)^{-\gamma} = -(1+\rho) \cdot \left(\frac{C_2}{C_1}\right)^{\gamma}$$

Der obige Ausdruck muss im Optimum gleich der Steigung der Budgetgeraden $[dC_2 / dC_1 = -(1+r)]$ sein, so dass sich nach Umformen ergibt:

$$\frac{C_2}{C_1} = \left(\frac{1+r}{1+\rho}\right)^{1/\gamma}$$

Man beachte, dass der Exponent $1/\gamma$ genau der Elastizität der intertemporalen Substitution entspricht. Nach Umwandlung der diskreten in stetige Wachstumsraten folgt:

$$g_C = \frac{1}{\gamma}(r - \rho) \qquad (4.13)$$

Bei dieser allgemeinen Form der Nutzenfunktion hängt das Konsumwachstum explizit von der Elastizität der intertemporalen Substitution ab. Es gilt: Je kleiner die Elastizität, also je größer der Wunsch nach einer Glättung des Konsums über die Zeit, desto geringer wird die erzielte Wachstumsrate.

d) Bestimmung des Marktzinssatzes

Zur Herleitung des optimalen Wachstumspfads gehört als letztes der Investitionsentscheid der Unternehmungen. Es werden gemäß der üblichen Optimierung alle Projekte verwirklicht, deren Rendite (Grenzprodukt des Kapitals GPK) höher ist als der Zinssatz des benötigten Investitionskapitals r (= Grenzkosten des Kapitals). Im Steady-State entspricht die Rendite einer zusätzlichen Investition, d.h. das Grenzprodukt des Kapitals GPK, dem Zinssatz r. Dieser Zinssatz entspricht der in Kapitel 3 verwendeten Kapitalertragsrate.

Anstelle der aggregierten Produktionsfunktion $F(K,L)$ kann auch die Pro-Kopf-Produktionsfunktion $f(k)$ zur Berechnung von GPK verwendet werden:

$$r = GPK = \frac{dy}{dk} = f'(k)$$

Substituiert man in (4.11) r durch $f'(k)$, ergibt sich bei logarithmischer Nutzenfunktion:

$$g_C = f'(k) - \rho \tag{4.14}$$

und bei einer CES-Nutzenfunktion:

$$g_C = \frac{1}{\gamma}(f'(k) - \rho) \tag{4.15}$$

Bis hierher wurden in Kapitel 4 die Abschreibungen und das Bevölkerungswachstum noch nicht in die Betrachtung einbezogen. Soll dies geschehen, ergeben sich zwei Effekte: Zunächst vermindern die Abschreibungen die Rendite aus der Nutzung des Kapitalstocks, so dass die Abschreibungsrate δ vom Grenzprodukt des Kapitals abgezogen werden muss:

$$r = \frac{dy}{dk} = f'(k) - \delta$$

Zur Abgrenzung von dy/dk gegenüber $f'(k)$ kann man ersteres als "Netto-Grenzprodukt des Kapitals" bezeichnen. Erst wenn der Ertrag einer Investition höher ist als die nötigen Ersatzinvestitionen, erhöht sich die Kapitalintensität.

Wird zusätzlich eine positive Bevölkerungswachstumsrate g_L angenommen, so teilt sich die Ersparnis der Haushalte aus Periode 1 in der zweiten Periode auf die gewachsene Anzahl von Haushaltsmitgliedern auf, so dass in der zweiten Periode pro Kopf nur noch

$$c_2 = (y_1^L - w_1 - c_1)\frac{(1+r)}{(1+g_L)} + y_2^L \tag{4.16}$$

verkonsumiert werden kann, wobei die Kleinbuchstaben y, w und c Pro-Kopf-Werte ausdrücken.

Unter Berücksichtigung von δ und g_L ergibt sich nun für das Konsumwachstum pro Kopf bei einer logarithmischen Nutzenfunktion

$$g_c = f'(k) - \rho - \delta - g_L \tag{4.17}$$

und bei einer CES-Nutzenfunktion:

$$g_c = \frac{1}{\gamma}(f'(k) - \rho - \delta - g_L) \tag{4.18}$$

Dies ist die allgemeine Form der Keynes-Ramsey-Regel. Je nach verwendetem Modell wird die Formel durch bestimmte Annahmen, wie beispielsweise durch die Vernachlässigung der Abschreibungen, vereinfacht.

4.4 Verbindung mit der neoklassischen Produktionsfunktion (Ramsey-Cass-Koopmans-Modell)

Das in der Literatur oft zitierte "Ramsey-Cass-Koopmans-Modell" geht sowohl von der intertemporalen Optimierung gemäß Abschnitt 4.3 als auch von einer neoklassischen Produktionsfunktion im Sinne Solows aus. Unter diesen Annahmen kann die Goldene Regel (vgl. Abschnitt 3.4) modifiziert werden.

Im langfristigen Gleichgewicht ohne technischen Fortschritt beträgt der Pro-Kopf-Konsum (vgl. Gleichung 3.21):

$$c^* = f(k^*) - (\delta + g_L)k^*$$

Der Zusammenhang von c und dem Wachstum der Kapitalintensität g_k kann in einem c/k-Diagramm dargestellt werden. Alle möglichen gleichgewichtigen Kombinationen von c und k sind in Abbildung 4.10 durch die c^*-Funktion dargestellt, d.h., auf dieser Kurve gilt $\dot{k} = 0$. Der maximale Konsum in einem Gleichgewicht wird in Punkt C erreicht, in dem die (nicht modifizierte) Goldene Regel $f'(k^*) = \delta + g_L$ gilt. Liegt der Pro-Kopf-Konsum über c^*, genügen die verbleibenden Ersparnisse $f(k) - c$ nicht, um die durch das Bevölkerungswachstum und Abschreibungen bedingten Investitionen zu finanzieren. In der Folge wird k sinken (vgl. Punkt B in Abbildung 4.9). Umgekehrt wird k wachsen, wenn der effektive Konsum c kleiner ist als c^* (vgl. Punkt A in Abbildung 4.9).

Die zentrale Aussage der Keynes-Ramsey-Regel ist, dass das Konsumwachstum g_c von der Kapitalintensität k abhängt (vgl. Gleichung 4.18). Im c/k-Diagramm der Abbildung 4.10 existiert nur ein einziges k, mit k_{KR} bezeichnet, das den Pro-Kopf-Konsum c konstant hält, d.h. $g_c = 0$. Mit $k = k_{KR}$ gilt:

$$f'(k_{KR}) = \delta + g_L + \rho \tag{4.19}$$

Diese Gleichung entspricht der modifizierten Goldenen Regel, bei der die Diskontrate der Haushalte berücksichtigt ist.

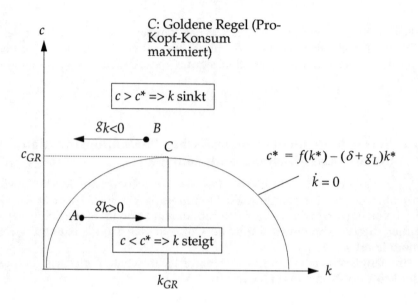

Abbildung 4.9: k-Wachstum in Abhängigkeit von c

Mit $g_c \neq 0$ sind die beiden Zustände $k > k_{KR}$ und $k < k_{KR}$ zu unterscheiden:

$$k > k_{KR} \Rightarrow g_c < 0 \quad \text{weil} \quad f'(k) < \delta + g_L + \rho \quad\quad (4.20)$$

und

$$k < k_{KR} \Rightarrow g_c > 0 \quad \text{weil} \quad f'(k) > \delta + g_L + \rho \quad\quad (4.21)$$

Aus einer Kombination der Abbildungen 4.9 und 4.10 ergibt sich das komplette Phasendiagramm des Ramsey-Cass-Koopmans-Modells in Abbildung 4.11. Die beiden Variablen Kapitalintensität und Pro-Kopf-Konsum entwickeln sich in einer Volkswirtschaft den schattierten Pfeilen entsprechend. Diese ergeben sich aus einer Kombination der Pfeile in Abbildungen 4.9 und 4.10.

Box 4.1: Intertemporale Optimierung mit unendlich langem Zeithorizont

Im Haupttext wird für die Herleitung des intertemporalen Optimums vereinfachend ein Zwei-Perioden-Ansatz unterstellt. Dasselbe Resultat ergibt sich mit Hilfe der Optimierung über einen unendlichen Zeithorizont. Z.B. können wir im Ramsey-Cass-Koopmans-Modell mit Hilfe der sogenannten Kontrolltheorie einen optimalen, unendlich langen Zeitpfad für den Konsum c (die "Kontrollvariable") bestimmen, woraus gleichzeitig der Optimalpfad des Kapitalkoeffizienten k (der "Zustandsvariablen") resultiert. Ein optimaler Pfad ergibt den maximal möglichen Nutzen der Haushalte über die Zeit. Die Nutzen pro Zeitperiode werden dazu unter Berücksichtigung der Diskontrate über den unendlich langen Zeithorizont integriert. Zur Darstellung wird hier die logarithmische Pro-Kopf-Nutzenfunktion benützt; es gilt also in jedem Zeitpunkt $u = \log c$. Der gesamte Nutzen $U(0)$ ist dann zum Zeitpunkt 0 wie folgt bestimmt:

$$U(0) = \int_0^\infty \log(c_t) \cdot e^{-\rho t} dt$$

Die Nutzenmaximierung erfolgt unter der Restriktion, dass für die Akkumulation nur zur Verfügung steht, was nicht konsumiert oder für Abschreibungen verwendet wird. Wir wenden hier die einfache Pro-Kopf-Produktionsfunktion $y = f(k)$ an; somit gilt:

$$\dot{k}_t = f(k_t) - c_t - (\delta + g_L)k_t$$

Zusätzlich muss als Restriktion eine sogenannte Transversalitätsbedingung eingeführt werden. Diese verlangt für Wachstumsmodelle dieser Art, dass im Endpunkt der Optimierung kein positiver Vermögenswert mehr besteht, denn das wäre eine Verschwendung. Im Fall des unendlich langen Zeithorizonts heißt die Bedingung, dass der Wert des Kapitalstocks in der langen Frist gegen Null konvergieren muss. Zur Lösung des Optimierungsproblems aus der Sicht des sozialen Planers wird eine "Kozustands"-Variable λ eingeführt, welche die Opportunitätskosten der Kapitalbildung wiedergibt. Damit lassen sich die laufenden Kosten und die zukünftigen Vorteile der Kapitalakkumulation bewerten, wobei λ im Gegensatz zu K innerhalb kurzer Zeit einen anderen Wert annehmen kann. Zur Lösung des Maximierungsproblems benützt man die folgende Hamiltonsche Funktion:

$$H(t) = \log(c)e^{-\rho t} + \lambda[f(k) - c - (\delta + g_L)k]$$

Die Bedingungen erster Ordnung für ein Optimum werden gemäß "Maximum"-Prinzip durch Differenzieren der Hamiltonschen Funktion nach der Kontrollvariablen und nach der Zustandsvariablen gefunden. Diese Ableitungen werden wie folgt verwendet:

$$H_c = e^{-\rho t} \cdot (1/c) - \lambda = 0 \qquad H_k = \lambda \cdot (f'(k) - \delta - g_L) = -\dot{\lambda}$$

Durch Auflösen der Bedingungen erster Ordnung ergibt sich:

$$\frac{\dot{c}}{c} = g_c = f'(k) - \delta - g_L - \rho,$$

d.h. die Keynes-Ramsey-Regel, die dem Ausdruck im Haupttext entspricht. Detaillierte Ausführungen zur dynamischen Optimierung finden sich z.B. in CHIANG (1992).

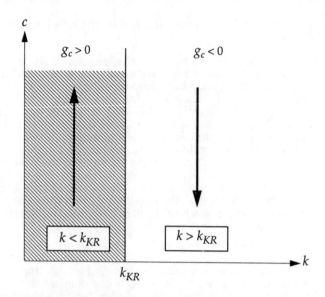

Abbildung 4.10: g_c in Abhängigkeit von k

Ob ein Steady-State erreicht werden kann oder nicht, hängt vom gewählten Ausgangspunkt ab. So führen zwar die Ausgangspunkte A und B zum erwünschten Konsum in O, bei Wahl der Punkte A', A'', B' oder B'' aber konvergiert der Pfad entweder gegen einen Konsum oder eine Kapitalintensität von Null. Dies ist offensichtlich keine optimale Entwicklung.

Die von der Goldenen Regel angestrebte Kapitalintensität k_{GR} ist kurzfristig realisierbar, doch kann dieser Punkt kein Wachstumsgleichgewicht sein (siehe Pfeil, ausgehend von B'). Das gemäß der modifizierten Goldenen Regel optimale k_{KR} ist kleiner als k_{GR}, da die Goldene Regel im Rahmen des Solow-Modells die Gegenwartspräferenz ρ vernachlässigt. Der optimale Pfad AOB ist der sogenannte Sattelpfad; das Modell besitzt entsprechend die Eigenschaft der sogenannten Sattelpunkt-Stabilität.

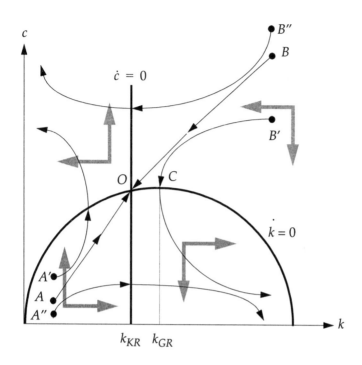

Abbildung 4.11: Ramsey-Cass-Koopmans-Modell

Literatur zum 4. Kapitel

- BARRO, R.J., SALA-I-MARTIN, X.: Economic Growth, Mc Graw Hill, New York 1995

- CHIANG, A.: Elements of Dynamic Optimization, Mc Graw Hill, New York 1992

- KAUFMANN, B.: Microaspects of Saving, in: HEERTJE, A., World Savings, Blackwell, Oxford 1993, S. 31-63

- RAMSEY, F. P.: A Mathematical Theory of Saving, in: The Economic Journal, Vol. 38 1928, S. 543–559

5. Positive Spillover

5.1 Erweiterungen des Wachstumsmodells

In der neoklassischen Wachstumstheorie ist die langfristige Wachstumsrate der Wirtschaft exogen vorgegeben. Endogen bestimmt werden nur die Wachstumsrate während der Übergangsdynamik hin zum Steady-State sowie die Kapitalintensität im langfristigen Gleichgewicht. Eine Theorie des wirtschaftlichen Wachstums sollte jedoch in der Lage sein, die Entwicklung des Einkommens auch in der langen Frist, d.h. nach der Anpassung an den Steady-State, zu prognostizieren.

Für eine zweckmäßige Erweiterung der Theorie ist es naheliegend, die Grundannahmen des neoklassischen Wachstumsmodells noch einmal genauer zu untersuchen. Im Vordergrund stehen die Annahmen der konstanten Sparquote, des abnehmenden Grenzertrags des Kapitals sowie der konstanten Skalenerträge in der aggregierten Produktionsfunktion.

Das zinsabhängige Sparen ist von der Forderung nach Mikrofundierung der Makrotheorie her angezeigt, für die Erklärung der langen Frist wird damit aber vorerst nichts gewonnen. Im Gegenteil: Weil das Grenzprodukt des Kapitals im Zeitablauf kontinuierlich abnimmt, sinkt damit ceteris paribus auch der Zinsertrag. Bei zinsabhängigem Sparen werden deshalb die Haushalte ab einem gewissen Zeitpunkt das Sparen vollständig aufgeben. Von da an sind keine weiteren Investitionen mehr möglich, und der Wachstumsprozess kommt zu einem Stillstand. Vergleichen wir die zinsabhängige Sparquote mit der von Solow angenommenen konstanten Sparquote, so wird es unter der Annahme realistischer Parameter-Werte sehr wahrscheinlich, dass der Wachstumszug bei zinsabhängiger Sparquote bereits früher zum Stillstand kommt.

Die im Rahmen des zinsabhängigen Sparens hergeleitete Keynes-Ramsey-Regel bringt aber die Grundlage für den entscheidenden theoretischen Zusammenhang. Entsprechend dieser Regel ist das gleichgewichtige Wachstum von der Differenz zwischen dem Grenzprodukt des Kapitals und einem konstanten Wert abhängig; dieser Wert ist die Summe von Diskontrate, Abschreibungssatz und Bevölkerungswachstumsrate.

Damit läßt sich die "Schuld" am Abbrechen des Wachstums im neoklassischen Wachstumsmodell zuweisen: es ist die Annahme des (genügend stark) abnehmenden Grenzertrags des akkumulierten Kapitals. Wenn der Grenzertrag des Kapitals im Zeitablauf ständig über dem in der Keynes-Ramsey-Regel aufgeführten Wert bliebe, wäre eine (positive) gleichgewichtige Wachstumsrate erzielbar. Nur in diesem Fall wird den Haushalten ein Zinsertrag geboten, der auch in der langen Frist zur Bildung von Ersparnissen führt. Sobald der Zinsertrag aber nicht mehr über der Summe von Diskontrate, Abschreibungssatz und Bevölkerungswachstumsrate liegt, kann gemäß Keynes-Ramsey-Regel die Kapitalintensität nicht mehr weiter erhöht werden.

Auch im Modell mit einer konstanten Sparquote ist es der Grenzertrag des Kapitals, der über die langfristige Entwicklung des Einkommens entscheidet. Sinkt der Grenzertrag im Zeitablauf, ist langfristig kein Wachstum erzielbar, wie im neoklassischen Modell deutlich wird. Bleibt der Grenzertrag aber auf einer ausreichenden Höhe konstant, ist auch bei konstanter Sparquote ein langfristig endogener Pfad abbildbar. Allerdings wird dann die aus der individuellen Optimierung stammende Diskontrate nicht in der Berechnung der gleichgewichtigen Wachstumsrate erscheinen.

Die dritte Annahme der neoklassischen Wachstumstheorie der konstanten Skalenerträge in der aggregierten Produktionsfunktion ist nicht das entscheidende Hindernis für die Möglichkeit, langfristiges Wachstum endogen zu erklären. Allerdings werden sich, je nach der Art der berücksichtigten Produktionsfaktoren, in gewissen Modellen endogenen Wachstums zunehmende Skalenerträge in der aggregierten Produktionsfunktion ergeben (vgl. Abschnitt 5.4).

5.2 Konstanter Grenzertrag des Kapitals

Um den Einfluss des konstanten Grenzertrags des Kapitals in der Wachstumstheorie einfach darzustellen, greifen wir vorerst auf die konstante Sparquote zurück und betrachten anschließend denselben Effekt bei zinsabhängigen Ersparnissen. Im Solow-Modell mit fixer Sparquote und der üblichen Cobb-Douglas-Produktionsfunktion ist das Wachstum der Kapitalintensität gleich (vgl. Gleichung (3.10)):

$$g_k = s \cdot A(t) \cdot k(t)^{\alpha-1} - (\delta + g_L) \qquad (5.1)$$

Da α in der neoklassischen Wachstumstheorie kleiner als Eins ist, nimmt der Term $A(t) \cdot k(t)^{\alpha-1}$ bei konstantem Stand der Technik ($\dot{A} = 0$) mit zunehmender Kapitalintensität im Zeitablauf ab. Die beiden Terme auf der rechten Seite von (5.1) werden dann zu einem bestimmten Zeitpunkt gleich groß, so dass die Wachstumsrate der Kapitalintensität Null wird. Grafisch ausgedrückt, ergibt sich zwingend ein Schnittpunkt zwischen den beiden geometrischen Orten, welche die beiden Terme darstellen (vgl. Abbildung 3.4). Der exakte Grund für das Zustandekommen dieses Schnittpunkts ist die zweite Inada-Bedingung, vgl. Abschnitt 3.2.

Falls jedoch der mit der Sparquote s multiplizierte Grenzertrag des Kapitals konstant ist oder eine Konstante approximiert, die über $(\delta + g_L)$ liegt, wächst die Kapitalintensität im Zeitablauf ohne Ende. Ein solches Ergebnis lässt sich beispielsweise mit einer CES-Produktionsfunktion erreichen, bei der die Substitutionselastizität zwischen den Inputs als größer Eins angenommen wird. Damit kann eine Relation verwendet

werden, die den üblichen Kriterien der neoklassischen Theorie entspricht, mit der einzigen Ausnahme des Nicht-Erfüllens der zweiten
Inada-Bedingung. Da die CES-Funktion mathematisch etwas komplizier-
ter ist zeigen wir die grundlegenden Zusammenhänge mit den zwei folgenden einfachen Produktionsfunktionen, die ein unbegrenztes
Wachstum ergeben:

$$Y(t) = D \cdot K(t) \tag{5.2}$$

$$Y(t) = D \cdot K(t) + F(K(t), L(t)) \tag{5.3}$$

Gemäß der Produktionsfunktion (5.2) ist das Grenzprodukt des Kapitals
in Höhe von D konstant. Als Skalenvariable wird anstelle des Parameters
A von nun an oft die Variable D benützt, da in gewissen nachfolgenden
Modellen das technische Wissen A als Wissenskapital vereinfachend
unter dem allgemeinen Kapitalbegriff mit der Variablen K oder einer
ähnlichen Bezeichnung subsummiert wird. D kann je nach Modell entweder als Konstante eingeführt werden oder von gewissen weiteren Größen abhängen. In der Literatur wird aber oft das ursprüngliche A
verwendet und ein Modell mit einer Funktion (5.2) entsprechend "AK-
Modell" genannt (vgl. REBELO 1990).

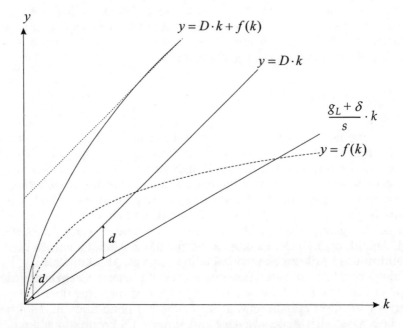

Abbildung 5.1: Unbegrenztes Wachstum bei konstanter Sparquote I

Die Funktion F in (5.3) besitzt die üblichen neoklassischen Eigenschaften, d.h., sie erzeugt ein abnehmendes Grenzprodukt des Kapitals. Dadurch hat auch die Produktionsfunktion (5.3) abnehmende Grenzerträge des Kapitals; die Grenzproduktivität konvergiert jedoch im Zeitablauf gegen D. In der Pro-Kopf-Schreibweise lauten die beiden in Abbildung 5.1 gezeigten Produktionsfunktionen:

$$y(t) = D \cdot k(t) \tag{5.4}$$

$$y(t) = D \cdot k(t) + f(k(t)) \tag{5.5}$$

Da kein Schnittpunkt zwischen den beiden geometrischen Orten zustande kommt, d.h. der Abstand d in Abbildung 5.1 nie Null wird, ist das Wachstum der Kapitalintensität und damit verbunden des Pro-Kopf-Einkommens in diesen beiden Fällen unbegrenzt. Das Wachstum hängt von verschiedenen Modellparametern ab; mit anderen Worten gelingt es nun, die Wachstumsrate endogen aus der Theorie zu erklären.

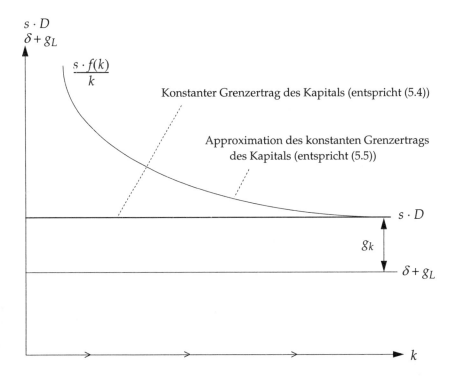

Abbildung 5.2: Unbegrenztes Wachstum bei konstanter Sparquote II

Die Wachstumsrate der Kapitalintensität kann im Anschluss an Abschnitt 3.3 wie in Abbildung 5.2 auch direkt dargestellt werden, womit das unbegrenzte Wachstum noch deutlicher sichtbar wird. Das in Abbildung 5.2 gezeigte langfristige Wachstum der Kapitalintensität bei einer konstanten Sparquote ergibt sich für Gleichung (5.4), indem man anstelle von $A(t) \cdot k(t)^{\alpha-1}$ in (5.1) die Grenzproduktivität D setzt. Dies gilt ebenso für die Produktionsfunktion (5.3), da hier die Grenzproduktivität langfristig gegen D konvergiert. Die langfristige Wachstumsrate lautet:

$$g_k = s \cdot D - (\delta + g_L) \qquad (5.6)$$

Dieses Wachstum lässt sich aus (5.4) direkt berechnen; die Wirtschaft befindet sich dann immer auf dem gleichgewichtigen Wachstumspfad. Für (5.3) entsteht das berechnete Wachstum erst nach einer Phase der Anpassung in der langen Frist, die wie im Ramsey-Cass-Koopmans-Modell zustande kommt.

Auch bei zinsabhängiger Sparquote ist es der konstante Grenzertrag des Kapitals, der ein langfristig positives Wachstum im Modell ermöglicht. Übernehmen wir wieder die einfache Produktionsfunktion (5.2), ergibt sich aufgrund der Keynes-Ramsey-Regel (vgl. Abschnitt 4.3) für die gleichgewichtige Wachstumsrate g:

$$g = D - (\delta + g_L + \rho) \qquad (5.7)$$

Wie oben im Text erwähnt wurde, ist die Wachstumsrate dann positiv, wenn das Grenzprodukt des Kapitals eine Konstante D annimmt (oder approximiert), die größer ist als die Summe aus Abschreibungsrate, Bevölkerungswachstumsrate und Diskontrate.

Von der Theorie ist nun die Frage zu klären, ob die Annahme von langfristig konstanten Grenzerträgen des Kapitals realistisch ist. Bleiben mit anderen Worten die erzielbaren Erträge des Kapitals konstant, auch wenn im Zeitablauf immer mehr Kapital akkumuliert wird? Der Zugang zur Beantwortung dieser Frage wird geöffnet, wenn:

• der Kapitalbegriff genauer beleuchtet wird

• positive "Spillover" in die Theorie eingeführt werden

Zum Kapitalbegriff:

Entscheidend für das Wachstum ist nicht nur das privat investierte Realkapital, sondern es sind dies überhaupt alle Formen von Kapital oder kapitalähnlichen Beständen, die für eine Volkswirtschaft einen produktiven Wert aufweisen und deshalb als Produktionsfaktoren zu verstehen sind. Neben Realkapital, d.h. Maschinen, Ausrüstung und Bauten, sind die wichtigsten der weiteren Kapitalformen Humankapital, Wissen beziehungsweise Wissenskapital sowie das durch die öffentliche Hand bereitgestellte Kapital beziehungsweise die öffentliche Infrastruktur. Für die angemessene Abbildung der aggregierten Produktionsrestriktion sind je nach Fragestellung einige oder alle diese Kapitalkomponenten zu berücksichtigen. Die Akkumulation einer bestimmten Komponente im Zeitablauf führt dabei unter sehr allgemeinen Bedingungen dazu, dass die anderen Komponenten produktiver werden. Damit erhöht sich der Anreiz, diese anderen Komponenten zu akkumulieren.

Zu den positiven "Spillovern":

Verschiedene Wirtschaftätigkeiten führen als "Nebenprodukt" – d.h. ohne direkte Abgeltung über den Markt – zu Erhöhungen von gewissen Kapital-Inputs wie öffentliches Wissen oder Humankapital. Diese Übertragungen sind positive externe Effekte und werden in der Wachstumsliteratur positive Spillover (vgl. Kapitelüberschrift) genannt.

Durch die Interdependenzen aufgrund der Spillover ergibt sich ein kumulativer Prozess, der das Wachstum in einer Wirtschaft insgesamt positiv beeinflusst. Im folgenden Abschnitt werden die Spillover-Mechanismen im Wachstumprozess nach den Faktoren Wissen, staatliche Vorleistungen und Humankapital getrennt dargestellt.

Als Folge der beiden genannten Elemente wird sich – wie in den nachfolgenden Modellen ersichtlich – ergeben, dass die Annahme des konstanten Grenzertrags des "Kapitals" insgesamt in der langen Frist sehr plausibel wird. Die Folge davon ist, dass sich alle Komponenten mit Kapitalcharakter zusammen im Zeitablauf genügend stark akkumulieren, um ein anhaltendes Wachstum zu erzeugen. Die Wachstumsrate wird in den nachfolgenden Modellen als endogene Variable bestimmt; sie ist abhängig von der Produktionstechnik, den Präferenzen und der Wirtschaftspolitik.

5.3 Verschiedene Arten von Spillovern

a) Wissen als Input und Output von Produktionsprozessen

Bei der Erklärung von endogenen Wachstumsprozessen besitzt der Faktor Wissen beziehungsweise das Wissenskapital eine besondere Bedeutung. Gesucht wird deshalb vorerst eine mikroökonomische Fundierung zur modellendogenen Abbildung von Wissen als Input und Output von produktiven Prozessen.

Jede unternehmerische Tätigkeit benötigt eine Wissensbasis, die aus dem für die Produktion notwendigen Wissen beziehungsweise dem

Know-how besteht. Die Wissensbasis kann neben der zunehmenden Erfahrung der Firmenangestellten durch externe Quellen wie Fachzeitschriften, Marktprognosen, externe Experten usw. erweitert werden. Wissen ist ein produktiver Input und sollte als solcher in die Produktionsfunktion aufgenommen werden. Der Umfang des notwendigen Unternehmerwissens variiert allerdings stark zwischen den einzelnen Branchen, Ländern und Zeitabschnitten.

Der gesamte Wissensstand ist in der Realität nicht wie im neoklassischen Wachstumsmodell von außen vorgegeben. Vielmehr erweitert sich das Wissen durch bestimmte Tätigkeiten von Individuen und Unternehmungen, die unter Marktbedingungen agieren. Im Normalfall wird dabei ein beträchtlicher Teil des produktiven Werts neuer Informationen den Urhebern einer entsprechenden Tätigkeit zufallen. Unternehmungen und Individuen werden unter Marktbedingungen dann bereit sein, ihr Wissen zu erweitern, wenn die resultierenden Vorteile mindestens die anfallenden Kosten zu decken vermögen.

Wird beispielsweise als wissensvermehrende Tätigkeit in die Forschung investiert, fallen den jeweiligen Investoren direkt neue Informationen zu. Gerade in der Forschung fallen aber auch indirekte Resultate an, z.B. wenn nach einer Forschungsleistung bekannt wird, welche Wege *nicht* zu einem Ergebnis geführt haben. Es fallen indirekte Resultate an, indem klar wird, welche Informationsquellen besonders ergiebig waren. Auch diese zusätzlichen Informationen können für die folgende Forschung als zusätzliches Wissen vorausgesetzt werden; sie machen die nachfolgende Forschung produktiver. Eine wichtige Hypothese der Neuen Wachstumstheorie lautet: Nutzbares Wissenskapital entsteht u.a. auch als "Nebenprodukt" einer Vielzahl von privaten und staatlichen Tätigkeiten.

Die Bedeutung solcher Lerneffekte wird massiv vergrößert, wenn wir zusätzlich die Übertragungen des Wissens beziehungsweise die Wissensdiffusion betrachten. Ein gewisser Teil der unter Marktbedingungen entstandenen neuen Information kommt nämlich – über verschiedene Kanäle – auch Dritten zugute. Dies bedeutet, dass der Kreis der Nutznießer von neuen Informationen sehr weit gestreut sein kann. Dieser positive Einfluss der einen für die Aktivitäten der anderen macht im Bereich des Wissens den Mechanismus der positiven Spillover aus. Das entscheidende Element beim Wissensaustausch ist, dass das Wissen im Gegensatz zu privaten Gütern von vielen Personen und Unternehmungen gleichzeitig genutzt werden kann.

Im Geschäftsleben und in der Forschung finden positive Spillover in Form von Wissensübertragungen auf vielfältige Art und Weise statt. Vor allem ist es der Markt, der den Wissensaustausch beschleunigt. Denn die Vermarktung von Ideen in Form von neuen Produkten führt zu einer Beschleunigung des Informationsaustauschs zwischen den Marktteilnehmern. Sobald ein Produkt auf dem Markt erscheint, können alle interessierten Kreise das Produkt auf Herz und Nieren prüfen und dabei eine Menge lernen, was z.B. konkurrierende Unternehmungen für ihre eigene

Produktion wiederum produktiv nutzen können. In konkreten Fällen ist jeweils zu untersuchen, welche Aktivitäten besonders lernintensiv sind und wie groß der Kreis der Informationsverbreitung ist. Weiter kann berücksichtigt werden, dass unterschiedliche Arten von Informationen von ihrer Natur her verschieden gut übertragbar sind.

In der Terminologie der Finanzwissenschaften lassen sich die für ein endogenes Wachstum wichtigen Eigenschaften des Faktors Wissen wie folgt festhalten:

- Der Faktor Wissen besitzt die Eigenschaft der Nichtrivalität.
- Der Faktor Wissen besitzt die Eigenschaft der teilweisen Nichtausschließbarkeit.

Wissen weist starke Züge eines öffentlichen Guts auf, das durch vollständige Nichtrivalität und Nichtausschließbarkeit gekennzeichnet ist. Das Merkmal der Nichtrivalität ermöglicht die gleichzeitige Nutzung des Wissens durch alle interessierten Kreise. Das Merkmal der teilweisen Nichtausschließbarkeit ist dann entscheidend, wenn die Anreize zur Schaffung von neuem Wissen betrachtet werden. Ist z.B. die Ausschließbarkeit nur minimal oder überhaupt nicht gegeben, sind die Anreize für ein privates Angebot entsprechender Leistungen zu klein. Die Individuen werden versuchen, durch "Trittbrettfahren" von den Leistungen anderer zu profitieren. Das durch private Initiative erreichte Bereitstellungsniveau ist in solchen Fällen wohlfahrtstheoretisch betrachtet zu klein. Hier muss je nach Fall über die Zweckmäßigkeit und den Umfang eines staatlichen Angebots entschieden werden.

Ist die Ausschließbarkeit aber teilweise gewährleistet, sind die Anreize zur privatwirtschaftlichen Wissensbildung intakt und gleichzeitig wird über die Diffusion des nichtausschließbaren Wissens der produktive Effekt der Wissensbildung vervielfacht.

Wenn wir auf die Ebene einer gesamten Wirtschaft wechseln, so folgt, dass mit zunehmender Investitionstätigkeit der Bestand an Wissen ständig zunimmt. Neben dem realen Kapital akkumuliert sich auf allen Ebenen gleichzeitig auch Wissenskapital. Aufgrund dieses Effekts erhöht sich der Stand des öffentlich verfügbaren und deshalb für alle produktiv nutzbaren Wissens im Zeitablauf. Neben dem technischen Wissen kann auch institutionelles und organisatorisches Wissen unter dem allgemeinen Wissensbegriff subsummiert werden.

Die Interdependenz zwischen produktiver Tätigkeit, Erhöhung des Wissensstandes und anschließender Zunahme der Produktivität entspricht der Idee des "Learning by Doing", die von ARROW (1962) in die neuere ökonomische Literatur eingeführt wurde. ARROW postulierte einen positiven Zusammenhang zwischen der Akkumulation von Realkapital und dem öffentlichen Wissensstand. Private Nettoinvestitionen erhöhen direkt den verfügbaren Bestand an privatem Realkapital und indirekt – über die Lerneffekte in der Produktion, d.h. über positive Spillover – das öffentlich verfügbare Wissenskapital (vgl. auch Abschnitt 6.1).

b) Öffentliche Vorleistungen

In Bereichen mit geringer Ausschließbarkeit von Leistungen sind – wie bereits erwähnt – die Anreize für ein privates Angebot zu gering. Viele dieser Güter und Dienstleistungen werden deshalb durch den Staat bereitgestellt. Staatliche Vorleistungen – u.a. in den Bereichen der Grundlagenforschung und der Infrastruktur, in einem weiteren Sinn auch im Bereich der Rechtssicherheit – besitzen eindeutig einen produktiven Wert für die Privatwirtschaft. Das Besondere an der Bereitstellung durch den Staat ist, dass die Finanzierung in diesem Fall über das Steuermonopol erfolgen kann.

Normalerweise erhöhen sich die Steuereinnahmen mit einer wachsenden Wirtschaft. Folgender Mechanismus spielt dann während des Wachstumsprozesses die entscheidende Rolle: Eine steigende Produktivität des Privatsektors ermöglicht steigende Steuereinnahmen, dies führt im Normalfall zu einer Erhöhung beziehungsweise Verbesserung des Angebots an produktiven staatlichen Vorleistungen, was wiederum die privaten Aktivitäten positiv beeinflusst. Mit anderen Worten und in Anlehnung an die Wissensdiffusion kann festgehalten werden, dass produktive Tätigkeiten von Privaten via Steuerleistungen und staatliches Angebot positive Spillover produzieren, die positiv auf das Wachstum wirken. Im Unterschied zur Wissensübertragung funktioniert diese Art Spillover aber nur aufgrund einer speziellen Institution, nämlich der Steuerhoheit des Staates.

Vorausgesetzt wird für diese Art des Wachstums, dass der Staat die Mittel effizient in produktive Leistungen für die Privatwirtschaft umsetzt und dass die Ausgestaltung des Steuersystems die Anreize für die private Gewinnerzielung nicht allzu stark vermindert. Die Interdependenz zwischen privatem Kapital und öffentlichen Vorleistungen wird in Abschnitt 6.2 vertieft.

c) Humankapital

In einer wachsenden Wirtschaft nehmen die Möglichkeiten zu, Bildungsinvestitionen zu tätigen und damit den Bestand des Humankapitals zu vergrößern. Auch im Bildungsbereich sind Lerneffekte und positive Spillover sehr plausibel. Lernen ist realistischerweise umso leichter, je höher der individuelle Wissensstand bereits ist. Lernen ist zudem umso effizienter, je besser die Instruktoren im Bildungsbereich ausgebildet sind.

Dies bedeutet, dass die individuelle Weiterbildung nicht nur einen internen Ertrag abwirft, sondern auch Vorteile für Dritte mit sich bringt. Diese Vorteile gelten innerhalb des Bildungssektors, wirken aber genauso auch in den übrigen Sektoren einer Wirtschaft. In einem einfachen Wachstumsmodell kann darauf aufbauend angenommen werden, dass in der langen Frist der Grenzertrag des Humankapitals konstant ist und damit ein endogenes Wachstum ermöglicht (vgl. Abschnitt 6.3).

d) Akkumulation im Überblick

Die folgende Abbildung gibt einen Überblick über den Zusammenhang zwischen der Akkumulation der verschiedenen Faktoren und dem Einkommen:

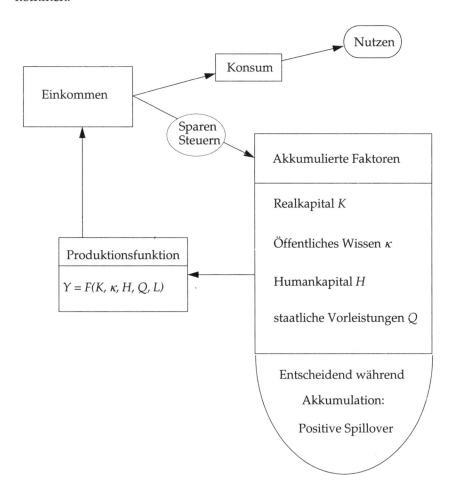

Abbildung 5.3: Akkumulation und Einkommen

5.4 Konstante und zunehmende Skalenerträge

Oft wird die Möglichkeit, langfristiges Wachstum endogen zu erklären, mit der Existenz von zunehmenden Skalenerträgen in der aggregierten Produktionsfunktion in Verbindung gebracht. Diese werden zwar in der Neuen Wachstumstheorie oft verwendet, sind aber *keine* notwendige Bedingung für endogenes Wachstum.

Zunehmende Skalenerträge resultieren, wenn von folgender Überlegung ausgegangen wird. Eine allgemeine Produktionsfunktion ist:

$$Y = A \cdot \tilde{X} \tag{5.8}$$

wobei A wie in den vorangegangenen Kapiteln den Stand des Wissens abbildet und $\tilde{X}$ Produktionsfaktoren wie Arbeit und Kapital umfasst. Der Unterschied zwischen den beiden Argumenten in dieser Produktionsfunktion besteht in der Ausschließbarkeit und in der Rivalität. Vor allem ist A, wie oben ausgeführt, nichtrivalisierend, während die übrigen Inputs wie normale private Güter vollständig rivalisierend sind.

Für die rivalisierenden Inputs zusammen ist das sogenannte "Replikationsargument" plausibel: Verdoppeln sich ceteris paribus die Inputmengen an Arbeit und Kapital, verdoppelt sich auch der Output; der Homogenitätsgrad ist gerade gleich Eins. Wird dasselbe algebraisch mit dem Vermehrungsfaktor a ausgedrückt, ergibt sich:

$$a \cdot Y = A \cdot a \cdot \tilde{X} \tag{5.9}$$

Eine Ausdehnung des Wissens ist für die gezeigte Erhöhung von Y nicht notwendig, da die zusätzlichen rivalisierenden Inputs das bestehende nichtrivalisierende A ebenso verwenden können wie die bisherigen rivalisierenden Inputs.

Nehmen wir nun an, dass der Wissens-Input von den Marktteilnehmern absichtlich erhöht werden kann. Wird zusätzlich auch das Wissen um den Faktor a vermehrt, gilt:

$$a \cdot Y < a \cdot A \cdot a \cdot \tilde{X} = a^2 \cdot A \cdot \tilde{X} \tag{5.10}$$

Damit ist ersichtlich, dass diese Produktionsfunktion mit aktiver Wissensvermehrung zunehmende Skalenerträge aufweist; hier ist der Homogenitätsgrad größer als Eins. Es wird auch klar, dass – falls die Produktion von zusätzlichem Wissen nicht kostenlos ist – die rivalisierenden Inputs nicht mit ihrem Grenzprodukt entlohnt werden können.

Zunehmende Skalenerträge sind aber keine notwendige Voraussetzung für die neuere Wachstumstheorie. Notwendig und hinreichend für eine endogene Wachstumsrate ist einzig die Bedingung nicht abnehmender Grenzerträge der unter Marktbedingungen akkumulierbaren Faktoren, die wir allgemein unter dem Kapitalbegriff zusammenfassen. Ob damit konstante oder zunehmende Skalenerträge verbunden sind, hängt davon ab, welche Rolle den übrigen Faktoren wie Arbeit, Land oder Energie in der Produktionsfunktion zugewiesen wird.

Box 5.1: Empirische Erfassung der Wissensdiffusion

Die Verbreitung des Wissens ist ein mehrheitlich unsichtbarer Vorgang. Es gibt keine Daten oder Statistiken, die über die Wissensdiffusion Auskunft geben. Dennoch können verschiedene Verfahren angewendet werden, um dem Phänomen in der Realität auf die Spur zu kommen. Wir unterscheiden zwischen direkten und indirekten Verfahren.
Ein direktes Verfahren besteht darin, bei Forschungsergebnissen festzustellen, auf welchem Vorwissen sie beruhen. Eine Untersuchung von JAFFE, TRAJTENBERG und HENDERSON (1993) konzentriert sich dabei auf Patentschriften, die naturgemäß viel neues Wissen enthalten. Neue Patentschriften müssen dabei bestehende Patente zitieren, deren Wissen zur Erarbeitung der neu zu patentierenden Resultate benötigt wurde. Über die Analyse der Zitierungen kann somit festgehalten werden, wie sich die Information im Forschungsbereich über Zeit und Raum verbreitet. Als Ergebnis finden die Autoren für den Fall der USA eine große Bedeutung der Wissensdiffusion. Die Diffusion spielt sich allerdings vor allem in regional beschränkten Räumen ab. Ebenso wird in der Untersuchung gezeigt, dass die Informationen sich umso weiter verbreiten, je länger die Zeitdauer nach einer Patentierung ist.
Indirekt kann die Verbreitung des Wissens dadurch festgestellt werden, dass bestimmte Unternehmungen oder Branchen durch die Geschäftstätigkeit anderer Unternehmungen oder Branchen produktiver werden. Allerdings ist zu berücksichtigen, dass hier neben der Wissensdiffusion noch andere Effekte eine Rolle spielen. Im Fall der internationalen Wissensdiffusion wurde von COE/HELPMAN (1995) folgendes Verfahren vorgeschlagen. Aus den Investitionen jedes Landes in Forschung und Entwicklung lässt sich über die Annahme einer Abschreibungsrate ein Wissenskapitalstock pro Land konstruieren. Anschließend kann mit Hilfe der Regressionsanalyse untersucht werden, inwiefern die totale Faktorproduktivät (TFP) eines Landes vom Wissenskapital im Inland (S^d) und wie stark vom Wissenskapital im Ausland (S^f) abhängt. Die totale Faktorproduktivität wurde dabei aus einer Hilfsrechnung aufgrund einer einfachen neoklassischen Produktionsfunktion berechnet.

Für ein Pool-Sample mit Daten aus dem Zeitraum zwischen 1971 und 1990 aus 22 Ländern ergab sich folgendes Schätzergebnis:

$$TFP = \text{const} + 0.095 \log S^d + 0.082 \log S^f$$
$$\phantom{TFP = \text{const} + } (0.010) (0.017)$$

in Klammern Standardfehler, R^2 (korrigiert) 0.47

Beide Wissensbestände üben gemäß dieser Schätzung den erwarteten signifikanten Einfluss auf die totale Faktorproduktivität aus.
Diese einfache Schätzung wurde von den Autoren noch verfeinert. Es wurde z.B. unterschieden zwischen G7-Ländern und anderen Ländern, weiter wurden die Einflüsse des Auslandes mit dem Importanteil bei den Gütern gewichtet. Dabei ergab sich, dass die G7-Länder mehr von ihren eigenen Forschungsausgaben profitieren können als die wirtschaftlich weniger bedeutenden Länder. Ebenso wurde festgestellt, dass rund ein Viertel der Nutzen von Forschungsausgaben in den G7-Ländern ausländischen Kreisen zugute kommt. Für kleinere Länder kann hingegen den Resultaten folgend der Effekt des ausländischen Wissensstocks größer sein als derjenige des eigenen Wissensstocks.

Dies lässt sich wie folgt zeigen. Fassen wir alle Faktoren mit Kapitalcharakter zur Variablen $\tilde{K}$ zusammen, lautet die einfachste allgemeine
und bereits bekannte Produktionsfunktion:

$$Y = D \cdot \tilde{K} \tag{5.11}$$

Diese Produktionsfunktion besitzt konstante Skalenerträge, wenn D als
Konstante interpretiert wird, welche die Größen Y und $\tilde{K}$ miteinander
vergleichbar macht. Dann führt eine Verdoppelung des Kapitaleinsatzes
genau zu einer Verdoppelung des Outputs. Diese Produktionsfunktion
braucht nicht als unvollständig zu gelten denn der Faktor Arbeit kann als
Humankapital unter dem allgemeinen Kapitalbegriff enthalten sein. Die
von der Natur gegebene "rohe" Arbeitskraft wird nicht separat beachtet,
allein das in der Arbeitskraft enthaltene Humankapital wirkt produktiv
(vgl. Abschnitt 6.3).

Die aufgeführte Produktionsfunktion hat zunehmende Skalenerträge,
wenn D (nicht unter Marktbedingungen akkumulierbare) Faktoren wie
Land und die "rohe" Arbeitskraft usw. beinhaltet, denn dann führt eine
proportionale Erhöhung aller Inputs zu einer überproportionalen Erhöhung des Outputs. Gilt z.B.

$$D = L^{\phi} \tag{5.12}$$

führt eine Verdoppelung aller Inputs zu einer mehr als zweifachen Steigerung des Outputs, vorausgesetzt dass $\phi > 0$.

Eine zusätzliche Überlegung muss zu den Marktformen angestellt
werden, die beim Vorliegen von positiven Spillovern und von Faktorent-
gelten, die unter dem Grenzprodukt liegen, denkbar sind. Positive Spillover sind positive Externalitäten, d.h., die Urheber der spillover-
produzierenden Tätigkeiten werden für die Spillover nicht über den
Markt abgegolten. Mit anderen Worten wird der Wachstumsprozess
gemäß Neuer Wachstumstheorie vor allem dadurch möglich, dass
Marktversagen vorliegt. Dies gilt vor allem für die Wissensdiffusion und
die Verbreitung von Humankapital.

Bei der staatlichen Infrastruktur liegt der Fall etwas anders. Da ist es ja
gerade die Absicht, dass möglichst viele (Angehörige des Staatswesens)
von den Leistungen profitieren, dass mit anderen Worten die externen
Erträge möglichst groß sind. In diesem Fall heißt es, den staatlichen Einsatz gemäß Wohlfahrtsanalyse zu optimieren.

Die Marktform der vollständigen Konkurrenz kann in der neuen Theorie wie in der Neoklassik vereinfachend beibehalten werden, wenn die
Wissensproduktion ausschließlich über Externalitäten der laufenden
Geschäftstätigkeit, z.B. aus der Investition in Realkapital, resultiert. Mit
der zusätzlichen Annahme, dass der einzelne Marktteilnehmer gegen-

über dem Gesamtmarkt relativ unbedeutend ist, sind damit auf der Ebene der einzelnen Unternehmung wie üblich konstante oder steigende, nicht aber abnehmende Durchschnittskosten zu unterstellen. Damit ist die Gewinnmaximierung unter normalen Rahmenbedingungen durchführbar. Eine einzelne kleine Unternehmung merkt nur ganz marginal, dass ihre eigene Tätigkeit über die positiven Spillover den Stand des gesamten öffentlichen Wissens erhöht und damit ihre zukünftige Geschäftstätigkeit in Zukunft produktiver wird. Auf der gesamtwirtschaftlichen Ebene führen die positiven Spillover aber zu einer insgesamt spürbaren Erhöhung des Wissenskapitals und damit zu langfristig sinkenden Durchschnittskosten. Die langfristige Kostensenkung auf aggregierter Basis ist dann der entscheidende Antrieb für das Wachstum.

Die Marktform der unvollständigen Konkurrenz ist dann einzuführen, wenn Aktivitäten (wie z.b. Forschung und Entwicklung) nicht direkt über den Markt abgegolten werden. In diesem Fall benötigen die Unternehmungen einen gewissen Monopolbereich, damit sie mit dem Gewinn diese Aktivitäten bezahlen können.

5.5 Übergang zur Neuen Wachstumstheorie

Die "Neue Wachstumstheorie" ist ein Forschungsprogramm in der neoklassischen Tradition, das von Autoren wie ROMER (1986 und 1990), LUCAS (1988), BARRO (1990), GROSSMAN/HELPMAN (1990 und 1991) und REBELO (1990) Ende der achtziger Jahre lanciert wurde. Gemeinsam ist den Modellen der Neuen Wachstumstheorie, dass die langfristige Wachstumsrate einer Volkswirtschaft oder einer Region endogen erklärt wird.

Ein wichtiger Baustein zur mikroökonomischen Fundierung der Theorie sind die positiven Spillover, die als Lerneffekte die Wachstumsprozesse verstärken. Spillover sind technologische Externalitäten, da sie ohne marktmäßige Abgeltung die Produktionsmöglichkeiten Dritter vergrößern.

Je nach Anwendungsgebiet werden in den verschiedenen Modellen unterschiedliche Kapitalkomponenten in den Vordergrund gerückt, während die andern zum Teil weggelassen werden. Auch bei einer beschränkten Auswahl von Kapitalarten gilt, dass der Grenzertrag des im Modell verwendeten Kapitals insgesamt für ein endogenes Wachstum in der langen Frist konstant sein muss. Durch Einsetzen dieses Grenzertrags in die Keynes-Ramsey-Regel kann das volkswirtschaftliche Wachstum direkt berechnet werden. Der Wiederholung und dem übersichtlichen Vergleich mit den vorstehenden Theorien dient folgende Tabelle:

Theorien	Einsatzverhältnis der Produktions- faktoren	Sparquote	langfristiges Wachstum
Harrod/Domar	fix	fix	exogen
Neoklassik/ Solow	flexibel	fix	exogen
Ramsey/Cass/ Koopmans	flexibel	zinsabhängig	exogen
Neue Wachs- tumstheorie	flexibel	zinsabhängig	endogen

Abbildung 5.4: Die verschiedenen Modelle in der Übersicht

Das weitere Vorgehen besteht nun darin, die verschiedenen Theorien mit positiven Spillovern und einem endogenen Wachstumspfad der Reihe nach vorzustellen. Dabei wird pro Modell jeweils eine Ursache des langfristigen Wachstums genauer beleuchtet. Für die Umsetzung in die Realität ist aber klar, dass alle Ursachen zusammen den langfristigen Entwicklungspfad bestimmen.

In Kapitel 6 werden die Faktoren Wissenskapital, öffentliche Vorleistungen und Humankapital mit ihrem Beitrag zum Wachstumsprozess vorgestellt. In Kapitel 7 wird dann der wohl wichtigste Bereich mit positiver Wissensdiffusion, der Forschungsbereich, in die Wachstumstheorie integriert.

Literatur zum 5. Kapitel

- ARROW, K.J.: The Economic Implications of Learning by Doing, in: The Review of Economic Studies, 1962, S. 155–173

- BARRO, R.J.: Government Spending in a Simple Model of Endogenous Growth, in: Journal of Political Economy, 1990, S. S103–S125

- BRETSCHGER, L.: Knowledge Diffusion and the Development of Regions, in: Annals of Regional Science, 1999, S. 251–268.

- COE, S., HELPMAN, E.: International R&D Spillovers, in: European Economic Review, 1995, S. 859–887

- GROSSMAN, G., HELPMAN, E.: Comparative Advantage and Long-Run Growth, in: American Economic Review, 1990, S. 796–815

- GROSSMAN, G., HELPMAN, E.: Innovation and Growth in the Global Economy, MIT Press, Cambridge Mass. 1991

- JAFFE, A., TRAJTENBERG, M., HENDERSON, R.: Geographic Localization of Knowledge Spillovers as Evidenced by Patent Citations, in: The Quarterly Journal of Economics, 1993, S. 577–598

- LUCAS, R.E.: On the Mechanics of Economic Development, in: Journal of Monetary Economics, 1988, S. 3–42

- REBELO, S.: Long Run Policy Analysis and Long Run Growth, in: Journal of Political Economy, 1990, S. 500–521

- ROMER, P. M.: Increasing Returns and Long-Run Growth, in: Journal of Political Economy, 1986, S. 1002–1037

- ROMER, P.M.: Endogenous Technological Change, in: Journal of Political Economy, 1990, S. S71–S102

6. Endogenes Wachstum mit disaggregiertem Kapitalstock

In Kapitel 5 wurde die Bedeutung positiver Spillover beziehungsweise des "Learning by Doing" für den Wachstumsprozess betont. Die Spillover bilden die theoretische Fundierung für die Annahme des konstanten Grenzertrags des Kapitals, die für das endogene Wachstum zentral ist. Über Spillover wird öffentliches Wissenskapital gebildet, es werden die öffentlichen Vorleistungen erhöht, oder das Humankapital steigt an. Dadurch liegt es nahe, in den Modellen des endogenen Wachstums den volkswirtschaftlichen Kapitalstock in mehr als eine Komponente zu desaggregieren (vgl. Kapitelüberschrift). Auf diese Art und Weise kann der Grundgedanke der Spillover im Modell abgebildet werden.

In den konkreten Theorien zum endogenen Wachstum ist nun festzulegen, wie die Spillover genau wirken. Beim Faktor Wissen ist zu fragen, von welchen Aktivitäten Lerneffekte ausgehen und wer von diesen Effekten profitieren kann. Die ursprüngliche Idee von ARROW bezog sich auf das Lernen aus der Investitionstätigkeit, das er in der Flugzeug-Industrie beobachtete.

Das Konzept der Spillover kann aber auch auf andere Branchen übertragen werden; zudem ist der Kreis der Nutznießer von Spillovern je nach Anwendung weiter als auf der Branchenebene zu ziehen, so dass er z.B. alle Wirtschaftssubjekte in einem Land oder auch ausländische Nutznießer umfaßt.

Die folgenden drei Abschnitte geben die wichtigsten Arten von Modellen der Neuen Wachstumstheorie wieder. Dabei werden jeweils mehrere Kapitalarten, nämlich Wissenskapital, öffentliche Infrastruktur und Humankapital, mit ihrem Einfluss auf das langfristige Wachstum analysiert. Die für das Wachstum zentrale Erweiterung der positiven Wissens-Spillover auf den Bereich Forschung und Entwicklung folgt im anschliessenden Kapitel.

6.1 Wissens-Spillover aus privaten Investitionen

In der ersten Klasse von Theorien des endogenen Wachstums wird simultan Real- und Wissenskapital in die gesamtwirtschaftliche Produktionsrestriktion integriert. Betrachten wir zuerst die Produktionsfunktion der Unternehmung i, und führen wir in der neoklassischen Tradition den Term A für die totale Faktorproduktivität ein. Dann ist der Output Y der Firma i in Abhängigkeit der Inputs K und L:

$$Y_i(t) = A(t) \cdot F[K_i(t), L_i(t)] \qquad (6.1)$$

Wird die These des "Learning by Doing" auf die Investitionen in Realkapital angewendet, ist das Wissenskapital einer Branche beziehungsweise einer Volkswirtschaft im Zeitpunkt t von der Summe sämtlicher vergangener Nettoinvestitionen I der betrachteten Unternehmungen abhängig. Erhöhen die Investitionen das Wissenskapital proportional, ist das Wissen beziehungsweise die Erfahrung κ zum Zeitpunkt t:

$$\kappa(t) = \sum_{T=0}^{t} I(T) \tag{6.2}$$

Weiter muss die Intensität η festgelegt werden, mit welcher die Erfahrung die totale Faktorproduktivität beeinflusst. Eine allgemeine Formulierung ist:

$$A(t) = \kappa(t)^{\eta} \qquad\qquad \text{wobei } \eta < 1 \tag{6.3}$$

Die aggregierte Produktionsfunktion in der üblichen Cobb-Douglas-Form lautet jetzt:

$$Y(t) = K(t)^{\alpha} \cdot L(t)^{1-\alpha} \cdot \kappa(t)^{\eta} \tag{6.4}$$

In der Pro-Kopf-Schreibweise ergibt dies:

$$y(t) = k(t)^{\alpha} \cdot \kappa(t)^{\eta}$$

Für die weitere Analyse ist es zweckmäßig, den Wissensstand in Einheiten der Kapitalintensität k wiederzugeben. Bei der angenommenen proportionalen Beziehung ist das gesamte Wissen als Summe der vergangenen Investitionen genau gleich dem gesamten Kapitalstock, d.h.

$$\kappa(t) = K(t)$$

Dann ist die totale Faktorproduktivität in der Pro-Kopf-Schreibweise:

$$\kappa(t)^{\eta} = K(t)^{\eta} = k(t)^{\eta} \cdot L(t)^{\eta}$$

Dies ergibt für das Pro-Kopf-Einkommen:

$$y(t) = k(t)^{\alpha+\eta} \cdot L(t)^{\eta} \tag{6.5}$$

Die Existenz der Spillover führt dazu, dass sich der private Grenzertrag vom sozialen Grenzertrag des Kapitals unterscheidet. Es wird unterstellt, dass die einzelne Firma klein ist im Vergleich zum Gesamtmarkt und damit das gesamte Wissenskapital nicht spürbar zu beeinflussen vermag. Private berücksichtigen beim Investieren deshalb nur den Ertrag aus dem zusätzlichen privaten Kapitalstock. Der Ertrag, der aufgrund des höheren Wissenskapitals anfällt, wird bei der individuellen Optimierung vernachlässigt. Der private Grenzertrag des Kapitals GPK_P ist demnach:

$$GPK_P = \alpha \cdot k(t)^{-(1-\alpha-\eta)} \cdot L(t)^{\eta} \qquad (6.6)$$

Aus einer gesamtwirtschaftlichen Sicht kann dagegen die Wissensbildung nicht vernachlässigt werden. Im sozialen Grenzertrag des Kapitals GPK_S ist daher auch der durch die Investitionen hervorgerufene Anstieg des öffentlichen Wissens enthalten, womit der Ausdruck wie folgt gegeben ist:

$$GPK_S = (\alpha+\eta) \cdot k(t)^{-(1-\alpha-\eta)} \cdot L(t)^{\eta} \qquad (6.7)$$

Unter Marktbedingungen stellt sich bei vollständigem Wettbewerb die Identität von privatem Grenzprodukt und Zinssatz ein. Die Keynes-Ramsey-Regel (vgl. Abschnitt 4.3) liefert unter Annahme der logarithmischen Nutzenfunktion folgende Wachstumsrate:

$$g(t) = \alpha \cdot k(t)^{-(1-\alpha-\eta)} \cdot L(t)^{\eta} - \rho \qquad (6.8)$$

Danach lassen sich drei Fälle diskutieren:

- $\alpha+\eta<1$: Wie im neoklassischen Modell kommt der Wachstumsprozess zu einem Stillstand, da das Kapital insgesamt (Real- und Wissenskapital) einen abnehmenden Grenzertrag aufweist. Auch die Tatsache der zunehmenden Skalenerträge in der Produktionsfunktion ändert daran nichts.

- $\alpha+\eta = 1$: Der Grenzertrag des Kapitals ist genau konstant. Aus dem Modell resultiert die konstante Wachstumsrate:

$$g(t) = \alpha \cdot L(t)^{\eta} - \rho \qquad (6.9)$$

- $\alpha+\eta>1$: Der Grenzertrag des Kapitals steigt mit zunehmendem k koninuierlich an. Damit steigt auch die Wachstumsrate stetig, was sehr unrealistisch ist und deshalb nicht weiter betrachtet wird.

In Ausdruck (6.9) ist L eine Skalenvariable, welche die Wachstumsrate beeinflusst. Mit der Realität stimmt dieses Resultat allerdings nicht überein, denn bevölkerungsreiche Länder wachsen im Durchschnitt nicht schneller als andere. In einer verfeinerten Analyse muss als Skalenvariable, die mit der Arbeit verbunden ist, das Humankapital in den Mittelpunkt gestellt werden (vgl. Abschnitt 6.3).

Der Grenzertrag ohne Spillover und die beiden Fälle mit Spillovern sind in Abbildung (6.1) dargestellt. Nur wenn sich die beiden Parameter zu Eins ergänzen (d.h. $\alpha + \eta = 1$), sind der Grenzertrag des Kapitals und die langfristige Wachstumsrate konstant.

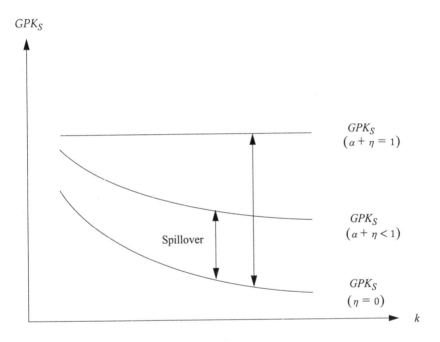

Abbildung 6.1: Der Grenzertrag des Kapitals

Das Auseinanderklaffen von privatem und sozialem Grenzertrag des Kapitals kann auch in einem anderen Diagramm wie in Abbildung 6.2 dargestellt werden, auf dessen Achsen das marginale Grenzprodukt des Kapitals und die Wachstumsrate abgebildet sind. Bei logarithmischer Nutzenfunktion ergibt die Keynes-Ramsey-Regel darin eine Gerade mit dem Achsenabschnitt der Diskontrate. Bei konstantem, endogenem Wachstum ist das Grenzprodukt des Kapitals konstant.

Aus Abbildung 6.2 ist für den Fall $\alpha + \eta = 1$ ersichtlich, dass das volkswirtschaftlich "optimale" Wachstum (g_s) beim Vorliegen von positiven Externalitäten größer ist als dasjenige, das unter Marktbedingungen erreicht wird (g_p). Diese Aussage muss später unter Umständen modifiziert werden, wenn auch negative Externalitäten der Investitionen (z.B. Umweltverschmutzung, vgl. Kapitel 10) und unterschiedliche Annahmen zur Wirkung der Spillover (vgl. Kapitel 7) mit berücksichtigt werden.

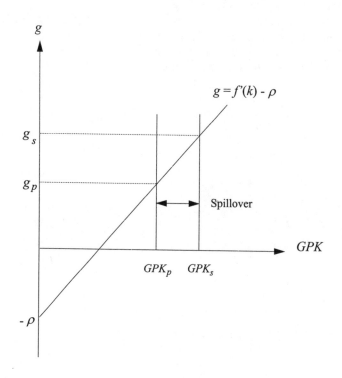

Abbildung 6.2: Marktwirtschaftliches Gleichgewicht und soziales Optimum

Im vorgestellten Modell konnte die Marktform der vollständigen Konkurrenz aus der Neoklassik übernommen werden. Dies ist deshalb möglich, weil die Wissensproduktion als reines "Nebenprodukt" von marktwirtschaftlichen Tätigkeiten anfällt.

Die nächsten beiden Abschnitte behandeln ähnliche Spillover-Mechanismen, bei denen die Annahme der vollständigen Konkurrenz beibehalten werden kann. Im Falle der Forschung und Entwicklung (Kapitel 7) wird dies allerdings nicht mehr möglich sein.

Box 6.1: Empirie zu Investitionen und Wachstum

Bereits im ersten Kapitel (vgl. Abbildung 1.3) wurde auf den Zusammenhang zwischen Investitionsquote und langfristigem Wachstum hingewiesen. Eine empirische Arbeit zu diesem Thema ist DELONG/SUMMERS (1991). Aufgrund der Wirtschaftsgeschichte wird in dieser Arbeit der Einfluss der Investitionen vorerst qualitativ beschrieben. Dann wenden sich die Autoren der quantitativen Analyse zu. Sie untersuchen den Einfluss von Ausrüstungsinvestitionen (i_e), Bauinvestitionen (i_s), Bevölkerungswachstum (g_L) und einer "Gap"-Variablen (y_{gap}) auf das Wachstum von verschiedenen Volkswirtschaften. Die Investitionen werden dabei als Investitionsquoten erfasst, d.h. in Relation zum gesamten Einkommen gesetzt. Die "Gap"-Variable misst den Einkommensabstand zwischen dem jeweiligen Land und den USA zu Beginn der Untersuchungsperiode. Für einen Querschnitt mit 25 hochentwickelten Ländern ergab sich für die prozentuale Wachstumsrate des Einkommens pro Arbeitskraft (g) im Zeitraum zwischen 1960 und 1985 folgendes Schätzergebnis:

$$g = 0.337 \, i_e - 0.015 \, i_s - 0.002 \, g_L + 0.030 \, y_{gap}$$
$$(0.054) \quad (0.033) \quad (0.146) \quad (0.009)$$

in Klammern Standardfehler, R^2 0.662

Die Resultate zeigen, dass die Ausrüstungsinvestitionen einen bedeutenden und signifikanten Einfluss auf das volkswirtschaftliche Wachstum ausüben. Ein zusätzlicher Prozentpunkt an Investitionsquote bei den Ausrüstungen bringt gemäß Schätzung einen Drittel Prozentpunkt zusätzliches Wachstum.

Dagegen ist bei dieser Studie der Einfluss der Bauinvestitionen auf die langfristige Wirtschaftsentwicklung nicht signifikant. Auch das Bevölkerungswachstum übt für dieses Sample keinen signifikanten Einfluss auf das Wachstum aus. Was hingegen für die Erklärung von g als wichtig erscheint, ist der länderspezifische Abstand zu den USA im Entwicklungsstand, was eine Art der Konvergenz zum Leader der Nachkriegszeit widerspiegelt.

Die Autoren haben dieselbe Schätzung auch für andere Zeitperioden und andere Länder vorgenommen. Immer bleibt dabei der bedeutende und signifikante Einfluss der Ausrüstungsinvestitionen auf das Wachstum erhalten. Allerdings sinkt die Erklärungskraft der Schätzgleichung in den weiteren Samples zum Teil beträchtlich.

Ein wichtiger Einwand gegen das Resultat besteht in der fraglichen Kausalität des Einflusses. Laut der Akzelerator-Theorie der Investitionen verläuft die Kausalität nämlich genau umgekehrt, von der Wachstumsrate zu den Investitionen. Wie in Abschnitt 6.1 aufgrund der Neuen Wachstumstheorie zum Ausdruck kommt, werden Wachstumsrate und Investitionsquote realistischerweise *simultan* bestimmt. Dies geschieht in Abhängigkeit von Parametern und Faktoren aus dem Produktionsbereich und den Nutzenfunktionen. In den Kapiteln 6, 7 und 8 werden weitere solche Faktoren in die Theorie eingeführt.

Im übrigen ist diese Untersuchung insofern nicht ganz befriedigend, als die Variablen etwas zufällig ausgewählt wirken und nicht einem geschlossenen Makromodell entnommen wurden. Deshalb ist auch nicht klar, inwiefern die Autoren das neoklassische Wachstumsmodell und inwieweit sie die Neue Wachstumstheorie empirisch testen wollen.

6.2 Produktive Wirkung staatlicher Vorleistungen

Die staatliche Grundlagenforschung hat zum Ziel, den allgemeinen Wissensstand aller (im Inland) interessierten Kreise anzuheben. Das zusätzlich geschaffene Wissen steht der Volkswirtschaft als nichtrivalisierender Input zur Verfügung. Andere staatliche Leistungen entsprechen jedoch oft nicht vollständig dem Charakter von öffentlichen Gütern. Meist besteht ganz oder teilweise Rivalität und/oder Ausschließbarkeit, in etlichen Fällen handelt es sich beim staatlichen Angebot auch um vollständig private Güter.

Alle Arten von staatlichen Leistungen mit produktivem Charakter sind für die langfristige Wirtschaftsentwicklung von Bedeutung. Entscheidend für den Beitrag zur langfristigen Wirtschaftsentwicklung ist in diesem Zusammenhang,

- welchen produktiven Wert die staatlichen Vorleistungen für die Privatwirtschaft haben.

- dass die staatliche Finanzierung über das Steuermonopol im Normalfall von einer wachsenden Wirtschaft profitieren kann.

a) Gleichgewichtiges Wachstum

Der Zusammenhang wird im folgenden einfachen Modell abgebildet (vgl. BARRO 1990). Die staatliche Finanzierung erfolge über eine proportionale Einkommenssteuer. Die staatlichen Leistungen stehen wiederum allen Individuen und Unternehmungen annahmegemäß unentgeltlich zur Verfügung. Der grundlegende Mechanismus für das endogene Wachstum besteht in den laufenden Erhöhungen des staatlichen Angebots, die durch die wachsenden Steuerleistungen ermöglicht werden.

Die privaten Investoren optimieren ihren privaten Grenzertrag. Sie berücksichtigen jedoch in ihrer Kalkulation nicht, dass erhöhte private Tätigkeiten über die Steuerleistungen mehr staatliche Vorleistungen in der Zukunft ermöglichen.

Notation:

- Q staatliche Vorleistungen
- τ proportionale Einkommenssteuer
- D konstanter Parameter für das Produktivitätsniveau

Die aggregierte Produktionsfunktion ist:

$$Y(t) = D \cdot F(K(t), Q(t)) \tag{6.10}$$

Arbeit ist vereinfachend als Humankapital in K enthalten (vgl. Abschnitt 6.3). Für die hier relevante längere Frist wird unterstellt, dass das Budget des Staates zu jedem Zeitpunkt ausgeglichen ist:

$$Q(t) = \tau \cdot D \cdot F(K(t), Q(t)) \qquad (6.11)$$

Wird die aggregierte Produktionsfunktion durch die Bevölkerungszahl dividiert, erhalten wir einen Ausdruck für den Output pro Kopf als:

$$y(t) = D \cdot f(k(t), q(t)) \qquad \text{1. Variante} \qquad (6.12)$$

Dabei wurde Q implizit als staatlich angebotenes privates Gut (im Gegensatz zum öffentlichen Gut) interpretiert, denn q repräsentiert die öffentliche Leistung pro Kopf. Kann die staatlich angebotene Leistung von allen gleichermaßen genutzt werden, ohne dass Rivalität besteht (Fall des öffentlichen Guts), schreibt sich die Pro-Kopf-Produktionsfunktion als:

$$y(t) = D \cdot f(k(t), Q(t)) \qquad \text{2. Variante} \qquad (6.13)$$

In verschiedenen Fällen ist die Produktivität der staatlichen Leistungen davon abhängig, wie stark diese beansprucht werden (Problem der Überfüllung). Als Maß für die Beanspruchung kann vereinfachend der Kapitalstock verwendet werden, d.h., je größer der private Kapitalstock (z.B. Anzahl Fabriken), umso größer ist die Beanspruchung der öffentlichen Vorleistungen (z.B. Straßen) und umso geringer ist die Produktivität dieser Leistungen (z.B. wegen Staus). Dann ist die Formulierung für die Produktionsfunktion:

$$y(t) = D \cdot f[k(t), Q(t)/K(t)] \qquad \text{3. Variante} \qquad (6.14)$$

Letztere zwei Modellvarianten sind im Vergleich zur ersten vor allem dann interessant, wenn Wohlfahrtswirkungen der Besteuerung untersucht werden. Während normalerweise Pauschalsteuern (Kopfsteuern, lump-sum taxes) wohlfahrtstheoretisch (nicht verteilungstheoretisch!) günstig beurteilt werden, kann eine der Wirtschaftsleistung proportionale Steuer im Falle von Überfüllung zweckmäßiger sein. Eine solche Besteuerung wirkt im Idealfall wie eine verursachergerechte Benutzungsgebühr (vgl. BARRO/SALA-I-MARTIN 1995).

In der Folge wird aus Gründen der Einfachheit mit der ersten Variante (Q als staatlich angebotenes privates Gut) argumentiert. Weiter ist es zweckmäßig, das Verhältnis von staatlichem zu privatem Kapital darzustellen. Aus (6.11) folgt:

$$\frac{q(t)}{k(t)} = \tau \cdot D \cdot f[q(t)/k(t), 1] \qquad (6.15)$$

Durch diese Bedingung, die Produktionsfunktion und die Keynes-Ramsey-Regel ist das Modell für die folgende Anwendung hinreichend beschrieben. Bequemer ist es, die Produktionsfunktion auf die Cobb-Douglas-Form zu fixieren. Ist Q eine staatliche Leistung mit dem Charakter eines privaten Guts, ergibt sich für den Pro-Kopf-Output pro Person:

$$y(t) = D \cdot (k(t))^{\alpha} \cdot (q(t))^{1-\alpha} \qquad (6.16)$$

und für das verfügbare Einkommen y_v pro Kopf:

$$y_v(t) = (1 - \tau) \cdot D \cdot (k(t))^{\alpha} \cdot (q(t))^{1-\alpha} \qquad (6.17)$$

Der privat verfügbare Grenzertrag des Kapitals ist in diesem Fall:

$$GPK_P = \frac{dy_v}{dk} = (1 - \tau) \cdot \alpha \cdot D\left(\frac{q(t)}{k(t)}\right)^{1-\alpha}$$

Einsetzen in die Keynes-Ramsey-Regel ergibt bei logarithmischer Nutzenfunktion die gleichgewichtige Wachstumsrate als:

$$g = (1 - \tau) \cdot \alpha \cdot D\left(\frac{q(t)}{k(t)}\right)^{1-\alpha} - \rho \qquad (6.18)$$

Dieser Ausdruck wird in Abbildung 6.3 durch die Kurve QQ wiedergegeben. Die Bedingung für das ausgeglichene Budget ist:

$$\text{Einnahmen} = \tau \cdot y(t) = q(t) = \text{Ausgaben}$$

Daraus folgt mit der Cobb-Douglas-Produktionsfunktion:

$$\tau = \frac{q(t)}{y(t)} = \frac{q(t)}{D(k(t))^{\alpha}(q(t))^{1-\alpha}} = \left(\frac{q(t)}{k(t)}\right)^{\alpha} \cdot D^{-1}$$

Das Verhältnis von öffentlichem zu privatem Kapital wird damit zu:

$$\left(\frac{q(t)}{k(t)}\right)^{*} = (\tau \cdot D)^{1/\alpha} \qquad (6.19)$$

Die Budgetrestriktion des Staates ist in Abbildung 6.3 als Gerade BB eingezeichnet.

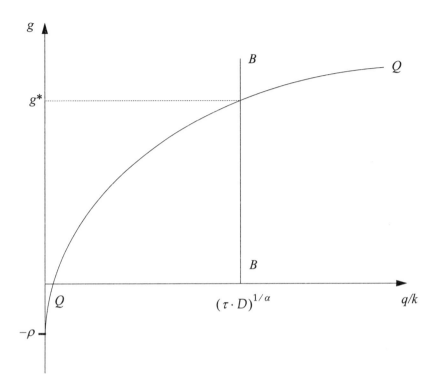

Abbildung 6.3: Wachstum bei staatlichen Vorleistungen

Durch Einsetzen von (6.19) in (6.18) ergibt sich die dem Schnittpunkt in der Grafik entsprechende Wachstumsrate algebraisch ausgedrückt als:

$$g^* = \alpha \cdot D^{1/\alpha} \cdot (1-\tau) \cdot \tau^{(1-\alpha)/\alpha} - \rho \qquad (6.20)$$

Dies ist die gleichgewichtige Wachstumsrate des vorgestellten Modells, die offensichtlich zweifach vom Steuersatz τ abhängt, einmal positiv und einmal negativ. Als nächstes kann daher die Höhe des Steuersatzes berechnet werden, die zu einem maximalen Wachstum des Einkommens führt. Dabei muss allerdings beachtet werden, dass dies bei negativen Externalitäten der wirtschaftlichen Tätigkeiten auf die Umwelt nicht gleichbedeutend ist mit einer maximalen Wohlfahrt (vgl. Kapitel 10).

b) Optimaler Steuersatz

Zuerst soll mit Hilfe der komparativen Dynamik (Vergleich zweier gleichgewichtiger Wachstumspfade) der Effekt einer Steuersatz-Erhöhung anhand Abbildung 6.4 erläutert werden:

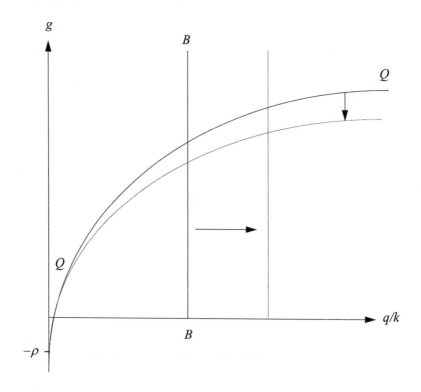

Abbildung 6.4: Effekt einer Steuersatz-Erhöhung

- Ein höherer Steuersatz senkt das verfügbare Einkommen und den privat verfügbaren Grenzertrag des Kapitals. Dies führt zu einer Drehung der QQ-Kurve nach unten (Einkommenseffekt).
- Ein höherer Steuersatz erhöht die Menge an produktiven staatlichen Vorleistungen, so dass sich die BB-Kurve nach rechts verschiebt (Ausgabeneffekt).

Ob die Wachstumsrate durch den höheren Steuersatz steigt oder sinkt, hängt von der relativen Stärke der beiden Effekte ab.

Zur algebraischen Herleitung der maximalen Wachstumsrate in Abhängigkeit vom Steuersatz kann die gleichgewichtige Wachstumsrate g^*, dargestellt in Gleichung (6.20), nach dem Steuersatz differenziert werden. Der anschließende Ausdruck ist für das Auffinden des Maximums gleich Null zu setzen. Diese Rechnung wird den Lesenden überlassen.

Hier werden statt dessen eine grafische Abbildung und eine vereinfachte Herleitung präsentiert.

In Abbildung 6.5 ist der Zusammenhang zwischen Wachstumsrate und Steuersatz grafisch dargestellt. Der abgebildete Graph entspricht der Gleichung (6.20) mit den Parameterwerten $\alpha = 0.7$, $D = 2$ und $\rho = 0.1$. Wie man sieht, wird in diesem Fall die maximale Wachstumsrate bei einem Wert $\tau = 0.3$ erreicht. Für sehr große und sehr kleine Steuersätze sind gemäß Abbildung sogar negative Wachstumsraten möglich.

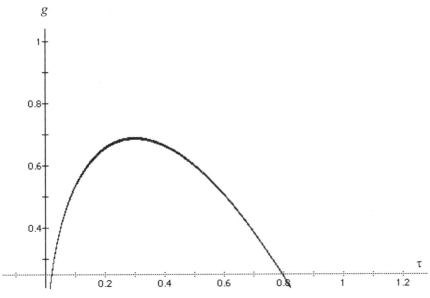

Abbildung 6.5: Steuersatz und Wachstum

c) Herleitung des optimalen Steuersatzes

Alternativ kann für die Herleitung des optimalen Steuersatzes überlegt werden, dass eine optimale Größe des staatlichen Sektors zu einem maximalen Wachstum führt. Mit den Steuereinnahmen kauft der Staat eine Menge an Gütern Y und stellt sie dem Privatsektor als Vorleistung Q wieder zur Verfügung.

Da wir uns in einem Einsektoren-Modell befinden, sind Q und Y von der Herstellung her dieselben Güter; d.h., die Herstellung einer Einheit Y kostet genau gleichviel wie die Herstellung einer Einheit Q. Deshalb wird für das Auffinden des Optimums das Angebot an Q so lange erweitert, bis der Grenzertrag von Q ($= dY/dQ = dy/dq$) genau Eins ist.

Dabei ist zu beachten, auf welche Weise Y von Q beziehungsweise y von q abhängt. Wenn k (kurzfristig) und D gegeben sind, gilt gemäß der Produktionsfunktion (6.16) zu jedem Zeitpunkt der in Abbildung 6.6 gezeigte Zusammenhang.

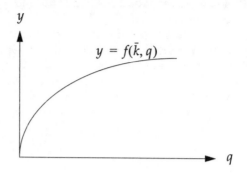

Abbildung 6.6: Output und staatliche Vorleistungen

Im Optimum ist der Grenzertrag von Q unabhängig vom gewählten Zeitpunkt und damit unabhängig von der Größe von K gleich Eins. Für die
algebraische Herleitung des optimalen Steuersatzes wird deshalb die
Produktionsfunktion (6.16) bei konstantem Kapitalstock logarithmiert
und total differenziert:

$$\frac{dy}{y} = (1 - \alpha)\frac{dq}{q} \qquad\qquad (6.21)$$

Im Optimum gilt für das Grenzprodukt unter Einsetzen von Ausdruck
(6.21):

$$\frac{dy}{dq} = 1 = (1 - \alpha)\frac{y}{q}$$

Der optimale Steuersatz τ^* ist demnach:

$$\tau^* = \frac{q}{y} = (1 - \alpha) \qquad\qquad (6.22)$$

Dieses Ergebnis entspricht der grafischen Darstellung in Abbildung 6.5,
denn 1- α ist im gewählten Beispiel genau gleich 0.3.

6.3 Humankapital

Aufgrund theoretischer Überlegungen und der empirischen Informationen besteht kaum ein Zweifel darüber, dass der Faktor Humankapital
positive Auswirkungen auf Einkommensniveau und Wirtschaftswachs-

tum hat. Aus Abbildung 6.7 ist der einfache Zusammenhang zwischen Bildung (gemessen am Bevölkerungsanteil mit Sekundarschulbildung) und Wachstum im internationalen Querschnitt dargestellt.

Die Abbildung verdeutlicht, dass der Zusammenhang im Durchschnitt positiv ist. Einige Länder sind jedoch recht weit vom durchschnittlichen Zusammenhang entfernt. Es ist allerdings darauf hinzuweisen, dass die in der Abbildung verwendete Erfassung des Humankapitals mit Hilfe von Schulraten ein höchst grobes Verfahren darstellt, das keine qualitative Komponente enthält.

Im folgenden einfachen Modell wird Humankapital in die aggregierte Produktionsfunktion eingefügt (vgl. LUCAS 1988). An die Stelle der Variablen für die "rohe" Arbeit L des neoklassischen Modells tritt in der Produktionsfunktion das akkumulierbare Humankapital H. Der Faktor L wird in diesem Abschnitt der Einfachheit halber weggelassen; dies ist damit begründbar, dass der produktive Beitrag von L allein vernachlässigbar ist oder dass H und L als perfekte Substitute angenommen werden. Im Fall der perfekten Substitute ist H die Skalenvariable, die L multipliziert und damit die Arbeitskraft vergrößert, d.h. produktiver macht. Ist das Humankapital zwischen den Generationen (in irgendeiner Form) übertragbar, besteht keine obere Schranke für die Akkumulation des Faktors H.

Wiederum erscheint es als didaktisch günstig, die intertemporale Optimierung für Bildungsinvestitionen in einem Zwei-Perioden-Modell darzustellen. Grundsätzlich ist davon auszugehen, dass Humankapital entweder für die laufende Produktion oder für die Weiterbildung verwendet wird. Entsprechend ist ein Zwei-Sektoren-Modell zu bilden, das auf möglichst einfache Art eine Güterproduktion und einen Bildungssektor abbildet.

Es wird angenommen, dass die zur Verfügung stehende Zeit der Individuen auf einen Anteil u für die Güterproduktion und einen Anteil $(1-u)$ für Bildungsprozesse aufgeteilt wird ($0 < u < 1$). Dabei besteht der Trade-off, dass ein kleineres u den zukünftigen Bestand an Humankapital vergrößert, dafür aber die laufenden Konsummöglichkeiten einschränkt. Die aggregierte Cobb-Douglas-Produktionsfunktion für den Gütersektor ist mit der Variablen u für den Anteil von H in der Produktion (ohne Zeitindizes):

$$Y = A \cdot K^{\alpha}(u \cdot H)^{1-\alpha} \qquad (6.23)$$

Der Term $u \cdot H$ kann als effektives Arbeitsangebot interpretiert werden, das eine qualitative (H) und eine quantitative Komponente (u) enthält. Für den zweiten Sektor, den Bildungsbereich, ist ebenfalls ein Zusammenhang zwischen In- und Outputs und damit eine "Produktionsfunktion" festzulegen. Input ist das laufende Humankapital, Output ist das in der Zukunft zusätzlich nutzbare Humankapital.

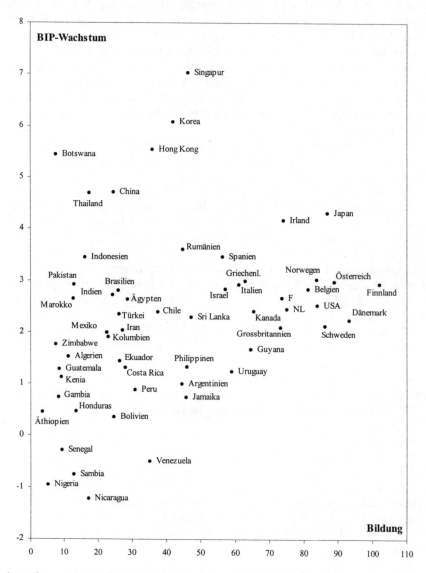

Anmerkung: *Durchschnittliches BIP-Wachstum 1960-2000: real, pro Jahr und pro Kopf, in %; Schulbildung: Bevölkerung in Sekundarschulausbildung - unabhängig vom Alter - in Relation zur Bevölkerung im Sekundarschulalter im Jahr 1970. Deutschland und die Schweiz sind wegen mangelnder Vergleichbarkeit nicht enthalten.*

Quelle: *Summers/Heston/Aten, Penn World Table 6.1 (BIP-Wachstum), World Development Indicators 2000 (Gross Secondary School Enrollment)*

Abbildung 6.7: Durchschnittliche Wachstumsraten 1960–2000 und Schulbildung

Wiederum wird für das Erreichen eines endogenen Wachstumspfads ein positiver Spillover unterstellt, diesmal im Bildungsbereich. Es wird postuliert, dass das Lernen umso leichter fällt, je größer die Menge an Humankapital im Bildungsbereich ist. Dabei werden sowohl das individuelle Humankapital der Lernenden als auch dasjenige der Instruktoren und Mitstudierenden berücksichtigt. Durch die Annahme der positiven Externalitäten kann entsprechend der Darstellung unter Abschnitt 6.1 für das Realkapital auch beim Humankapital ein konstanter Grenzertrag angenommen werden. Mit anderen Worten führt ein Input von H_1 in der ersten Periode zu einem konstanten intertemporalen Wachstum von H – unabhängig davon, wieviel Humankapital bereits akkumuliert wurde.

Die Veränderung des Humankapitals ist in der Zwei-Perioden-Darstellung durch folgenden funktionalen Zusammenhang gegeben ($t = 1,2$). μ ist die Produktivität im Bildungssektor und $(1\text{-}u)$ der Zeitanteil, den das Individuum in der ersten Periode für Ausbildung bereitstellt:

$$\Delta H = H_2 - H_1 = \mu \cdot (1 - u) \cdot H_1 \qquad (6.24)$$

Aus diesem Ausdruck ist (durch Division von H_1 auf beiden Seiten) ersichtlich, dass sich mit einem konstanten Zeiteinsatz $(1\text{-}u)$ in der Bildung eine konstante Wachstumsrate des Humankapitals in Höhe von μ erzielen lässt. Auf einem gleichgewichtigen Wachstumspfad befindet sich der Parameter u auf einem konstanten Niveau. Dieses Niveau wird durch die optimierenden Individuen bestimmt, die zukünftige Konsummöglichkeiten mit der Rate ρ diskontieren.

Im Optimum wird so viel an Ausbildung nachgefragt, bis die Kosten der Bildung (= entgangenes Lohneinkommen) dem diskontierten Ertrag des zusätzlichen Humankapitals entsprechen. Wichtig für die Optimierung ist deshalb die Frage, wie sich das Entgelt des Humankapitals und die Konsumgüter-Preise im Zeitablauf entwickeln. Die Preise für die Konsumgüter sind in diesem Modell wie im neoklassischen Wachstumsmodell als konstant angenommen, denn die Konsumgüter sind im Modell der Numéraire.

Dass die Entlohnung für das Humankapital ebenfalls konstant ist, zeigt die folgende Überlegung. Im Optimum fragen die Unternehmungen des Gütersektors so viel Humankapital nach, dass das Entgelt für eine Einheit Humankapital w_H dem Grenzprodukt $dy/d(uH)$ entspricht:

$$w_H = \frac{dy}{d(uH)} = (1 - \alpha)AK^{\alpha}(uH)^{(1-\alpha)-1} = (1 - \alpha)\frac{Y}{uH}$$

Die Lohnquote ist somit:

$$\frac{w_H \cdot u \cdot H}{Y} = (1 - \alpha) \qquad (6.25)$$

Auf dem gleichgewichtigen Wachstumspfad wachsen H und Y mit derselben Rate, u ist im langfristigen Gleichgewicht annahmegemäß konstant und α ein fixer Parameter. Daraus folgt, dass der Lohn pro Einheit
Humankapital w_H auf dem gleichgewichtigen Wachstumspfad konstant
ist. Der individuelle Wohlstand steigt dadurch, dass die Individuen im
Zeitablauf immer größere Mengen an Humankapital besitzen.

Mit konstanten Preisen und Löhnen auf dem gleichgewichtigen
Wachstumspfad ist der gesamte Nutzen aus dem Humankapital proportional zum Nutzen aus dem Konsum, d.h. für zwei Perioden und bei logarithmischer Nutzenfunktion für den Nutzen $\tilde{U}$ aus dem Humankapital
in den beiden Perioden:

$$\tilde{U} = log H_1 + \left(\frac{1}{1+\rho}\right) log H_2$$

Es resultiert wie bei der Herleitung der Keynes-Ramsey-Regel ein Ausdruck für die Indifferenzkurven, diesmal für den Nutzen aus dem
Humankapital in den zwei Perioden (vgl. Abschnitt 4.3):

$$\frac{dH_2 / dH_1}{H_2 / H_1} = -(1 + \rho) \qquad\qquad (6.26)$$

Die Indifferenzkurve ist in Abbildung 6.8 abgetragen. Die Restriktion für
die Nutzenmaximierung ist durch die Produktionsmöglichkeitenkurve
für Bildung gegeben. Die Haushalte können einen Teil ihrer Zeit für Bildung verwenden. Dies bringt einen Zuwachs an Humankapital ΔH, so
dass die gesamte Menge an Humankapital in der zweiten Periode
$H_2 = H_1 + \Delta H$ ist. Wird überhaupt kein Humankapital für Bildung verwendet, ist $H_2 = H_1$; wird alles verfügbare Humankapital für Bildung
verwendet, gilt: $H_2 = H_1 + \mu \cdot H_1 = (1 + \mu) \cdot H_1$.

In Abbildung 6.8 ist die Menge an Humankapital, die für Bildung eingesetzt wird, von Punkt $\bar{H}_1$ nach links eingezeichnet. Das in der zweiten
Periode zur Verfügung stehende H läßt sich dann über eine Gerade mit
der Steigung:

$$\frac{dH_2}{dH_1} = -(1 + \mu)$$

bestimmen. Das negative Vorzeichen resultiert nur daher, dass in der
Grafik der Einsatz des Humankapitals in der Bildung von rechts her
gemessen wird; der Parameter für den Ertrag in der Bildung ist $(1 + \mu)$
und nicht μ, weil das in der Bildung eingesetzte H in der zweiten Periode
wieder zur Verfügung steht.

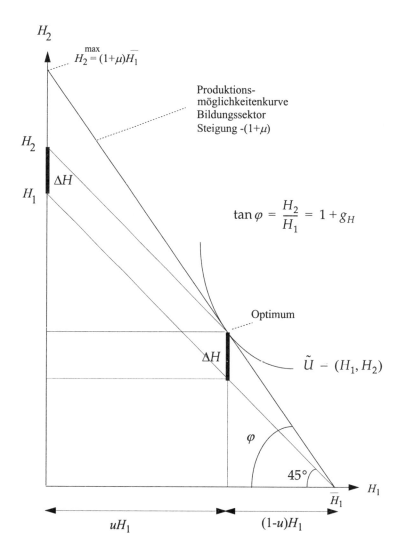

Abbildung 6.8: Optimale Nachfrage nach Bildung im 2-Perioden-Modell

Für die Berechnung des Optimums wird die Steigung der Produktions-möglichkeitenkurve im Ausdruck der Indifferenzkurve eingesetzt. Dies ergibt:

$$\frac{H_2}{H_1} = \frac{1+\mu}{1+\rho} \qquad (6.27)$$

Box 6.2: Humankapital-Ansatz mit unendlich vielen Perioden

Die gleichgewichtige Wachstumsrate im Modell unter Abschnitt 6.3 kann auch mit Hilfe einer Optimierung über unendlich viele, zeitdiskrete Perioden berechnet werden. Vorausgesetzt werden wieder eine logarithmische Nutzenfunktion $u = \log C$ und die Produktionsfunktion (6.23) des Haupttextes, wobei A gleich Eins gesetzt wird und die Zeitindizes als Subskripte geschrieben werden. Der zu maximierende Nutzen der Haushalte U zum Zeitpunkt t ist die diskontierte Summe der Nutzen jeder einzelnen Periode:

$$U = \sum_{t=1}^{\infty} (1+\rho)^{-t} \cdot \log C_t$$

Die Akkumulationsbeschränkungen für das physische Kapital K und das Humankapital H sind für jedes t:

$$Y_t = K_t^{\alpha} \cdot (u_t \cdot H_t)^{1-\alpha} = K_{t+1} - K_t + C_t$$

bzw.:

$$H_{t+1} - H_t = H_t \cdot \mu \cdot (1 - u_t)$$

Nun wird die Beschränkung für K nach C, die Beschränkung für H nach u aufgelöst. Aus den beiden neuen Ausdrücken ergibt sich (durch Einsetzen des zweiten Ausdrucks in den ersten):

$$C_t = K_t^{\alpha} \cdot \left(H_t - \frac{H_{t+1}}{\mu} + \frac{H_t}{\mu}\right)^{1-\alpha} - K_{t+1} + K_t$$

Dieser Ausdruck für den Konsum C wird in die Nutzenfunktion von oben eingesetzt. Die Bedingungen erster Ordnung werden ermittelt, indem diese erweiterte Nutzenfunktion zunächst für jedes t nach K_{t+1} und dann für jedes t nach H_{t+1} abgeleitet wird. Die resultierenden Ausdrücke sind dabei gleich Null zu setzen. Die Ableitung nach K_{t+1} ergibt nach einer einfachen Umformung die Keynes-Ramsey-Regel dieses Modells (vgl. Abschnitt 4.3). Die Ableitung von U nach H_{t+1} ist:

$$\frac{\partial U}{\partial H_{t+1}} = (1+\rho)^{-t} \cdot \frac{1}{C_t}(1-\alpha)(K_t)^{\alpha}(u_t H_t)^{-\alpha} \cdot \left(-\frac{1}{\mu}\right)$$

$$+ (1+\rho)^{-(t+1)} \cdot \frac{1}{C_{t+1}}(1-\alpha)(K_{t+1})^{\alpha}$$

$$(u_{t+1}H_{t+1})^{-\alpha}\left(1+\frac{1}{\mu}\right) = 0$$

Durch Umformen erhalten wir:

$$\left(\frac{K_{t+1}}{K_t}\right)^{\alpha} \cdot \frac{1+\mu}{1+\rho} = \frac{C_{t+1}}{C_t}\left(\frac{H_{t+1}}{H_t}\right)^{\alpha}\left(\frac{u_{t+1}}{u_t}\right)^{\alpha}$$

Auf dem gleichgewichtigen Wachstumspfad ist u konstant, und die Variablen K, C sowie H wachsen mit derselben, konstanten Rate g. Nach Einsetzen und Kürzen heißt das für diesen Ausdruck:

$$\frac{1+\mu}{1+\rho} = 1+g$$

Der Übergang zur zeitkontinuierlichen Darstellung ergibt genau die Wachstumsrate von Ausdruck (6.29) des Haupttextes.

Das dargestellte Verhältnis von Humankapital vergrößert sich im Optimum mit einer höheren Effizienz in der Ausbildung und nimmt mit einer zunehmenden Diskontrate ab. Aus Gleichung (6.24) ist bekannt, dass gilt:

$$\frac{H_2}{H_1} = 1 + \mu(1 - u)$$

Wird dieser Ausdruck in Gleichung (6.27) eingesetzt, lässt sich das optimale u^* berechnen:

$$u^* = \frac{(1 + \mu) \cdot \rho}{(1 + \rho) \cdot \mu} \tag{6.28}$$

Bei einer Diskontrate von Null ist $u^* = 0$, d.h., den Haushalten würde in der zweiten Periode $H_2^{max} = (1 + \mu) \cdot H_1$ zur Verfügung stehen. Durch eine positive Diskontrate und die logarithmische Nutzenfunktion ergibt sich jedoch ein anderes Optimum, wie in der Abbildung dargestellt.

Hier behält der Haushalt uH_1 für die Produktion in der ersten Periode, setzt also $(1-u)H_1$ als Bildungsinvestition ein. Dies erhöht das Humankapital um ΔH, so dass in der zweiten Periode $H_2 = H_1 + \Delta H$ vorhanden ist.

Auch für (6.27) kann der Übergang von der zeitdiskreten zur zeitkontinuierlichen Form vollzogen werden (vgl. Unterabschnitt 4.3 b). Dies ergibt für die gleichgewichtige Wachstumsrate:

$$g_H = \mu - \rho = g_Y = g \tag{6.29}$$

Diese Wachstumsrate ist bei logarithmischer Nutzenfunktion gleich der Differenz zwischen dem Produktivitätsparameter des Bildungswesens und der Diskontrate. Maßnahmen, die das Bildungswesen effizienter machen, erhöhen direkt das volkswirtschaftliche Wachstum. Der negative Einfluss der Diskontrate ist in diesem Modell mit Bildungsinvestitionen genau analog zu den Modellen mit anderen Arten von Investitionen.

Wie in Kapitel 4 kann bei Annahme der CES-Nutzenfunktion die Elastizität der intertemporalen Substitution eingeführt werden. Das volkswirtschaftliche Wachstum ist dann bestimmt durch:

$$g = \frac{1}{\gamma}(\mu - \rho) \tag{6.30}$$

wobei $1/\gamma$ wie in Kapitel 4 die Elastizität der intertemporalen Substitution ist. Im bekanntesten Aufsatz zum Humankapital im Rahmen der Neuen Wachstumstheorie (LUCAS 1988) wird eine zusätzliche Externalität des Humankapitals in der Y-Produktion verwendet, die für das Erreichen eines endogenen Wachstumspfads aber nicht unbedingt notwendig ist. Trotzdem kann diese zusätzliche Externalität für internationale Vergleiche nützlich sein, was im folgenden Abschnitt erläutert wird.

6.4 Aggregierte Produktionsfunktion und Kapitaltransfers

Gemäß dem neoklassischen Wachstumsmodell sind internationale Differenzen in der Kapitalintensität von Renditeunterschieden des Kapitals begleitet. Bei einem funktionierenden internationalen Kapitalmarkt müsste dies zu Kapitaltransfers von kapitalreichen zu kapitalarmen Ländern führen.

In der Realität werden aber relativ geringe internationale Kapitalströme beobachtet, obwohl die Kapitalausstattung der einzelnen Volkswirtschaften sehr unterschiedlich ist. Zur Erklärung können zwei Hypothesen aufgestellt werden:

• Investierende haben eine Präferenz für Investitionen im Inland.

• Die neoklassische Produktionsfunktion beschreibt die Wirklichkeit nicht adäquat.

Die erste Hypothese ist plausibel, wenn die Renditeunterschiede zwischen In- und Ausland nicht allzu groß sind (Risikoprämie auf Auslandinvestitionen). Punkt 2 ist im Hinblick auf die Neue Wachstumstheorie besonders interessant, weshalb diese Überlegung im folgenden weiter ausgeführt wird. Ausgehend von der neoklassischen Produktionsfunktion und anhand des realen Beispiels der beiden Länder USA und Indien (vgl. LUCAS 1990) wird in der Folge eine zweckmäßige Form der aggregierten Produktionsfunktion gesucht, welche die Elemente der Abschnitte 6.1–3 wieder aufnimmt.

Die neoklassische Produktionsfunktion ist in der Cobb-Douglas-Form und der Pro-Kopf-Schreibweise gegeben durch:

$$y = A \cdot k^{\alpha} \qquad\qquad \alpha < 1 \qquad\qquad (6.31)$$

Der Grenzertrag des Kapitals ist bei vollständiger Konkurrenz gleich dem Zinssatz, und damit gilt:

$$r = A \cdot \alpha \cdot k^{\alpha - 1} \qquad\qquad (6.32)$$

Da die Kapitalintensität in der Realität nur schwer zu messen ist, wird sie über die Produktionsfunktion durch das (messbare) Pro-Kopf-Einkommen ersetzt. Auflösen der Gleichung (6.31) nach k und Einsetzen in (6.32) ergibt:

$$r = \alpha \cdot A^{1/\alpha} \cdot y^{\frac{\alpha - 1}{\alpha}} \qquad\qquad (6.33)$$

Das Renditenverhältnis zwischen den zwei Ländern Indien (I) und USA (U) wäre gemäß dieser Produktionsfunktion (Annahmen: $\alpha_I = \alpha_U$ und $A_I = A_U$):

Box 6.3: Empirische Querschnittsergebnisse zum Wachstum

Im Anschluss an die theoretisch erörterten Ansätze dieses Kapitels ist es aufschlussreich, den empirisch ermittelten Einfluss weiterer Faktoren auf das langfristige Wachstum darzustellen. Eine Studie mit zahlreichen Schätzergebnissen zu einem breiten internationalen Querschnitt von Ländern ist BARRO/LEE (1993). Als potentiell wachstumsrelevant wurden folgende Variablen eingesetzt: das Bruttoinlandsprodukt pro Kopf zu Beginn der Periode (y_s), das Ausbildungsniveau der Männer (h_m), das Ausbildungsniveau der Frauen (h_w), die durchschnittliche Lebenserwartung (l), die Investitionsquote (i), der Anteil des Staatskonsums am gesamten Einkommen (c_q), die Abweichung des offiziellen Wechselkurses der Währung vom Schwarzmarktkurs (p) und die Anzahl der Revolutionen (r). In der Untersuchung wurden gepoolte Daten aus zwei Zeitabschnitten verwendet: für die Periode 1965–1975 fanden 85 Länder, für die Zeitdauer 1975–1985 insgesamt 95 Länder Berücksichtigung. Für die prozentuale Wachstumsrate des realen Bruttoinlandsprodukt pro Kopf (g) ergab sich folgendes Schätzergebnis:

$$g = -0.026 \log (y_s) + 0.013\, h_m - 0.008\, h_w + 0.073 \log (l) + 0.120\, i$$
$$(0.003)(0.004) \qquad (0.005) \qquad (0.013) \qquad (0.020)$$

$$-\, 0.170\, (c_q) - 0.028 \log (1 + p) - 0.017\, r$$
$$(0.026)(0.005) \qquad (0.008)$$

SUR-Schätzmethode, in Klammern Standardfehler, R^2 0.58

Auch in dieser Spezifikation ergibt sich über den signifikanten Einfluss von y_s eine bedingte Konvergenz (vgl. Box 3.2), deren Ursprung in der Studie nicht genauer festgelegt wird. Das über die Sekundarschulrate gemessene Bildungsniveau der Männer hat den erwartet positiven Einfluss auf das Wachstum, während derselbe Indikator bei den Frauen (auf einem allerdings nicht ganz signifikanten Niveau) das "falsche" Vorzeichen aufweist. Dies kann die Folge der schlechten Erfassung des Humankapitals durch den gewählten Schulindikator oder Folge der hohen Korrelation zwischen den beiden Schulraten (Multikollinearität) sein. Der für die Anreize zur Humankapitalbildung wichtige Parameter der Lebenserwartung weist – genauso wie die Investitionsquote – das richtige Vorzeichen auf. Für den staatlichen Sektor wurde – im Gegensatz zu Abschnitt 6.2 – nicht der potentiell wachstumsfördernde investive Teil der Staatsausgaben eingesetzt, sondern der konsumptive Teil. Der negative Einfluss der Variablen c_q zeigt nach Einschätzung der Studie die wachstumshemmende Wirkung eines übergroßen Staatsapparats. Allerdings ist zu vermerken, dass auch in der privaten Wirtschaft eine Ausdehnung des Konsums zulasten der Investitionen das Wachstum hemmt; das Phänomen ist deshalb nicht staatsspezifisch. Die Variable p zeigt als Indikator für die Marktverzerrungen in einer Wirtschaft, die etwas "wackelige" Variable r als Indikator für die politische Stabilität den erwartet negativen Einfluss auf die Wachstumsrate. Diese und die weiteren Schätzungen der Studie entsprechen nicht in allen Punkten den Erwartungen aus der Wachstumstheorie. Die erschwerte Vergleichbarkeit der internationalen Daten, der teilweise festzustellende Mangel an Robustheit der Ergebnisse und die nicht vollständig theoretisch fundierte Auswahl der Parameter sind die Schwachpunkte der Untersuchung. Es wird deshalb weiterer empirischer Arbeit bedürfen, um die Wachstumstheorie in Zukunft noch zweckmäßiger statistisch zu untermauern.

$$\frac{r_I}{r_U} = \left(\frac{y_I}{y_U}\right)^{\frac{\alpha-1}{\alpha}} \tag{6.34}$$

Das Verhältnis der Pro-Kopf-Einkommen beider Länder entspricht gemäß Statistik etwa dem Faktor 1 : 15. Mit einem Kapitalanteil α von 0.4 für beide Länder ergibt diese Produktionsfunktion, dass das Renditenverhältnis zwischen den beiden Ländern den Faktor 58 ausmacht! Auch bei starker Präferenz für inländische Investitionen würden wohl in einem solchen Fall nur wenige Amerikaner im Inland investieren.

Als nächstes soll deshalb der Faktor Humankapital berücksichtigt werden. In derselben Pro-Kopf-Schreibweise lautet die aggregierte Produktionsfunktion mit Humankapital:

$$y = A \cdot k^{\alpha} \cdot h^{1-\alpha} \tag{6.35}$$

Eine höhere Ausstattung mit Humankapital erhöht damit die Kapitalrendite. Die Renditedifferenz ist jetzt:

$$\frac{r_I}{r_U} = \left(\frac{y_I}{y_U} \cdot \frac{h_U}{h_I}\right)^{\frac{\alpha-1}{\alpha}} \tag{6.36}$$

Aufgrund von empirischen Untersuchungen wird geschätzt, dass die durchschnittliche Humankapitalausstattung pro Kopf in den USA rund fünfmal höher ist als in Indien. Damit wäre der Ertrag des Kapitals in Indien nur noch rund fünfmal größer als in den USA. Dies erscheint aber immer noch als unrealistisch hoch.

Eine nächste Überlegung führt zum Parameter A, der verschiedene ökonomische Faktoren abbilden kann. Zum einen umfasst er öffentliche Vorleistungen wie Rechtssicherheit und Infrastruktur. Zum andern bildet er technisches, organisatorisches und institutionelles Wissen ab, das länderspezifisch ist. Ohne empirische Befunde zu zitieren, scheint es einleuchtend, dass die Renditedifferenz durch diese Faktoren wesentlich verringert werden kann.

Im erwähnten Artikel von LUCAS (1990) wird unabhängig von A noch eine weitere Variante evaluiert, nämlich positive Spillover des Humankapitals im Bereich der Güterproduktion (zusätzlich zu den Spillovern im Bildungsbereich). Die ökonomische Hypothese lautet, dass Arbeitskräfte umso produktiver sind, je besser ihre Geschäftspartnerinnen und Mitarbeiter im Durchschnitt ausgebildet sind. Eine entsprechende aggregierte Produktionsfunktion lautet:

$$y = A \cdot k^{\alpha} \cdot h^{1-\alpha} \cdot h^{\xi} \tag{6.37}$$

wobei der letzte Faktor die positiven Spillover auffängt. Aufgrund von Vergleichen mit empirischen Arbeiten kommt LUCAS zum Schluss, dass die Externalitäten des Humankapitals ebenfalls erklären können, weshalb die Renditen des Kapitals in Indien und den USA in Tat und Wahrheit nicht allzu stark voneinander abweichen.

Die Externalitäten des Humankapitals führen ebenso wie Unterschiede in A dazu, dass die Löhne in den USA viel höher sind als in Indien, so dass punkto Faktormobilität vor allem die Arbeit einen ökonomischen Anreiz hat, den geografischen Ort zu wechseln.

Literatur zum 6. Kapitel

* ARROW, K.J.: The Economic Implications of Learning by Doing, in: The Review of Economic Studies, 1962, S. 155–173

* BARRO, R.J.: Government Spending in a Simple Model of Endogenous Growth, in: Journal of Political Economy, 1990, S. S103–S125

* BARRO, R.J., LEE, J.: Losers and Winners in Economic Growth, NBER Working Paper no. 4341, 1993

* BARRO, R.J., SALA-I-MARTIN, X.: Economic Growth, McGraw Hill, New York, 1995

* DeLONG, J.B., SUMMERS, L.H.: Equipment Investment and Economic Growth, in: The Quarterly Journal of Economics, 1991, S. 445–502

* LUCAS, R.E.: On the Mechanics of Economic Development, in: Journal of Monetary Economics, 1988, S. 3–42

* LUCAS, R.E.: Why doesn't Capital Flow from Rich to Poor Countries, in: American Economic Review, Papers and Proceedings, 1990, S. 92–96

7. Forschung und Entwicklung

7.1 Merkmale der Forschung

Für die Aktivitäten, die unter den Begriff "Forschung und Entwicklung" fallen, werden in entwickelten Marktwirtschaften heute rund 2–3 Prozent des Bruttoinlandsprodukts aufgewendet. Diese Aktivitäten führen zum sogenannten "technischen Fortschritt", der im Wachstumsprozess eine wichtige Rolle spielt. Folgende Formen des technischen Fortschritts können unterschieden werden:

• Produktinnovationen
  - neue Produkte
  - qualitativ bessere Produkte
• Prozessinnovationen
  - neue Produktionsverfahren

Neue Produkte im Konsumbereich führen zu einer größeren Produktvielfalt. Dabei ist es realistisch anzunehmen, dass eine natürliche Präferenz der Haushalte für die Vielfalt (englisch "taste for variety") besteht. Der Nutzen der Konsumierenden steigt also mit zunehmenden Innovationen dadurch, dass aus einem immer breiteren Angebot ausgewählt werden kann. Dieses Angebot setzt sich aus älteren und neueren Produkten zusammen. Verbessert sich durch Innovationen die Produktqualität von bestehenden Gütern, ist es dagegen wahrscheinlich, dass ältere Produkte weniger oder gar nicht mehr nachgefragt werden und aus dem Angebot verschwinden.

Im Produktionsbereich bedeuten Produktinnovationen eine Erhöhung der Anzahl an Zwischenprodukten, die für die Herstellung eines Konsumgutes benötigt werden. Je größer die Anzahl der an der Herstellung eines Produkts beteiligten Unternehmungen ist, umso arbeitsteiliger funktioniert die Wirtschaft. Die zunehmende Arbeitsteilung ("division of labour") gilt mindestens seit Adam Smith als wesentliche Triebkraft der langfristigen Wirtschaftsentwicklung. Innovationen führen dabei zu einer größeren Spezialisierung der einzelnen Unternehmungen auf spezifische Tätigkeiten. Prozessinnovationen verändern dagegen die Produktionsfunktion der Unternehmungen und ändern die Faktorproduktivitäten, meist auch die Faktoreinsatzverhältnisse.

Die Prognostizierbarkeit des Forschungsertrags ist eine wichtige Determinante für den rationalen Entscheid über den Mitteleinsatz in der Forschung. Die Möglichkeiten zur Prognose sind abhängig von der Entscheidungssituation, in der sich die Investierenden befinden. Bezüglich Menge und Qualität der für Entscheidungen verfügbaren Informationen sind folgende Situationen denkbar:

- starke Unsicherheit

- Unsicherheit

- Risikosituation

- Sicherheit

Bei starker Unsicherheit über den Ertrag der Forschungsinvestitionen sind weder die möglichen Ergebnisse der Forschung noch deren Wahrscheinlichkeiten bekannt. In diesem Fall werden die Unternehmungen am ehesten einen aus der Tradition gegebenen Prozentbetrag des Umsatzes für die Forschung ausgeben. Im Falle der Unsicherheit sind, im Gegensatz zur starken Unsicherheit, die möglichen Ergebnisse der Forschung, nicht aber deren Wahrscheinlichkeiten bekannt.

Eine Optimierung des Mitteleinsatzes in der Forschung gegenüber anderen Wirtschaftssektoren wird aber erst dann möglich, wenn auch die Wahrscheinlichkeiten der möglichen Resultate bekannt werden, was der Situation des Risikos entspricht. Dieser Fall ist für die Modellierung in der neoklassischen Tradition der angenehmste. Die vollständige Sicherheit ist dagegen ein Attribut, das dem eigentlichen Charakter der Forschung widerspricht.

In allen Bereichen der Forschung können zwei grundsätzliche Arten von Innovationen unterschieden werden:

- kontinuierliche Innovationen, die einen stetigen Fortschritt im Wissen produzieren

- radikale Innovationen, die markante Sprünge in der Wissenszunahme ermöglichen

In der folgenden Modellierung werden nur die kontinuierlichen Innovationen berücksichtigt.

7.2 Innovationen unter monopolistischer Konkurrenz

Die theoretische Betrachtung von Produktinnovationen bedingt, dass die im Modell erfassten Güter voneinander unterscheidbar sind. Deshalb findet in diesem Kapitel für einen Teil der betrachteten Wirtschaft der Übergang von der Annahme homogener Güter des neoklassischen Wachstumsmodells zur Annahme differenzierter Güter statt.

Differenzierte Güter werden in den Modellen der Neuen Wachstumstheorie verwendet als:

- Konsumgüter (im folgenden Text nicht weiter betrachtet)

- Zwischenprodukte für die Konsumgüter-Herstellung (Abschnitt 7.3)

- Kapitalleistungen für die Kapitalgüter-Herstellung (Abschnitt 7.4)

Differenzierte Güter sind per Annahme heterogen und deshalb untereinander nicht perfekt substituierbar. Dies verschafft den einzelnen Firmen, die differenzierte Güter herstellen, eine beschränkte Marktmacht. Jede

Unternehmung sieht sich einer fallenden Nachfrage nach ihrem Produkt gegenüber. In diesem Fall kann die Firma den Preis höher setzen als die Grenzkosten, ohne dass sie die gesamte Nachfrage verliert, wie dies bei vollständiger Konkurrenz der Fall wäre. Bleibt nach Deckung der Fixkosten für die Firma noch ein Extragewinn übrig, so lohnt es sich für andere Firmen, in diesen Markt einzutreten.

Der Marktneueintritt anderer Firmen verkleinert die Marktanteile der schon etablierten Unternehmungen, oder anders ausgedrückt, die Nachfrage nach den Produkten einer einzelnen Firma sinkt. Entsprechend sinkt auch ihr Gewinn, bis im Gleichgewicht kein Nettogewinn (Gewinn – Fixkosten) mehr erzielt wird und der Markteintritt für potentielle Neuanbieter unattraktiv wird. Diese Marktform stützt sich auf einen Beitrag von CHAMBERLIN (1933) und wird allgemein monopolistische Konkurrenz genannt.

In Abbildung 7.1 wird die Entstehung einer monopolistischen Konkurrenzsituation im Zeitpunkt 2 über Markteintritte aus einer Situation mit positivem Nettogewinn im Zeitpunkt 1 gezeigt. Für die einzelne Unternehmung verschiebt sich dabei die Nachfragekurve, die in der grafischen Darstellung vereinfachend als linear angenommen wurde, nach links.

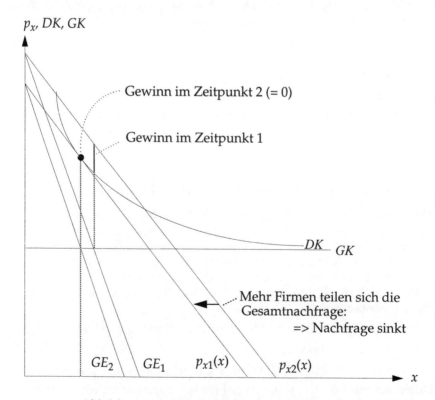

Abbildung 7.1: Monopolistische Konkurrenz

Notation:

- p_{x_1} inverse Nachfrage für eine Unternehmung vor dem Neueintritt anderer Konkurrenten
- p_{x_2} inverse Nachfrage einer Unternehmung im Gleichgewichtszustand (kein Gewinn)
- DK Durchschnittskosten
- GK Grenzkosten
- GE Grenzertrag

Als Resultat ergibt sich im Gleichgewicht der monopolistischen Konkurrenz, dass der Gewinn des einzelnen Anbieters exakt zur Deckung der Fixkosten reicht, d.h. $DK = p_x$ bei $GK = GE$ (aber $p_x \neq GK$).

Es ist zu beachten, dass dieses Resultat auf folgenden Modellannahmen beruht:

- Jeder Anbieter verfügt über einen (beschränkten) Monopolbereich.
- Die Produktionskosten bestehen aus Fixkosten und konstanten Grenzkosten.

Die Existenz von Fixkosten in der monopolistischen Konkurrenz lässt sich mit einer mikroökonomischen Fundierung versehen, die in einer dynamischen Umwelt plausibel und für die Modellierung in der Wachstumstheorie zweckmäßig ist. Nach ROMER (1990) bestehen die Fixkosten für die Unternehmungen darin, dass sie – vor Aufnahme der Herstellung eines differenzierten Gutes – das Know-how für die Produktion zu erwerben haben. Die weitere Argumentation geht entsprechend von folgenden Annahmen aus:

- Die Fixkosten bestehen aus dem Know-how zur Produktion.
- Das Know-how wird durch einen Forschungssektor bereitgestellt, der andere Produktionsbedingungen hat als der Rest der Wirtschaft.
- Das Know-how ist in einem sogenannten Produkt-Design enthalten.

Die Marktgröße beziehungsweise die Nachfrage nach allen differenzierten Gütern insgesamt hat in der monopolistischen Konkurrenz eine zentrale Bedeutung: Je größer die gesamte Güternachfrage ist, umso größer wird die Zahl der profitabel operierenden Anbieter von differenzierten Gütern. Damit führt ein wachsender Gesamtmarkt zu einem steigenden Nutzen (aufgrund des "taste for variety") und/oder zu einer erhöhten Arbeitsteilung und damit zu einer höheren Produktivität in der Herstellung von Konsumgütern.

7.3 Ein Zwei-Sektoren-Makromodell mit endogenem Wachstum

Das folgende Modell ist die einfachste Variante eines Wachstumsmodells mit differenzierten Gütern. Es folgt der Grundidee von ROMER (1990) und vereinfacht die Produktionsstruktur des Modells von GROSSMAN/ HELPMAN (1991, Kapitel 3), wobei allerdings die differenzierten Güter hier Zwischenprodukte und nicht wie bei den letztgenannten Autoren Konsumgüter darstellen.

In diesem Modell äußern sich Produktinnovationen in neuen Zwischenprodukten. Diese werden für die Herstellung eines Konsumguts verwendet, das von den Haushalten nachgefragt wird. Als primärer Produktionsfaktor steht Arbeit zur Verfügung. Für die Erhaltung eines konstanten Grenzertrags in der Forschung werden positive Spillover von der Forschungstätigkeit zum Stand des öffentlichen Wissens unterstellt.

Abbildung 7.2 stellt dar, wie die Volkswirtschaft im Modell in zwei Sektoren unterteilt wird: Der erste Sektor ist der Forschungssektor, der zweite umfasst alle übrigen Aktivitäten.

In Sektor 1 werden neue Designs entwickelt, die den Sektor 2 zur Herstellung neuartiger Zwischenprodukte befähigen. Die Forschungstätigkeit bewirkt aber nicht nur direkt die Entwicklung neuer Designs, sondern vergrößert indirekt auch das öffentliche Wissen, das für die Forschungstätigkeit als kostenloser Input zur Verfügung steht. Mit anderen Worten ergibt die Forschung einen internen Ertrag, der im Design enthalten ist, sowie einen externen Ertrag, der dem gesamten Forschungssektor zugute kommt (vgl. dazu auch Unterabschnitt 5.3 a).

In Sektor 2 werden unter Einsatz von Arbeitskräften und der Verwendung der Designs aus Sektor 1 differenzierte Güter hergestellt, die als Zwischenprodukte eingesetzt werden. Im Unterschied zum folgenden Abschnitt 7.4 wird unterstellt, dass die Zwischenprodukte ohne weiteren Input-Einsatz zu einem Konsumgut zusammengebaut werden können. So lassen sich die Bereiche Zwischenproduktherstellung und -zusammenbau zu einem einzigen Sektor zusammenfassen.

Für die Modellierung des Sektors 2 sind die Annahmen zur Produktions- und Nachfragestruktur in der monopolistischen Konkurrenz entscheidend. Es ist im Modell konkret festzulegen, wie die differenzierten Zwischenprodukte zur Herstellung von Konsumgütern verwendet werden. In der jüngeren Literatur hat sich die Verwendung der "CES"-Funktion (CES = Constant Elasticity of Substitution) weitgehend verbreitet und bietet sich auch in diesem Wachstumsmodell als guter Ausgangspunkt an.

Der Unterschied in der Produktion der Konsumgüter in diesem Modell im Vergleich zur Neoklassik wird hier in einer leicht veränderten Notation zum Ausdruck gebracht. Weil die Konsumgüter jetzt aus vielfältigen Komponenten zusammengesetzt werden, bezeichnet man sie hier als "High-Tech"-Konsumgüter.

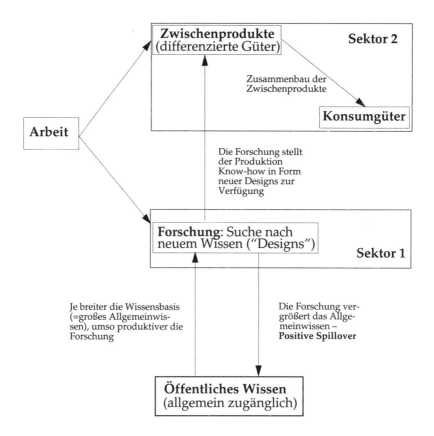

Abbildung 7.2: Zwei-Sektoren-Modell mit Forschung und Entwicklung

Notation:

- $x_1...x_n$ n verschiedene Zwischenprodukte
- p_x Preis eines Zwischenprodukts
- Y^H High-Tech-Konsumgüter (Superskript H für High-Tech)
- β fixer Parameter der *CES*-Funktion

In Abbildung 7.3 ist der Zusammenbau eines High-Tech-Guts für den Fall von zwei Zwischenprodukten grafisch gezeigt. Wie üblich in der Produktionstheorie ergibt sich eine Isoquante, wobei hier die Zwischenprodukte die Inputs, das High-Tech-Konsumgut den Output darstellt. Die analytische Darstellung entspricht der einfachen *CES*-Funktion.

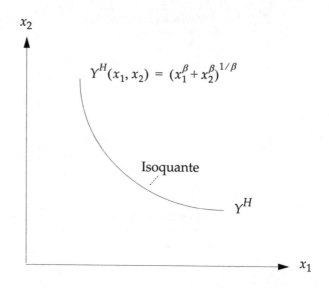

Abbildung 7.3: Isoquante einer CES-Funktion

Werden n Zwischenprodukte zur Herstellung der Konsumgütermenge Y^H verwendet, sieht die CES-Funktion entsprechend wie folgt aus:

$$Y^H = \left[\sum_{J=1}^{n} (x_J)^{\beta} \right]^{1/\beta} \qquad (7.1)$$

Zur Vereinfachung der Analyse wird nun angenommen, dass alle Zwischenprodukte in der Produktion dieselbe Kostenstruktur aufweisen. Da die einzelnen Zwischenprodukte symmetrisch in die Funktion (7.1) eingehen, sind dann die produzierten Mengen für alle Zwischenprodukte gleich groß, d.h. $x_1 = x_2 = ... = x_n = x$.

Unter dieser Annahme, in der Literatur "symmetrisches Gleichgewicht" genannt, lässt sich Gleichung (7.1) vereinfachen zu:

$$Y^H = [n \cdot x^{\beta}]^{1/\beta} = x \cdot n^{1/\beta} \qquad (7.2)$$

Die Verwendung der gezeigten CES-Produktionsfunktion hat verschiedene Konsequenzen:

- Alle Zwischenprodukte sind untereinander paarweise gleich gut substituierbar. Ebenso ist die Substituierbarkeit, ausgedrückt durch die Substitutionselastizität, unabhängig vom Produktionsniveau.

- Die Substitutionselastizität zwischen zwei beliebigen Zwischenprodukten ε ist gemäß CES-Form (vgl. dazu Box 7.1):

$$\varepsilon = \frac{1}{1 - \beta}$$

- Die Substitutionselastizität entspricht der Preiselastizität der Nachfrage für den einzelnen Anbieter, wenn alle anderen Preise und die gesamten Konsumausgaben konstant sind (vgl. dazu Box 7.2). Die Verwendung dieser Preiselastizität ist dann realistisch, wenn die einzelne Unternehmung klein ist im Vergleich mit dem Gesamtmarkt ("large group-case" von CHAMBERLIN). In diesem Fall hat eine einzelne Unternehmung keinen Einfluss auf die übrigen Marktteilnehmer. Dies wird im folgenden unterstellt.

- Bei konstanter Preiselastizität der Nachfrage nach einem differenzierten Gut berechnet sich der optimale Preis eines Zwischenprodukts gemäß mikroökonomischer Theorie durch einen konstanten Mark-up auf die Grenzkosten. Dadurch kann der Gewinn pro Zwischenprodukt-Unternehmung kalkuliert werden. Aus der Gewinnmaximierung ergibt sich (Amoroso-Robinson-Bedingung):

$$GK = p_x \cdot \left(1 - \frac{1}{|\varepsilon|}\right) = p_x \cdot (1 - (1 - \beta)) = \beta \cdot p_x \qquad (7.3)$$

- Der Mark-up-Faktor der Unternehmungen für den Aufschlag auf die Grenzkosten ist damit im gewählten Modellansatz $1/\beta$. Damit dieser Mark-up größer als Eins wird und ein positiver Gewinn entsteht, muß $0 < \beta < 1$ gelten. Damit ist gleichzeitig angenommen, dass $\varepsilon > 1$ gelten muß.

Mit der Herleitung des optimalen Mark-up-Faktors in diesem Modell lässt sich der Gewinn pro Zwischenprodukt-Unternehmung analytisch festlegen. Über diesen Gewinn werden die Anreize für Investitionen in die Entwicklung von neuen Designs gesetzt. Der Gewinn pro Zwischenprodukt-Unternehmung π_j berechnet sich aus der Differenz zwischen dem Durchschnittsertrag und den Grenzkosten, multipliziert mit der Menge der abgesetzten Zwischenprodukte:

$$\pi_j = (p_x - GK) \cdot x = (1 - \beta) \cdot p_x \cdot x$$

Der gesamte Ressourcen-Einsatz X zur Produktion der Konsumgüter, d.h. der totale Einsatz an Zwischenprodukten ist gleich der Anzahl verschiedener Designs n, multipliziert mit der pro Unternehmung eingesetzten Zwischenproduktmenge x, d.h. $X = n \cdot x$. Der aggregierte Gewinn π ergibt sich aus der Summe der Firmengewinne der n symmetrischen Zwischenprodukt-Unternehmungen als:

Box 7.1: Substitutionselastizität im F+E-Modell

Dass die Substitutionselastizität in der gewählten *CES*-Form tatsächlich gleich ε ist, lässt sich wie folgt nachprüfen. Wenn wir ein beliebiges x-Gut mit dem Index j bezeichnen, kann die Produktionsfunktion (7.1) in der Form:

$$(Y^H)^\beta = x_j^\beta + \dots$$

geschrieben werden. Die Ableitung nach der Menge des j-ten x-Gutes führt dann zu:

$$\beta(Y^H)^{\beta-1} \cdot \frac{\partial Y^H}{\partial x_j} = \beta x_j^{\beta-1}$$

Nun wird dasselbe Vorgehen zusätzlich für Gut i durchgeführt. Anschließend bilden wir das Verhältnis zwischen dem Ausdruck für das i-te und demjenigen für das j-te Gut gemäß:

$$\frac{\partial Y^H / \partial x_i}{\partial Y^H / \partial x_j} = \left(\frac{x_i}{x_j}\right)^{\beta-1}$$

Auf der linken Seite steht im Zähler das Grenzprodukt des i-ten Gutes, im Nenner dasjenige des j-ten Gutes. Diese Grenzprodukte entsprechen den Preisen der x-Güter i und j, so dass:

$$\frac{\partial Y^H / \partial x_i}{\partial Y^H / \partial x_j} = \frac{p_{xi}}{p_{xj}}$$

Aus den beiden letzten Ausdrücken lässt sich nun die relative Nachfrage nach den zwei Gütern ableiten, nämlich:

$$\frac{x_i}{x_j} = \left(\frac{p_{xi}}{p_{xj}}\right)^{-\frac{1}{1-\beta}} = \left(\frac{p_{xi}}{p_{xj}}\right)^{-\varepsilon}$$

Logarithmieren und Differenzieren ergibt:

$$\varepsilon = -\frac{d(x_i/x_j)}{d(p_{xi}/p_{xj})} \cdot \frac{p_{xi}/p_{xj}}{x_i/x_j}$$

Die Substitutionselastizität ist damit gleich ε.

$$\pi = n \cdot \pi_i = (1 - \beta) \cdot p_x \cdot x \cdot n = (1 - \beta) \cdot p_x \cdot X \qquad (7.4)$$

Um den Vorteil der Diversifikation in der Herstellung von Konsumgütern aufzuzeigen, ist der Output an Konsumgütern Y^H als Funktion des gesamten Inputs X auszudrücken:

$$Y^H = x \cdot n^{1/\beta} = X \cdot n^{(1-\beta)/\beta} \qquad (7.5)$$

Daraus folgt:

$$\frac{Y^H}{X} = n^{(1-\beta)/\beta} \qquad (7.6)$$

Gleichung (7.6) zeigt, dass die Produktivität in der Herstellung von Konsumgütern mit steigender Zahl von Zwischenprodukten zunimmt. Trotz konstantem Input von X kann nämlich mit zunehmendem n die Output-Menge gesteigert werden. Dies ist das modellmäßige Abbild des Spezialisierungsvorteils, der sich durch die zunehmende Arbeitsteilung in einer Wirtschaft ergibt. Der Vorteil der Diversifikation wird in dieser Spezifikation nur vom Parameter β bestimmt.

Zur Berechnung der gleichgewichtigen Wachstumsrate muss festgelegt werden, wie der primäre Faktor Arbeit unter marktwirtschaftlichen Bedingungen auf die beiden Sektoren der Wirtschaft zugeteilt wird. Denn je mehr Arbeit im Forschungssektor beschäftigt ist, umso mehr Designs werden produziert und umso größer ist die Zuwachsrate beim allgemeinen Wissen.

Der ständige Einsatz von Arbeit im Forschungslabor führt über den Diversifikationseffekt (Gleichung 7.6) zu einem höheren Ausstoß an Konsumgütern bei gleichbleibendem Input (höhere Produktivität). Über die positiven Spillover und den wachsenden Stand des Wissens im Forschungssektor wird die Forschungstätigkeit im Zeitablauf immer produktiver. Bei einer bestimmten Intensität der Spillover ermöglicht der konstante Arbeitseinsatz im Forschungslabor eine konstante Wachstumsrate an produzierten Designs.

Die Beschäftigung im Forschungssektor ist im Modell gleich dem fixen Arbeitsangebot abzüglich der Beschäftigung im Sektor 2. Damit muss für das Auffinden des Gleichgewichts auf der einen Seite eine Arbeitsmarktrestriktion formuliert werden. Auf der anderen Seite ist die Forschungstätigkeit für die Investierenden umso attraktiver, je größer die mit den Designs zu erzielenden Gewinnchancen sind. Das wiederum bedingt, dass im Modell zusätzlich ein Kapitalmarkt berücksichtigt wird. Dieser Markt gleicht in einer Marktwirtschaft die Renditen auf den verschiedenen Anlagen aus.

Box 7.2: Preiselastizität im F+E-Modell

Bei vielen Anbietern von Zwischenprodukten ("large group case") ist ε gemäß der folgenden Herleitung nicht nur die Substitutionselastizität (vgl. Box 7.1), sondern gleichzeitig auch die Preiselastizität der Nachfrage nach einem differenzierten x-Gut.

Die Nachfrage nach dem j-ten Zwischenprodukt läßt sich unter Verwendung der CES-Form wie folgt herleiten. Die Kosten der Y^H-Produktion (c_Y) hängen von den gewichteten Preisen der x-Güter ab; sie sind gleich einem CES-Preisindex, welcher der gewählten CES-Produktionsfunktion (7.1) entspricht.

Dieser Index, der hier nicht genauer hergeleitet wird (in fortgeschrittenen Lehrbüchern zur Mikrotheorie findet sich eine solche Herleitung), lautet:

$$c_Y = \left[\sum_{J=1}^{n} (p_{xJ})^{1-\varepsilon} \right]^{\frac{1}{1-\varepsilon}}$$

Dividiert durch die Konsumgütermenge (c_Y/Y^H), ergeben sich die Stückkosten für ein Y^H-Gut. Die Ableitung der Stückkosten nach dem Preis des j-ten Zwischenprodukts (d.h. nach dem Faktorpreis) ergibt gemäß dem in der Mikrotheorie oft verwendeten Shepard's Lemma die gesuchte Nachfrage nach dem j-ten x-Gut pro Konsumgut. Multiplikation beider Seiten mit Y^H führt zu:

$$x_j = \frac{(p_{xj})^{-\varepsilon}}{\sum\limits_{J=1}^{n} (p_{xJ})^{1-\varepsilon}} \cdot p_Y \cdot Y^H$$

Aus der Perspektive einer einzelnen Unternehmung sind bei großem n die Preise der anderen Anbieter (d.h. die Summe im Nenner des Ausdrucks), der Preisindex p_Y sowie die Menge Y^H konstant. Die Preiselastizität der Nachfrage nach dem j-ten Gut wird dann über Logarithmieren und Differenzieren dieses Ausdrucks, unter Konstanthalten der genannten Parameter, berechnet als:

$$\frac{\frac{dx_j}{x_j}}{\frac{dp_{xj}}{p_{xj}}} = -\varepsilon$$

Damit lässt sich mit den vereinfachenden Annahmen der gewählten Formulierung derselbe Parameter ε für die beiden wichtigen Elastizitäten im Modell verwenden.

Das Angebot auf dem Kapitalmarkt wird über die Sparneigung der Haushalte bestimmt, die sich gemäß den Annahmen zur intertemporalen Optimierung verhalten. Das simultane Gleichgewicht von Arbeits- und Kapitalmarkt ergibt im vorliegenden Modell die gleichgewichtige Wachstumsrate. Die Zeitindizes werden im folgenden für die bessere Übersicht immer dann weggelassen, wenn keine Zweideutigkeit besteht.

Notation:

- a_x Input-Faktor für Arbeit im Zwischenproduktesektor
- a_g Input-Faktor für Arbeit in der Forschung
- L fixes Arbeitsangebot
- L_x Arbeitsnachfrage im Zwischenproduktesektor
- L_g Arbeitsnachfrage im Forschungssektor
- w Lohnsatz
- g_n Wachstumsrate der Designs
- κ öffentliches Wissen
- z Marktwert eines Designs

Wenden wir uns vorerst dem Arbeitsmarkt zu. Der primäre Faktor Arbeit kann entweder für die Herstellung von Zwischenprodukten oder für die Forschung eingesetzt werden. Der Zusammenbau der Zwischenprodukte zu Konsumgütern verbraucht annahmegemäß keine Ressourcen und damit auch keine Arbeit.

Die gesamte Nachfrage nach Arbeit setzt sich damit zusammen aus der Nachfrage der beiden Sektoren und beträgt $L_g + L_x$. Die Arbeitsnachfrage des Forschungssektors L_g leitet sich aus den Produktionsbedingungen für neue Designs ab, die nun festgelegt werden.

Wir betrachten der Einfachheit halber wieder exemplarisch zwei Perioden aus einer Sequenz von vielen Perioden. Die Wirtschaft startet mit einer aus der Vergangenheit bestimmten Anzahl Designs. In der ersten betrachteten werden zusätzlich neue Designs entwickelt, die in der zweiten, darauffolgenden Periode ebenfalls für die Produktion von Zwischenprodukten verwendet werden. Der Übergang von der zweiten zur dritten und zur vierten Periode usw. erfolgt analog.

Die Produktionsfunktion für die Entwicklung von Δn neuen, zusätzlich zu den bereits in Periode 1 bestehenden Produkt-Designs (n_1) für die zweite Periode lautet:

$$n_2 - n_1 = \Delta n = \frac{1}{a_g} \cdot L_g \cdot \kappa_1 \qquad (7.7)$$

Der Kehrwert des Input-Faktors ist nichts anderes als die Produktivität der Arbeit im Forschungslabor, die mit dem Arbeits-Input L_g zu multiplizieren ist. κ_1 steht für den positiven Einfluss des öffentlichen Wissens auf die Forschungstätigkeit. Je höher der Wissensstand ist, desto produktiver wird die Forschung und desto größer wird die Anzahl der neu entwikkelten Designs.

Der Einfachheit halber unterstellen die Modelle des endogenen Wachstums mit F+E, dass die Neuentwicklung eines Designs den Wissensstand im Verhältnis Eins zu Eins erhöht. Die Annahme dieser proportionalen Spillover von F+E zum öffentlichen Wissen führen zur Normierung $\kappa(t) = n(t)$. Damit wird die Wachstumsrate der Anzahl Designs beziehungsweise des Wissens gemäß (7.7) zu:

$$\frac{\Delta n}{n} = g_n = \frac{1}{a_g} \cdot L_g \tag{7.8}$$

Die Arbeitsnachfrage des Forschungssektors ergibt sich aus einer Umformung von (7.8) als:

$$L_g = a_g \cdot g_n \tag{7.9}$$

Die Arbeitsnachfrage des Zwischenproduktesektors lautet:

$$L_x = a_x \cdot n \cdot x = a_x \cdot X \tag{7.10}$$

Der Input-Koeffizient für die Herstellung differenzierter Güter wird der Einfachheit halber auf Eins normiert d.h. $a_x = 1$. Da nur ein primärer Input berücksichtigt wird, schränkt diese Annahme die Qualität der Ergebnisse nicht ein. Um auch die Menge X zu vereinfachen, muss ein zusätzlicher "Modellierungstrick" eingeführt werden, der auch den Kapitalmarkt vereinfachen wird.

Der Trick besteht darin, im Modell einen Numéraire so zu wählen, dass der Rechenaufwand möglichst gering wird. Es existiert in diesem Modell kein Geld, das sonst die Rolle des Numéraires beziehungsweise der Recheneinheit natürlicherweise übernimmt. In den Modellen mit einem Geldsektor werden alle Preise in Geldeinheiten ausgedrückt. In diesem Modell ohne Geld werden hingegen die Preise so normiert, dass der Wert der gesamten Konsumausgaben immer den Wert Eins annimmt. Mit anderen Worten: Wenn die Menge der konsumierten High-Tech-Güter in einer wachsenden Wirtschaft dauernd zunimmt, sinken die Preise dieser High-Tech-Güter derart, dass der Wert der Konsumausgaben (die Mengen multipliziert mit den Preisen) konstant den Wert Eins ergibt. Die Vorteile dieses etwas ungewöhnlichen Vorgehens sollten gleich klar werden.

Die gesamten Konsumausgaben für High-Tech-Güter entsprechen den Ausgaben für den Kauf von Zwischenprodukten, da für den Zusammenbau der Zwischenprodukte keine zusätzlichen Kosten anfallen. Damit ist der Wert, der sich aus der Multiplikation des Preises eines Zwischenprodukts mit der Anzahl Zwischenprodukte und der Menge eines Zwischenproduktes ergibt, gleich Eins, d.h., es gilt:

$$1 = p_x \cdot n \cdot x = p_x \cdot X \qquad \text{bzw. } X = 1/p_x \qquad (7.11)$$

Mit den auf Eins normierten Konsumausgaben und dem auf Eins normierten Input-Koeffizienten für die Herstellung differenzierter Güter ist die Arbeitsnachfrage des Zwischenproduktesektors damit $1/p_x$.

Auf dem Arbeitsmarkt ergibt sich ein Gleichgewicht, wenn das fixe Arbeitsangebot L gleich der Summe der Arbeitsnachfragen der beiden Sektoren ist, d.h.:

$$L = a_g \cdot g_n + \frac{1}{p_x} \qquad (7.12)$$

Die Preise der Zwischenprodukte p_x lassen sich gemäß (7.3) ersetzen durch $p_x = (1/\beta) \cdot GK$. Da die Grenzkosten GK unter den vereinfachenden Annahmen dem Lohnsatz w entsprechen, lässt sich (7.12) umformen zu:

$$a_g \cdot g_n + \frac{\beta}{w} = L \quad \text{bzw.} \qquad g_n = \frac{L}{a_g} - \frac{\beta}{a_g \cdot w} \qquad (7.13)$$

Unter dieser Bedingung herrscht ein Gleichgewicht auf dem Arbeitsmarkt. In Abbildung 7.4 (s. S. 133) wird das Arbeitsmarktgleichgewicht (7.13) durch die Gerade LL dargestellt. Diese bildet in der Form einer Budgetgeraden die Ressourcenrestriktion in diesem Modell ab. Im hier gewählten X/g_n-Diagramm hat der Ausdruck die Form:

$$X = L - a_g \cdot g_n \qquad (7.14)$$

Der zweite Schritt zur Lösung des Modells besteht in der Formulierung des Kapitalmarktgleichgewichts. Die Investierenden vergleichen den Ertrag in der Forschung mit dem Zinsertrag auf andere Anlagen, die in diesem Modell als risikofreie Anlagen mit einem bestimmten Marktzinssatz angenommen sind. Der Forschungsertrag besteht aus dem Wert, den ein Design in der Zukunft besitzt. Im gewählten Zwei-Perioden-Ansatz ist der Ertrag einer Forschungsinvestition gleich der Summe aus dem Gewinn, der mit dem Design in der zweiten Periode unter monopolistischer Konkurrenz erzielt wird, und dem Marktwert, den das Design am Ende der zweiten Periode besitzt. Dieser Marktwert ist bei freiem Marktzutritt in F+E gleich den Herstellungskosten eines Designs. Der Wert des Designs am Ende der zweiten Periode entspricht deshalb im Gleichgewicht den Herstellungskosten des Designs in der zweiten Periode.

In beiden Perioden bestimmen sich die Herstellungskosten eines Designs aufgrund der Beziehung (7.7) aus der Multiplikation des Input-Koeffizienten mit dem Lohnsatz, dividiert durch den "Gratis"-Input des öffentlichen Wissens. Dieser Quotient ist bei freiem Markteintritt in die Forschung gleich dem Marktwert des Designs z gemäß:

$$z_t = \frac{a_g \cdot w_t}{\kappa_t} = \frac{a_g \cdot w_t}{n_t} \qquad\qquad t = 1,2 \qquad\qquad (7.15)$$

Der Forschungsertrag der zweiten Periode wird mit dem Marktzinssatz diskontiert, da der Ertrag auf die alternative Anlage diesen Zinsertrag abwirft. Die Keynes-Ramsey-Regel (vgl. Abschnitt 4.3) setzt den Zinssatz mit der Diskontrate der Haushalte in Beziehung. Bei logarithmischer Nutzenfunktion und ohne spezielle Berücksichtigung von Bevölkerungs-wachstum und Abschreibungen ist das Konsumwachstum gemäß dieser Regel gleich der Differenz zwischen dem Zinssatz (Grenzprodukt des Kapitals) und der Diskontrate.

In der Keynes-Ramsey-Regel kann an die Stelle des realen Konsum-wachstums das Wachstum der nominellen Konsumausgaben gesetzt werden. Das Wachstum der nominellen Konsumausgaben ist dann gleich der Differenz zwischen dem nominellen Zinssatz und der Diskont-rate.

Da nun aber per Annahme die gesamten nominellen Konsumausgaben in diesem Modell konstant sind, bedeutet dies für das Resultat der inter-temporalen Optimierung, dass der nominelle Zinssatz in jedem Moment der Diskontrate entspricht, d.h., es gilt:

$$r = \rho \qquad\qquad\qquad\qquad (7.16)$$

wobei r hier der nominelle Zinssatz ist. Damit wird der zukünftige For-schungsertrag in diesem Modell mit der Diskontrate ρ diskontiert. Im Zwei-Perioden-Modell ist der Kapitalmarkt im Gleichgewicht, wenn der diskontierte Forschungsertrag der zweiten Periode den Entwicklungsko-sten für ein neues Design in der ersten Periode entspricht, d.h.:

$$(1+\rho)^{-1} \cdot (\pi_2 + z_2) = \frac{a_g \cdot w_1}{n_1}$$

beziehungsweise:

$$(1+\rho)^{-1} \cdot \left(\pi_2 + \frac{a_g \cdot w_2}{n_2}\right) = \frac{a_g \cdot w_1}{n_1} \qquad\qquad (7.17)$$

In der Klammer auf der linken Seite kommt zum Ausdruck, dass der Ertrag der Investition in die Forschung neben dem Gewinn unter mono-polistischer Konkurrenz π auch aus dem Marktwert des Designs am

Ende der zweiten Periode besteht.

Die letzte Bemerkung vor der Auflösung des Kapitalmarktes und des gesamten Modells betrifft die Entwicklung der Löhne. Im Humankapital-Modell unter Abschnitt 6.3 war der Lohnsatz konstant, das Wachstum des individuellen Wohlstands wurde durch einen Zuwachs an Humankapital pro Kopf erzielt. In diesem Modell wird das Wachstum des individuellen Wohlstands durch einen Zuwachs in der Anzahl der Zwischenprodukte und eine zunehmende Arbeitsteilung erzielt. Der Lohnsatz ist auch in diesem Modell konstant, da nur auf diese Weise eine stabile Lösung des Modells erreicht wird. Dieses auf gewissen Annahmen zur Erwartungsbildung und zur Markträumung beruhende Resultat wird in GROSSMAN/HELPMAN (1991, Kapitel 3) und BRETSCHGER (1997, Kapitel 5) genauer beleuchtet.

Wenn wir $w_1 = w_2$ setzen und den Gewinn gemäß Ausdruck (7.4) (unter Berücksichtigung der Normierung der Konsumausgaben auf den Wert Eins) durch die Variablen des Modells als $(1-\beta)/n$ ausdrücken, ergibt sich für das Kapitalmarktgleichgewicht:

$$(1 + \rho)^{-1} \cdot \frac{(1 - \beta) + a_g \cdot w}{n_2} = \frac{a_g \cdot w}{n_1} \tag{7.18}$$

Wie in Kapitel 4 ist es auch hier zweckmäßig, diesen Ausdruck durch den Übergang zu kleiner Periodenlänge in der zeitkontinuierlichen Form zu schreiben. Nach der Division beider Seiten durch $a_g \cdot w$ und der Multiplikation mit n_2 und einer Taylor-Approximation (vgl. Abschnitt 4.3b) wird die Wachstumsrate der Designs zu:

$$g_n = \frac{1 - \beta}{a_g \cdot w} - \rho \tag{7.19}$$

Dies ist die grundlegende Bedingung für ein Gleichgewicht auf dem Kapitalmarkt, die in Abbildung 7.4 durch die Gerade $\pi\pi$ wiedergegeben ist. Im X/g_n-Diagramm hat dieses Gleichgewicht die Form

$$X = (g_n + \rho) \cdot \left(\frac{a_g \cdot \beta}{1 - \beta}\right) \tag{7.20}$$

Die Gleichung (7.19) zeigt, dass die Investitionen in Designs zunehmen, je geduldiger die Haushalte sind, je tiefer die Kosten im Forschungslabor liegen und je größer der Mark-up auf die Grenzkosten in der monopolistischen Konkurrenz ist.

Die gleichgewichtige Wachstumsrate ergibt sich aus der simultanen Auflösung des Arbeits- und des Kapitalmarkts, was grafisch in Abbildung 7.4 dem Schnittpunkt der beiden geometrischen Orte entspricht.

Box 7.3: Kapitalmarkt in der zeitkontinuierlichen Darstellung

Das Kapitalmarktgleichgewicht lässt sich anstelle der Darstellung in zwei Perioden auch in einer zeitkontinuierlichen Formulierung herleiten, die von GROSSMAN/HELPMAN (1991) verwendet wird. Wieder bezeichnen wir den Marktwert eines Designs mit der Variablen z. In einem Gleichgewicht des Kapitalmarktes muss gelten, dass der Ertrag der Forschungsinvestition gleich dem Ertrag der alternativen Anlage ist, die fest mit dem Satz r verzinst wird. Wie bei einem Wertpapier muss für das Design berücksichtigt werden, dass sein Marktwert sinken oder steigen kann. Deshalb besteht der Ertrag eines Designs zu einem bestimmten Zeitpunkt aus dem Gewinn, der sich zu diesem Zeitpunkt erzielen lässt, sowie aus der Wertänderung des Designs, die wir gemäß der bereits verwendeten Notation mit $\dot{z}$ bezeichnen. Ist π wiederum der Gewinn unter monopolistischer Konkurrenz, gilt im Gleichgewicht des Kapitalmarkts:

$$\pi + \dot{z} = r \cdot z$$

Auf der linken Seite steht der Ertrag des Designs, auf der rechten Seite der Ertrag, wenn derselbe Betrag z in die festverzinsliche Anlage investiert wird. Mit der Normierung der nominellen Konsumausgaben auf den Wert Eins zu jedem Zeitpunkt gilt gemäß Keynes-Ramsey-Regel $r = \rho$ (vgl. Haupttext). Weiter kann der Ausdruck durch z dividiert werden, so dass sich ergibt:

$$\frac{\pi}{z} + \frac{\dot{z}}{z} = \rho$$

Der Gewinn π ist $(1-\beta)/n$ (beachte Gleichung 7.4 und die Normierung der Konsumausgaben auf den Wert Eins), der Wert eines Designs ist ebenso wie im Haupttext gleich den Produktionskosten, nämlich:

$$z = \frac{a_g \cdot w}{n}$$

Für die prozentuale Veränderung von z ist schließlich folgende Überlegung anzufügen. Die Haushalte haben eine intertemporale Budgetrestriktion einzuhalten. Sie optimieren im zeitkontinuierlichen Modell über einen unendlich langen Zeithorizont. Die Restriktion besagt, dass die über alle Zeitperioden diskontierten Ausgaben den über alle Zeitperioden diskontierten Einnahmen plus dem Wert des gesamten Vermögens entsprechen müssen. Das Vermögen besteht aus dem Wert aller Designs plus dem kapitalisierten Wert aller Lohnzahlungen. Da die Ausgaben gemäß Annahme auf den Wert Eins normiert sind, konvergiert der Gegenwartswert der Ausgaben zu einem festen Wert; damit ist auch der Wert des gesamten Vermögens $n \cdot z$ gegen oben begrenzt und konvergiert gegen eine Konstante. Im langfristigen Gleichgewicht gilt dann, dass der prozentuale, mengenmäßige Zuwachs an Designs g_n der prozentualen Abnahme des Design-Wertes $\dot{z}/z$ entspricht, d.h. $g_n = -\dot{z}/z$. Werden Gewinn, Wert des Designs und Abnahmerate des Design-Wertes in das Kapitalmarktgleichgewicht eingesetzt, ergibt sich analog zu Ausdruck (7.19) im Haupttext:

$$g_n = \frac{1-\beta}{a_g \cdot w} - \rho$$

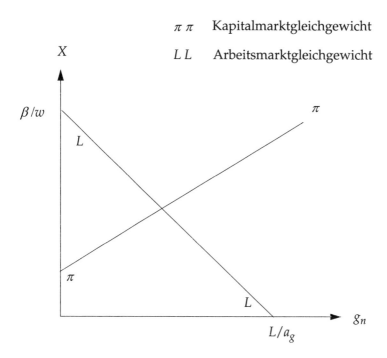

Abbildung 7.4: Gleichgewichtiges Wachstum mit F+E

Wird (7.13) nach w aufgelöst und das Resultat in (7.19) eingesetzt, ergibt sich für das gleichgewichtige Wachstum g_n:

$$g_n = \frac{(1-\beta) \cdot L}{a_g} - \beta \cdot \rho \qquad (7.21)$$

Das Wachstum der Anzahl der Designs bestimmt auch das Wachstum der Konsumgütermenge. Der Ausdruck (7.5) lässt sich unter Verwendung von $X = 1/p_x = \beta/w$ umformen zu:

$$Y^H = \frac{\beta}{w} \cdot n^{(1-\beta)/\beta} \qquad (7.22)$$

Von den Parametern β, w und n verändert sich im Zeitablauf einzig n gemäß der berechneten Wachstumsrate. Logarithmieren und Nach-der-Zeit-Ableiten führt zu:

$$g_Y = \frac{1-\beta}{\beta} \cdot g_n \qquad (7.23)$$

Mit (7.21) folgt daraus:

$$g_Y = \frac{(1-\beta)^2 \cdot L}{\beta \cdot a_g} - (1-\beta) \cdot \rho \qquad (7.24)$$

Da $0 < \beta < 1$, impliziert die Gleichung (7.24), dass das Wirtschaftswachstum in diesem Modell, gemessen in Konsumgütereinheiten, umso größer ist, je

- größer die Basis der Primär-Ressourcen (Arbeit L) ist ($dg_Y/dL > 0$);
- produktiver die Arbeit im Forschungslabor, d.h. je kleiner a_g ist ($dg_Y/da_g < 0$);
- geduldiger die Konsumenten, d.h. je kleiner die Diskontrate ρ ist ($dg_Y/d\rho < 0$);
- größer die Gewinne aus der Diversifikation sind, d.h. je größer der Mark-up $1/\beta$ ist ($dg_Y/d\beta < 0$).

Aufgrund der Gleichungen für Kapital- und Arbeitsmarkt können diese Einflüsse durch Verschieben der entsprechenden Kurven in Abbildung 7.4 nachvollzogen werden.

Eine notwendige Erweiterung dieses Ansatzes betrifft die Disaggregation des Faktors Arbeit in hochqualifizierte und niedrigqualifizierte Arbeit. Weil Forschung und Entwicklung besonders intensiv in der Nachfrage nach hochqualifizierter Arbeit ist, trifft die hergeleitete Aussage $(dg_y)/(dL) > 0$ vor allem für die verfügbare Menge an hochqualifizierter Arbeit zu.

Der Zusammenhang zwischen der Menge an niedrigqualifizierter Arbeit und dem volkswirtschaftlichen Wachstum hängt davon ab, wie gut die beiden Qualifikationsstufen der Arbeit in der Produktion substituierbar sind. Ist die Substituierbarkeit sehr hoch, gilt der Zusammenhang zwischen Arbeitsmenge und Wachstum für beide Qualifikationsstufen.

Bei einer weniger guten Substituierbarkeit der beiden Qualifikationsstufen der Arbeit kann eine Zunahme der unqualifizierten Arbeit den Wachstumspfad einer Volkswirtschaft senken, weil die Forschung bei einer Verknappung der hochqualifizierten Arbeit im Vergleich mit anderen Aktivitäten unter Umständen teurer wird. Die kritische Schwelle für den Wert der Substitutionselastizität hängt von der Spezifikation des gewählten Wachstumsmodells ab. Weitere Ausführungen zu diesem Thema finden sich in GROSSMAN/HELPMAN (1991, Kapitel 5) und BRETSCHGER (1997, Kapitel 5 und Teil III).

7.4 Differenzierte Kapitalleistungen (Romer-Modell)

Im Modell von ROMER (1990) sind dieselben Elemente wie im Modell unter Abschnitt 7.3 enthalten, insbesondere die Produktinnovationen unter monopolistischer Konkurrenz und ein Forschungssektor, der Produkt-Designs herstellt. Der Zusammenbau der Zwischenprodukte zu einem Konsumgut ist aber im Unterschied zu oben nicht mehr kostenlos. Die Zwischenprodukte sind im Romer-Modell differenzierte Kapitalleistungen, die kombiniert mit dem Einsatz von Arbeit für die Produktion von Konsumgütern verwendet werden. Der Faktor Arbeit wird in unqualifizierte und qualifizierte Arbeit disaggregiert. Während L mit konstanter Rate g_L wächst, ist die Menge der qualifizierten Arbeit exogen vorgegeben, d.h., sie wächst nicht wie im Humankapital-Modell von Abschnitt 6.3. Zur Betonung des Unterschieds zum beliebig vermehrbaren Humankapital wird die qualifizierte Arbeit hier mit der Variablen T bezeichnet.

Notation:

- T qualifizierte Arbeit
- L unqualifizierte Arbeit
- Y^H Konsumgut
- x_j differenziertes Zwischenprodukt
- a_g Input-Faktor für die qualifizierte Arbeit in der Forschung
- T_Y Beschäftigung von T im Endproduktesektor
- T_g Beschäftigung von T im Forschungssektor
- w_T Lohnsatz für qualifizierte Arbeit
- g_n Wachstumsrate der Designs
- z Preis (Marktwert) eines Designs

Im Unterschied zum vorstehenden Modell müssen jetzt drei Sektoren modelliert werden. Zum Forschungs- und zum Zwischenproduktesektor kommt neu ein spezieller Endproduktesektor hinzu, der unter Einsatz von differenzierten Kapitalleistungen sowie qualifizierter und unqualifizierter Arbeit Konsumgüter produziert. Damit das Modell einfach lösbar wird, verwenden wir wie im Beitrag von ROMER (1990) eine Cobb-Douglas-Produktionsfunktion für die Herstellung der Endprodukte.

In der Folge werden die drei Sektoren der Reihe nach formal dargestellt. Anschließend folgt eine einfache Methode zur Auflösung des Systems nach der gleichgewichtigen Wachstumsrate, die sich vom Lösungsweg des vorstehenden Modells unterscheidet.

Der Konsumgütersektor stellt unter Einsatz von unqualifizierter Arbeit, von qualifizierter Arbeit und von n differenzierten Kapitalleistungen Endprodukte Y^H her, und zwar mit der folgenden Produktionsfunktion:

$$Y^H = T_Y^\alpha \cdot L^\beta \cdot \sum_{J=1}^{n} x_J^{1-\alpha-\beta} \qquad (7.25)$$

Die Aggregation der Zwischenprodukte, diesmal zu einem erweiterten Kapital-Input, geschieht wiederum über die bereits eingeführte CES-Funktion. Auch hier besteht zwischen den differenzierten Gütern perfekte Symmetrie. Die Endprodukte Y^H werden von den Haushalten konsumiert und stiften damit einen direkten Nutzen. Im langfristigen Gleichgewicht ist deshalb der Ausstoß an Konsumgütern unter Berücksichtigung der intertemporalen Konsumpräferenzen zu optimieren. Die Haushalte führen dabei ihre Optimierung wie üblich gemäß der Keynes-Ramsey-Regel (vgl. Abschnitt 4.3) durch.

Die Zwischenprodukt-Unternehmungen erstehen vom Forschungssektor, wie im vorstehenden Modell, Designs mit dem Know-how zur Produktion der differenzierten Zwischenprodukte beziehungsweise Kapitalleistungen. Auf dem Markt für differenzierte Güter herrscht monopolistische Konkurrenz. Die Nachfrage nach Zwischenprodukten ergibt sich aus der Optimierung der Firmen des Endproduktesektors. Das Grenzprodukt (GPK) der j-ten Kapitalleistung bei der Herstellung der Konsumgüter erhält man aus der Ableitung von (7.25) nach x_j:

$$GPK_{x_j} = (1 - \alpha - \beta) \cdot T_Y^\alpha \cdot L^\beta \cdot x_j^{-\alpha-\beta} \qquad (7.26)$$

Die anderen Grenzprodukte lassen sich analog berechnen. Im Gleichgewicht ist das Grenzprodukt des j-ten Zwischenproduktes gleich dem Preis dieses Zwischenproduktes, wobei alle x-Güter denselben Preis p_x haben. Der Ertrag der j-ten Zwischenprodukt-Unternehmung ist dann:

$$p_x \cdot x_j = (1 - \alpha - \beta) \cdot T_Y^\alpha \cdot L^\beta \cdot x_j^{1-\alpha-\beta} \qquad (7.27)$$

Der Einfachheit halber wird angenommen, dass als Inputs für die Produktion von x-Gütern ebenfalls x-Güter verwendet werden; für die Herstellung einer Menge x an Zwischenprodukten muss annahmegemäß die Menge $\zeta \cdot x$ eingesetzt werden, die zu einem Marktzinssatz r verzinst wird. Die laufenden Kosten, die bei der Produktion von Zwischenprodukten anfallen, sind deshalb gleich $r \cdot \zeta \cdot x$, und der Gewinn der j-ten Zwischenprodukt-Unternehmung ergibt sich damit als:

$$\pi_j = p_x \cdot x_j - r \cdot \zeta \cdot x_j$$

$$= (1 - \alpha - \beta) \cdot T_Y^\alpha \cdot L^\beta \cdot x_j^{1-\alpha-\beta} - r \cdot \zeta \cdot x_j \qquad (7.28)$$

Die CES-Formulierung für die differenzierten Kapitalleistungen führt analog zum Modell unter 7.3 zu einem optimalen Mark-up für Zwischenprodukte von $(1 - \alpha - \beta)^{-1}$. Damit stellt sich der Gewinn wie folgt dar:

$$\pi_j = (\alpha + \beta) \cdot p_x \cdot x_j$$

$$= (\alpha + \beta) \cdot (1 - \alpha - \beta) \cdot T_Y^\alpha \cdot L^\beta \cdot x_j^{1 - \alpha - \beta} \qquad (7.29)$$

Im dritten und letzten Sektor der Wirtschaft wird mit Hilfe von qualifizierter Arbeit und auf der Basis des vorhandenen Allgemeinwissens geforscht. Entwickelt eine Forschungsfirma bei ihrer Tätigkeit ein neues Design, kann sie wie im vorstehenden Modell via Patentierung dessen Verwendung durch andere verhindern. Die anderen im Forschungsbereich tätigen Firmen profitieren aber trotz des Patentschutzes von der neuen Entdeckung, da das im neuen Design verkörperte Know-how das allgemein zugängliche Wissen vergrößert.

Die Produktion von neuen Designs geschieht wie im vorstehenden Modell (vgl. die Ausdrücke 7.7 und 7.8), mit dem einzigen Unterschied, dass jetzt die qualifizierte Arbeit als Input verwendet wird. Mit der erneuten Normierung auf proportionale Wissens-Spillover, d.h. $\kappa(t) = n(t)$, ist die Wachstumsrate der Designs:

$$\frac{\Delta n}{n} = g_n = \frac{1}{a_g} \cdot T_g \qquad (7.30)$$

Das gleichgewichtige Wachstum wird wie folgt hergeleitet. Das Wachstum der Designs und damit der Konsumgütermengen hängt von der Beschäftigung der qualifizierten Arbeit im Forschungslabor ab. Aufgrund der Restriktion eines fixen Angebots an qualifizierter Arbeit ist diese Beschäftigung gleich dem gesamten Angebot minus der nun zu bestimmenden Beschäftigung im Endproduktesektor.

Im Gleichgewicht gilt, dass der Lohn für qualifizierte Arbeit in beiden Sektoren derselbe sein muss. Wenn alle Zwischenprodukte symmetrisch eingesetzt werden, ist das Grenzprodukt und damit der Lohnsatz des Faktors T im Endproduktesektor:

$$w_T = \alpha \cdot T_Y^{\alpha - 1} \cdot L^\beta \cdot n \cdot x^{1 - \alpha - \beta} \qquad (7.31)$$

Die Konsumgüter dienen in diesem Modell wie in der neoklassischen Theorie als Numéraire, weshalb der Preis des Endprodukts gleich Eins ist. Im Forschungslabor, in dem zu jedem Zeitpunkt Δn neue Designs entstehen, ist das Wert-Grenzprodukt der qualifizierten Arbeit bei gegebenem Wissensstand:

$$w_T = z \cdot n \cdot \frac{1}{a_g} \qquad (7.32)$$

Aus der Gleichsetzung der beiden Ausdrücke erhalten wir:

$$\alpha \cdot T_Y^{\alpha-1} \cdot L^\beta \cdot x^{1-\alpha-\beta} = z \cdot \frac{1}{a_g} \qquad (7.33)$$

Der Design-Preis z ergibt sich aus der Überlegung, dass im Gleichgewicht der Gewinn einer Zwischenprodukt-Firma π_j zu jedem Zeitpunkt gleich dem Zinsertrag auf einer Investition vom Umfang z in die mit r fest verzinste Anlage ist, d.h., in jedem Zeitpunkt gilt für jedes Design:

$$\pi_j = r \cdot z$$

Damit ist z der Quotient von Gewinn und Zinssatz. Einsetzen des Gewinns aus Ausdruck (7.29) führt zu folgender Gleichung:

$$z = \frac{\alpha+\beta}{r} \cdot (1-\alpha-\beta) \cdot T_Y^\alpha \cdot L^\beta \cdot x^{1-\alpha-\beta} \qquad (7.34)$$

Nun wird dieses z in Ausdruck (7.33) eingesetzt. Das Ergebnis wird nach T_Y aufgelöst, womit wir die gesuchte Beschäftigung der qualifizierten Arbeit im Endproduktesektor gefunden haben, gemäß:

$$T_Y = a_g \cdot \frac{\alpha}{(1-\alpha-\beta)(\alpha+\beta)} \cdot r \qquad (7.35)$$

Die Beschäftigung im Forschungslabor ist mit dem fixen Angebot T gegeben durch $T_g = T - T_Y$. Die Wachstumsrate der Designs bestimmt sich gemäß (7.30) und (7.35) durch:

$$g_n = \frac{T_g}{a_g} = \frac{T}{a_g} - \frac{\alpha}{(1-\alpha-\beta)(\alpha+\beta)} \cdot r \qquad (7.36)$$

Ausdruck (7.36) gibt mit den Parametern der Produktionsfunktion den Angebotseffekt wieder und wird in Abbildung (7.5) durch die Gerade TT abgebildet. Die resultierende Wachstumsrate wird gemäß Angebotseffekt wie folgt von den Modell-Parametern beeinflusst:

- positiv von der gesamten Menge der qualifizierten Arbeit T
- positiv von der Produktivität der qualifizierten Arbeit in der Forschung $1/a_g$
- negativ vom Zinssatz r

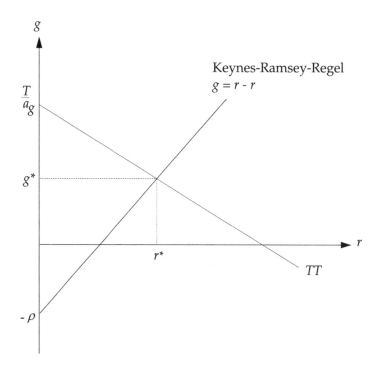

Abbildung 7.5: Gleichgewichtiges Wachstum im Romer-Modell

In der gewählten Spezifikation ist die Wachstumsrate der Designs beziehungsweise des Wissens gleich der Wachstumsrate des Konsums, d.h., es gilt $g_n = g$. Das Modell kann deshalb, wie in der vorstehenden Abbildung (7.5) gezeigt, mit der Verwendung der Keynes-Ramsey-Regel geschlossen werden. Diese Regel lautet gemäß Abschnitt 4.3 bei logarithmischer Nutzenfunktion $g = r - \rho$.

Wie ersichtlich ist, hängt das gleichgewichtige Wachstum über die Keynes-Ramsey-Regel auch in diesem Modell negativ von der Diskontrate der Haushalte ab. Die Menge an qualifizierter Arbeit und der Produktivitätsparameter des Forschunglabors verschieben die TT-Kurve im Diagramm in vertikaler Richtung. Das gleichgewichtige Wachstum ist unabhängig von der Input-Menge der unqualifizierten Arbeit. Dieses Resultat ist auf die Verwendung der Cobb-Douglas-Produktionsfunktion im Endproduktesektor zurückzuführen und ist keine robuste Eigenschaft dieser Art von Wachstumsmodellen.

7.5 Erweiterungen zu Produktionstechnik und Marktform

a) Spezialisierungsgewinne

Im unter Abschnitt 7.3 eingeführten Modell erfüllt der Parameter β zwei Aufgaben: er zeigt die Spezialisierungsgewinne an und führt direkt zum optimalen Gewinnaufschlag für die Unternehmungen in der monopolistischen Konkurrenz. Diese Annahme hat weitreichende wirtschaftspolitische Konsequenzen. Sie führt nämlich zur Folgerung, dass unter Marktbedingungen im Vergleich zum sozialen Optimum immer zu wenig Forschung betrieben wird, vgl. Abschnitt 7.6 und GROSSMAN/ HELPMAN (1991, S. 71). Wird dagegen angenommen, dass der Spezialisierungsvorteil im Vergleich zur Monopolmacht sehr klein ist, könnten die Anreize für Forschungsinvestitionen unter Marktbedingungen auch zu groß sein. Eine mögliche Formulierung für die Bestimmung des Outputs an High-Tech-Gütern Y^H, welche eine Unterscheidung zwischen Spezialisierungsvorteil und Monopolmacht zum Ausdruck bringt, lautet:

$$Y^H = n^{\zeta + 1 - 1/\beta} \cdot \left[\sum_{J=1}^{n} (x_J)^\beta \right]^{1/\beta} \qquad (7.37)$$

Wird wie unter Abschnitt 7.2 ein symmetrisches Gleichgewicht unterstellt, ergibt sich mit $X = n \cdot x$ der Output an High-Tech Gütern gemäß:

$$Y^H = n^\zeta \cdot X \qquad (7.38)$$

Dieser Ausdruck unterscheidet sich von Relation (7.5), die bisher verwendet wurde. Wie aus (7.37) ersichtlich, ist der optimale Mark-up auf die Grenzkosten bei den Zwischenproduktherstellern immer noch $1/\beta$, während der Term außerhalb der Klammern keinen Einfluss auf die Substitutionsmöglichkeiten zwischen den Zwischenprodukten x hat.

In (7.38) bestimmt nun aber der Parameter ζ die Spezialisierungsvorteile. Je höher ζ ist, umso größer wird der Vorteil aus dem Einsatz einer zunehmenden Zahl an Zwischenprodukten und umso größer wird die Wachstumsrate mit einem gegebenen Arbeitseinsatz in F+E.

In der Spezifikation (7.37) gibt es keine Anhaltspunkte für die Relation zwischen ζ und β. Sind beispielsweise die Spezialisierungsgewinne sehr klein (tiefes ζ), können die F+E-Investitionen unter Marktbedingungen über dem Wert im sozialen Optimum liegen, weil die Monopolgewinne im Zwischenproduktesektor eine große negative Verzerrung hervorrufen. In Abschnitt 7.6 wird eine Zusammenfassung über alle im Modell bestehenden Verzerrungen und über die Konsequenzen für die Wirtschaftspolitik gegeben.

b) Grenzerträge in der Forschung

In der bisher verwendeten Formulierung für den Forschungsbereich wurde unterstellt, dass neue Designs den Wissensstand proportional erhöhen. Das bedeutet nichts anderes als konstante Grenzerträge des Wissens im Bereich der Forschung. Die allgemeine Idee besteht dabei aus der Annahme, dass Innovationen die Produktivität der nachfolgenden Forschung positiv beeinflussen. Die Erfindung der Differentialrechnung oder der Halbleiter-Technik unterstützen beispielsweise diese Hypothese. Hingegen könnte es aber auch sein, dass in gewissen Bereichen neue Erfindungen immer schwieriger werden, weil durch Entdeckungen so etwas wie ein "Leerfischen" einer beschränkten Menge des totalen Wissensbestandes stattfindet. Eine flexiblere Spezifikation für den Forschungssektor wurde von JONES (1995) vorgeschlagen; in einer leichten Veränderung gegenüber (7.8) lautet sie, vgl. auch Box 7.4:

$$\Delta n = \frac{1}{a_g} \cdot L_g \cdot n^\phi \tag{7.39}$$

Falls $\phi > 0$ steigt die Produktivität in der Forschung mit zunehmendem Wissensbestand; mit $\phi < 0$ entspricht die Formulierung der Idee des "Leerfischens". Bis jetzt wurde $\phi = 1$ unterstellt, während der Fall $0 < \phi \leq 1$ unter Umständen realistischer, sicher aber allgemeiner ist. Dadurch wird die Wachstumsrate der Designs zu:

$$g_n = \frac{1}{a_g} \cdot L_g \cdot n^{\phi-1} \tag{7.40}$$

Im langfristigen Steady-State ist die Wachstumsrate konstant und die Wachstumsrate der Designs wird zu:

$$g_n = \frac{g_L}{1 - \phi} \tag{7.41}$$

In diesem Fall hängt die Wachstumsrate nur vom Bevölkerungswachstum und von einem technischen Parameter ab. Wird eine exogene Bevölkerungswachstumsrate angenommen ergibt sich damit ein von der Politik nicht beeinflussbares Wachstum. Wie im neoklassischen Wachstumsmodell kann die Wirtschaftspolitik die Entwicklung nur in der mittleren Frist verändern, in der langen Frist sind alle Größen rein exogen vorgegeben.

Verschiedene empirische Beobachtungen scheinen diese Sicht des Wachstums zu unterstützen. Die Anzahl der Wissenschaftler und Ingenieure hat nämlich in der Nachkriegszeit signifikant zugenommen, ohne dass die Wachstumsraten markant gestiegen wären. Analog dazu haben sich die Anstrengungen im Bildungsbereich in dieser Zeitperiode verstärkt, während das Wachstum davon nicht merklich betroffen war. Andere empirische Resultate belegen (vgl. Boxen 3.1 und 3.2), dass der Grenzertrag des physischen Kapitals abnehmend ist, was sinngemäß auf den Fall des Wissenschaftskapitals übertragen werden könnte. Schließlich gibt es in den Wachstumsraten der verschiedenen Länder große Unterschiede; dies ist jedoch nicht unbedingt eine Folge unterschiedlicher Forschungsanstrengungen, sondern kann auch auf andere Faktoren wie z.B. unterschiedliche Infrastrukturen zurückgeführt werden (vgl. Kapitel 6).

Allerdings sollte beachtet werden, dass der Anteil der Forschungsausgaben am BIP nicht so stark gestiegen ist wie der Anteil der Forschenden an der Erwerbsbevölkerung. Zu bedenken ist auch, dass die Gleichung (7.41) einen positiven Zusammenhang zwischen Bevölkerungswachstum und Wissens- bzw. Einkommenswachstum prognostiziert, was jedoch auf Länderebene nicht der Realität entspricht (vgl. Abbildung 9.2). Es ist kaum plausibel davon auszugehen, dass das Bevölkerungswachstum in weniger entwickelten Ländern die Innovationsanstrengungen in den entwickelten Ländern positiv beeinflusst.

Theoretisch stehen sich demnach gewichtige Argumente gegenüber. Auf der einen Seite ist es einleuchtend, dass zusätzliches Wissen um so einfacher zu erreichen ist, je mehr Vorwissen bereits erarbeitet wurde, was - wie oben angenommen - zu konstanten Grenzerträgen in der Forschung führen kann. Andererseits scheint die Technologie im Zeitablauf immer komplexer zu werden, so dass ein stetig zunehmender Aufwand nötig sein könnte, um die Innovationsraten konstant zu halten. Ebenso steigt die Zahl der Güter ständig an, so dass u.U. eine Innovation in einem spezifischen Sektor der Wirtschaft einen immer geringeren Teil der gesamten Aktivitäten positiv zu beeinflussen vermag, weil das Wissen in den anderen Sektoren nicht nutzbar ist.

Diese beiden letzten Argumente sprechen dafür, dass die Grenzerträge in der Forschung - trotz der Spillover - abnehmend sind. Trifft es allerdings zu, dass die Grenzerträge nur geringfügig kleiner als konstant sind, liegt ein Fall vor, der empirisch nicht vom Fall konstanter Grenzerträge in der Forschung unterschieden werden kann. Zusätzlich ist darauf hinzuweisen, dass F+E-Modelle der Einfachheit halber andere Formen der Kapitalakkumulation - wie Investitionen in physisches Kapital oder Humankapital - häufig weglassen, so dass in der Realität (auch bei abnehmenden Grenzerträgen des Wissenskapitals) konstante Grenzerträge des aggregierten Kapitals durchaus realistisch sind; diese ermöglichen ein endogenes Wachstum (vgl. Kapitel 5).

Bezüglich der Empirie ist darauf hinzuweisen, dass die Erfassung der Grenzerträge in der Forschung im speziellen und des wissensbasierten Wachstums im allgemeinen auf große Messprobleme stößt. In den Unternehmungen gibt es eine Reihe von Aktivitäten, die nicht unter dem Titel "Forschung" verbucht werden, trotzdem aber zu einem Zuwachs in der Wissensbasis führen.

Box 7.4: Der Skaleneffekt anhand des Romer-Modells

Um den unter b) in Abschnitt 7.5 beschriebenen Skaleneffekt anhand des Romer-Modells zu verdeutlichen, betrachten wir die Produktionsfunktion des Endproduktsektors aus Abschnitt 7.4 mit symmetrischen Zwischenprodukten x, wobei $n \cdot x = X$, und die Wachstumsrate des Technologiebestandes wie folgt:

$$Y^H = n^{\alpha+\beta} \cdot T_Y^\alpha \cdot L^\beta \cdot X^{1-\alpha-\beta}$$

$$g_n = \frac{\Delta n}{n} = \frac{1}{a_g} \cdot T_g$$

Ein Wachstumsgleichgewicht erfordert eine konstante Einsatzmenge der qualifizierten Arbeit im Forschungssektor (T_g). Die erste Gleichung verdeutlicht, dass das Romer-Modell im Wachstumsgleichgewicht einem neoklassischen Wachstumsmodell mit Harrod-neutralem technischen Fortschritt entspricht. Daher gilt entlang des gleichgewichtigen Wachstumspfades $g_{Y_H} = g_X = g_n$. Der Skaleneffekt kann in zwei unterschiedlichen Ausprägungen formuliert werden. (i) die augenblickliche Wachstumsrate der totalen Faktorproduktivität (n) steigt mit der Menge jener Ressourcen, die im F+E-Sektor eingesetzt werden (T_g). (ii) Die langfristige Wachstumsrate des Einkommens steigt mit der Größe der Ökonomie, hier gemessen durch T. Dies folgt unmittelbar aus der Konstanz von T_g/T im Wachstumsgleichgewicht sowie $g_n = (1/a_g) \cdot (T_g/T) \cdot T = g_{Y_H}$. Wird aber folgende F+E-Technologie unterstellt:

$$\Delta n = \frac{1}{a_g} \cdot n^\phi \cdot T_g^\omega,$$

wobei $\phi < 1$ und $0 < \omega \leq 1$, und ferner angenommen, dass qualifizierte Arbeit $T = T_y + T_g$ mit konstanter Rate ($\eta > 0$) wächst, ergibt die Division beider Seiten durch n:

$$g_n = \frac{1}{a_g} \cdot n^{\phi-1} \cdot T_g^\omega.$$

Durch Logarithmieren erhält man

$$\log(g_n) = \log\left(\frac{1}{a_g}\right) + (\phi-1) \cdot \log(n) + \omega \cdot \log(T_g)$$

Um die gleichgewichtige Wachstumsrate abzuleiten, betrachten wir g_n als konstant und berücksichtigen ferner, dass im Wachstumsgleichgewicht T_g ebenfalls mit konstanter Rate (η) wächst. Differentation der vorstehenden Gleichung nach der Zeit und geringfügiges Umformen ergibt:

$$g_n = \frac{\omega \cdot \eta}{1 - \phi}$$

Diese Gleichung bedeutet, dass der Skaleneffekt eliminiert ist. Das Wachstum ist ausschließlich von Parametern bestimmt, die typischerweise als exogen betrachtet werden.

Der Output der Forschung kann nur indirekt gemessen werden, mit Hilfe von verschiedenen Proxi-Variablen. Verbesserungen an bestehenden Produkten sind dabei besonders schwierig messbar. Ebenso ist es nicht leicht, für das Wissenskapital eine angemessene Abschreibungsrate zu finden sowie festzulegen, welche Faktoren die Abschreibungen in welcher Weise beeinflussen.

c) Zunehmende Produktqualität

Das Modell mit endogener Innovation von Abschnitt 7.3 kann in einen Ansatz mit einer fixen Anzahl an Gütern umgeschrieben werden, wenn die Qualität der Produkte mit der Zeit zunimmt (vgl. GROSSMAN/ HELPMAN 1991, Kap. 4). Forschung wird in diesem Ansatz unternommen, um die Qualität der bereits existierenden Güter zu verbessern. Wenn von identischen Qualitätsprüfungen bei allen Gütern ausgegangen wird, ergeben sich im Güterraum sogenannte "Qualitätsleitern".

Innovationen werden mit einer gewissen Wahrscheinlichkeit erzielt. Modelltechnisch wird dies so erfasst, dass jeder Sektor sporadische technische Neuerungen erfährt, die von einem unabhängigen Poisson-Prozess bestimmt sind.

Ein erfolgreicher Innovator erhält die vollen Eigentumsrechte über die von ihm entwickelte führende Produktqualität. Annahmegemäß wird nur die beste Qualität auf dem Markt angeboten, während ältere Qualitäten vollständig ersetzt werden. Damit wird die volle Kraft der "kreativen Zerstörung" Schumpeters zum Ausdruck gebracht. Bei der Entscheidung, ob sich innovative Tätigkeiten lohnen, ist demnach neben der Größe der erwarteten Gewinne pro Zeitabschnitt auch die erwartete Dauer des Monopols zu berücksichtigen. Je kürzer diese Dauer ist, umso geringer ist der Gesamtbetrag innovativer Tätigkeiten.

Innovationen werden mit einer gewissen Wahrscheinlichkeit erzielt. Modelltechnisch wird dies so erfasst, dass jeder Sektor sporadische technische Neuerungen erfährt, die von einem unabhängigen Poisson-Prozess bestimmt sind.

Analog zum Modell zunehmender Produktvarianten in Abschnitt 7.3 prognostiziert das Qualitätsleitermodell ein höheres Wachstum, wenn die gesamte Faktorausstattung zunimmt (mehr Ressoursen sind für die Forschung verfügbar), die Produktivität in der Forschung steigt und die Haushalte eine tiefe Diskontrate haben. Zusätzlich wird das Wachstum größer, wenn die Qualitätssprünge der Güter von den Haushalten stark positiv beurteilt werden. Indes, die beiden Ansätze führen nicht zu denselben Folgerungen bezüglich der optimalen Wachstumsrate und der Wünschbarkeit einer korrigierenden Wirtschaftspolitik.

d) Ressourcensparende Innovationen

In Bezug auf die Produktionstechnik ist im Rahmen der Neuen Wachstumstheorie der Zusammenhang zwischen den Primärfaktoren und dem volkswirtschaftlichen Wachstum eine der interessantesten Fragen. In den vorgestellten Modellen bestehen die Primärfaktoren aus der Arbeit, die entweder aggregiert oder in zwei Qualifikationsstufen desaggregiert eingeführt wurde. In einer Erweiterung der vorgestellten Theorie sind als Primärfaktoren aber auch andere Inputs wie Rohstoffe und Energie in Betracht zu ziehen (vgl. Kapitel 10).

Im unter Abschnitt 7.3. vorgestellten Modell ergibt sich ein positiver Einfluss der Arbeitsmenge auf das Wachstum. Eine größere Menge an Arbeit senkt in diesem Ansatz die Arbeitskosten; die zusätzlichen Arbeitskräfte verteilen sich auf beide Sektoren. Weil sich der Input-Einsatz im Forschungssektor erhöht, nimmt das volkswirtschaftliche Wachstum zu.

Das Spezielle in der gewählten Art der Modellierung betrifft die Nachfrage nach Forschungsleistungen. Diese ist in der verwendeten *CES*-Spezifikation unabhängig vom Lohnsatz. In der Realität wird die Forschung aber auch oft gerade dann sehr aktiv betrieben, wenn die Lohnsätze hoch sind. Dies geschieht, um die teure Arbeit effizienter zu nutzen beziehungsweise teilweise durch vermehrtes technisches Wissen einzusparen. Damit ergibt sich das mittlerweile bekannte Phänomen, dass die Volkswirtschaften wohl noch wachsen, die Beschäftigung aber kaum mehr zunimmt beziehungsweise teilweise sogar schrumpft.

Zur Abbildung dieser Erscheinung muss im Modell zusätzlich ein Kanal vorgesehen werden, der eine Beziehung zwischen Lohnsätzen und Forschungsertrag herstellt. Ein hoher Lohnsatz ist dann ein großer Anreiz für die Forschung, wenn das Produkt der Forschung ein gutes Substitut für die Arbeit darstellt. Im Fall unqualifizierter Arbeit ist vor allem der Industrieroboter ein gutes Substitut menschlicher Arbeit. Ein Modell dieses Inhalts wird in BRETSCHGER (1997, Kapitel 5) vorgestellt.

Ein weiterer Punkt betrifft die Rolle der unqualifizierten Arbeit im Hinblick auf die Kosten im Forschungssektor. Ebenso können auch die Faktoren Energie oder Umwelt in Betracht gezogen werden. Diesen Inputs ist gemeinsam, dass sie im Forschungslabor wenig intensiv verwendet werden. Es ist eindeutig die qualifizierte Arbeit, die bei der Forschung intensiv nachgefragt wird.

Wie bereits erwähnt, spielt in diesem Zusammenhang die Größe der Substituierbarkeit der verschiedenen Inputs in der Produktion die entscheidende Rolle. Der Ansatz von ROMER in Abschnitt 7.4 ist ein Spezialfall, da die Substitutionselastizität mit der gewählten Cobb-Douglas-Produktionsfunktion gerade gleich Eins wird. Nur so ist es möglich, dass in diesem Modell der geschlossenen Volkswirtschaft die Menge der unqualifizierten Arbeit keinen Einfluss auf den Wachstumspfad ausübt. Denn mit dieser Produktionsfunktion gleichen sich der Substitutionseffekt und der Output-Effekt gegenseitig genau aus.

e) Marktformen und Wachstum

Gemäß Annahme der verwendeten Modelle mit Forschung und Entwicklung herrscht im Forschungsbereich vollständige Konkurrenz. Der Marktwert beziehungsweise der Preis der Designs wurde in beiden Ansätzen den Produktionskosten bei der Herstellung eines Designs gleichgesetzt, ein Monopol-Aufschlag beim Preis ist damit ausgeschlossen. Wie in anderen Sektoren bewirken aber auch im Forschungssektor monopolistische Elemente eine im Vergleich zur vollständigen Konkurrenz zu geringe Menge an produziertem Output. Sind demnach Monopole oder monopolähnliche Stellungen im Forschungsbereich zu beobachten, führt eine verschärfte Konkurrenzsituation zu einer höheren Effizienz der eingesetzten Arbeit in diesem Sektor. Analog zum positiven Einfluss der Arbeitsproduktivität des Forschungslabors auf das volkswirtschaftliche Wachstum erhöht deshalb ein Abbau von Monopolen in der Forschung die volkswirtschaftliche Wachstumsrate.

Anspruchsvoller ist der Zusammenhang zwischen der Wettbewerbsintensität in der Produktion differenzierter Güter und der Wachstumsrate. Eine erhöhte Intensität des Wettbewerbs bedeutet im hier verwendeten Modell geringere Mark-ups auf die Grenzkosten und damit tiefere Gewinne pro Unternehmung in der monopolistischen Konkurrenz. Durch die damit verbundenen geringeren Anreize für die Produktion von Designs bildet sich das volkswirtschaftliche Wachstum in den vorgestellten Modellen bei einer Verschärfung des Wettbewerbs zurück.

Diese Aussage sollte für eine vollständigere Sicht der Realität in zweierlei Hinsicht ergänzt werden. Erstens sollten Monopole aufgrund von Innovationen unterscheidbar sein von Monopolen aufgrund von reinen Kartellabsprachen, die keinen Bezug zu Innovationen haben. Ein verbesserter Schutz der Rechte an geistigem Eigentum erhöht in der Realität die Anreize, in Forschung zu investieren. Hingegen sind z.B. Gebietsabsprachen unter Anbietern standardisierter Produkte zur "künstlichen" geografischen Segmentierung von Absatzmärkten kein Beitrag zur dynamischen Entwicklung. Zweitens ist zu beachten, dass in innovativen Sektoren monopolähnliche Positionen von Unternehmungen gewisse Größenvorteile in der Forschung ermöglichen. Z.B. kann eine große, marktbestimmende Unternehmung eher einen diversifizierten Kader von spezifisch ausgebildeten Arbeitskräften unterhalten und damit eine kontinuierliche Leistung in der Forschung erbringen, als dies kleinere Firmen zu tun vermögen.

7.6 Folgerungen für die Wirtschaftspolitik

Die Existenz von positiven Externalitäten bedeutet eine Form des Marktversagens. Der soziale Grenzertrag der Forschungsinvestitionen liegt über dem privaten Grenzertrag. Eine korrekt bemessene staatliche Förderung der Aktivitäten mit positiven Spillovern führt zur Internalisierung der externen Effekte und damit zu einer erhöhten Wohlfahrt.

Allerdings ist die Auswahl von konkreten, förderungswürdigen Projekten durch den Staat meist schwierig durchführbar. Es ist aber darauf hinzuweisen, dass in der staatlich finanzierten Grundlagenforschung genau diese Aufgabe nicht umgangen werden kann. Im übrigen sollten in einer Wirtschaft vor allem die Rahmenbedingungen für lernintensive Aktivitäten wie Forschung und Entwicklung optimal gestaltet beziehungsweise der Sektor insgesamt gefördert werden. Der Entscheid über den konkreten Mitteleinsatz verbleibt dann den privaten Investoren, die aufgrund ihrer Kostenbeteiligung auf die vorhandenen Marktanreize achten müssen.

Verschiedene Argumente können für eine weitergehende Begünstigung einzelner Forschungsbereiche vorgebracht werden. So entstehen bei gewissen Projekten große Unteilbarkeiten, d.h., eine Forschung hat nur dann Aussicht auf Erfolg, wenn sie eine kritische Größe übersteigt. Darüber hinaus ist es für ein Land eine strategische Frage, ob die eigenen Unternehmungen Unterstützung erhalten sollen, wenn die ausländische Konkurrenz von ihren eigenen Regierungen ebenfalls unterstützt wird. Schließlich können die Unvollständigkeit der Kapitalmärkte oder die Bedeutung vertikaler Bindungen (z.B. die Schaffung von Arbeitsplätzen für Zulieferer) Gründe für Unterstützungsleistungen sein.

Gegen solche zusätzlichen Leistungen des Staates existieren ebenfalls gute Gründe. Das Informationsproblem stellt sich für die staatlichen Akteure in verschärftem Maß, da diese von den konkreten Geschehnissen weiter entfernt sind als die Marktteilnehmer. Dabei kann zusätzlich private Lobbytätigkeit die Entscheidungen der staatlichen Stellen stark beeinflussen. Zudem haben Unterstützungsleistungen erfahrungsgemäß eine große Beharrungstendenz, d.h., sie bleiben in Kraft, auch wenn dies die Lage der privaten Unternehmungen nicht mehr rechtfertigt. Weiter können private Institutionen wie Berufsverbände oder Handelskammern den Informationsaustausch in einer Branche oder Region derart verbessern, dass ein Teil der Spillover bereits internalisiert ist. Schließlich besteht auch im Bereich der Forschungsförderung bei einem staatlichen Engagement die Gefahr der Bürokratisierung.

Diese Vor- und Nachteile einer staatlichen Forschungsförderung sind je nach konkreten Umständen zu gewichten, damit eine ausgewogene Grundlage für die konkreten politische Entscheidungen entstehen kann. Zum Abschluss soll daran erinnert werden, dass – im Unterschied zur neoklassischen Wachstumstheorie – ein höheres Wachstum im Rahmen der Neuen Wachstumstheorie nicht automatisch gleichbedeutend ist mit einer höheren Wohlfahrt. Denn das Erzielen von höheren Wachstumsraten benötigt einen zusätzlichen volkswirtschaftlichen Ressourceneinsatz mit entsprechenden Opportunitätskosten.

Literatur zum 7. Kapitel

- AGHION, P., HOWITT, P.: A model of growth through creative destruction, in: Econometrica, 1992, S. 323-351

- AGHION, P., HOWITT, P.: Endogenous Growth Theory. MIT Press, Cambridge, Mass. 1998

- BENASSY, J.: Is There Always to Little Research in Endogenous Growth with Expanding Product Variety? in: European Economic Review, 1998, S. 61–69

- BRETSCHGER, L.: Integration und langfristige Wirtschaftsentwicklung, Oldenbourg, München 1997

- BRETSCHGER, L.: On the Predictability of Knowledge Formation: the Tortuous Link Between Regional Specialisation and Development, in: Journal of Economics, 2001, S. 247–274

- CHAMBERLIN, E.: The Theory of Monopolistic Competition, Harvard University, Press, Cambridge Mass. 1933

- GROSSMAN, G., HELPMAN, E.: Innovation and Growth in the Global Economy, MIT Press, Cambridge Mass. 1991

- DE GROOT, H., NAHUIS, R.: Taste for Diversity and the Optimality of Economic Growth, in: Economics Letters, 1998, S. 291–295

- JONES, C.: R&D-BASED MODELS OF ECONOMIC GROWTH, IN: JOURNAL OF POLITICAL ECONOMY, 1995, S. 759–784

- MECKL, J.: Structural Change and Generalized Balanced Growth, in: Journal of Economics, 2002, S. 241–266

- ROMER, P.M.: Endogenous Technological Change, in: Journal of Political Economy 1990, S. 71–102

8. Offene Volkswirtschaft

8.1 Erweiterung der Außenhandelstheorie

a) Außenhandel und Dynamik

Die traditionelle Theorie des Außenhandels basiert auf den neoklassischen Annahmen zur Produktionstechnik. Am meisten finden in den Lehrbüchern die Modelle mit zwei Ländern, zwei Gütern und zwei Faktoren Verbreitung. Die einfachen Ansätze bleiben dabei statisch, da die Inputs fix angebotene Faktoren wie Arbeit und Land sind. Wird Kapital als Input eingeführt, können entsprechend dem neoklassischen Wachstumsmodell mittelfristige Anpassungsprozesse, die das System nach Schocks ins neue Gleichgewicht führen, modelliert werden.

Eine weitere Richtung von Ansätzen beschäftigt sich mit den Auswirkungen eines exogenen Wachstums auf die Außenhandelsposition eines Landes. Dabei kann für die beiden Fälle des nachfrageseitigen Wachstums (größere Konsumnachfrage aus dem Ausland) und des angebotsseitigen Wachstums (bessere Produktionsmöglichkeiten im Inland) vor allem untersucht werden, ob sich die Handelsströme im dynamischen Prozess intensivieren oder in der Bedeutung abnehmen.

Eine spezielle Beachtung fand bei dieser Art der Analyse zusätzlich der Umstand, dass Wachstum auch die Terms of Trade verändert. Unter sehr ungünstigen Umständen kann sich im Anschluss an eine dynamische Entwicklung das Verhältnis von Export- und Importpreisen für ein Land derart verschlechtern, dass der Wohlstandseffekt insgesamt negativ wird (Fall des "immiserizing growth"). Eine ausführlichere Darstellung dieser Zusammenhänge findet sich z.B. in MARKUSEN et al. (1995).

Nicht immer ist zur Erklärung des Außenhandels der Einsatz von Zwei- oder Mehr-Sektoren-Modellen notwendig. In einer direkten Anwendung der intertemporalen Optimierung entsprechend den Ausführungen von Kapitel 4 kann auch in einem Ein-Sektoren-Modell die Existenz von Exporten und Importen begründet werden. Bei unterschiedlichen Zeitpräferenzraten und/oder Wachstumsmöglichkeiten von Ländern ist es gemäß diesem Ansatz wohlfahrtssteigernd, wenn sich die einen Länder für einen höheren Gegenwartskonsum im Ausland verschulden und die Schuld in der Zukunft zurückzahlen.

Wohl sind die zwischen den Ländern getauschten Güter physisch dieselben, doch der Zeitpunkt des Konsums läßt sich über den intertemporalen Handel in den beteiligten Volkswirtschaften optimieren. Die Vorteile dieses Handels sind aber nur dann garantiert, wenn die Akteure rationale Erwartungen bilden und die Rückerstattung der Schulden rechtlich und faktisch durchsetzbar ist.

In den bisher genannten Bereichen der Außenhandelstheorie ist das Wachstum exogen vorgegeben. In den Kapiteln 6 und 7 wurden hingegen verschiedene Ansätze dargestellt, die zu einer endogenen Erklärung des volkswirtschaftlichen Wachstums führen. Generell kann deshalb der Einfluss des Außenhandels auf die genannten Wachstumsbereiche, vor allem auf die Akkumulationsbedingungen der Faktoren mit Kapitalcharakter, untersucht werden. Ebenso sind die Einflüsse in umgekehrter Richtung, von der Akkumulation auf den Außenhandel, in die Theorie aufzunehmen.

Wie in den Kapiteln 5–7 erläutert wurde, beruht die endogene Erklärung von Wachstumsprozessen auf der Tatsache von Größenvorteilen, die im Zeitablauf kontinuierlich zunehmen. Am Beispiel der Forschung ausgedrückt, heißt dies, dass die Forschung umso produktiver ist, je mehr in der Vergangenheit bereits geforscht wurde. Je größer das Wissenskapital, umso größer ist der Vorteil. Dasselbe gilt auch für die anderen Kapitalkomponenten. Offensichtlich ist es damit für die internationale Arbeitsteilung von entscheidender Bedeutung, inwiefern die Größenvorteile eines Landes auch vom Ausland genutzt werden können und umgekehrt inwiefern das Inland an den Größenvorteilen der anderen Länder partizipieren kann.

Da die Möglichkeiten zur Ausnützung von Größenvorteilen im internationalen Kontext vielfältiger sind, ergeben sich durch die Aufnahme von Außenbeziehungen neue Wachstumschancen. Z.B. sind solche Chancen in der internationalen Übertragung von Wissenskapital zu vermuten. Wie bereits ausgeführt, kann Wissenskapital als Nebenprodukt von verschiedenen Arten von Investitionen wie Realkapital- oder F+E-Investitionen entstehen. Im Bereich der Wissensdiffusion ist es damit von Bedeutung, wie groß die geografische Verbreitung der positiven Wissens-Spillover ist (vgl. auch Box 5.1).

Endogenes Wachstum wurde in den Modellen von Kapitel 6 auch durch die Akkumulation anderer Faktoren erklärt. Diese weiteren Faktoren sind die öffentlichen Vorleistungen und das Humankapital. Typischerweise ist die Wirkung öffentlicher Vorleistungen weitgehend auf dasjenige geografische Gebiet beschränkt, das zur jeweiligen politischen Einheit gehört. Humankapital ist international nur dann mobil, wenn qualifizierte Arbeitskräfte über die Landesgrenzen wandern. Gemessen an der gesamten Menge an qualifizierter Arbeit ist dabei in der Realität der Anteil der international mobilen qualifizierten Arbeit vergleichsweise gering.

Bleiben die Größenvorteile teilweise oder vollständig auf ein Land oder eine Region beschränkt, ergeben sich ausgeprägte Spezialisierungsmuster in der interregionalen und internationalen Arbeitsteilung. Denn ein Land oder eine Region kann in speziellen Branchen Größenvorteile erwerben, die in anderen Gebieten nicht oder weniger ausgeprägt vorhanden sind. Anhand der Geschichte von vielen Regionen kann gezeigt werden, wie solche Spezialisierungen z.B. in Finanzzentren, Industriestandorten, High-Tech-Regionen u.a.m. durch akkumulierte Größenvorteile entstanden sind. Oft war es dabei eine eher zufällige Tatsache, die zum Start einer solchen Entwicklung führte.

Ein weiterer wesentlicher Punkt beim Übergang von der Autarkie zum Freihandel ist die durch Handel induzierte Veränderung in der intersektoralen Faktorallokation. Ein Land mit komparativen Vorteilen in der traditionellen Produktion kann sich nach Öffnung der Volkswirtschaft aufgrund der relativen Faktorausstattung vermehrt auf diesen Bereich spezialisieren, ohne die anderen Tätigkeiten ganz aufgeben zu müssen. Dagegen werden Länder mit komparativen Vorteilen in der Forschung oder in High-Tech-Bereichen mit Freihandel mehr Ressourcen in diesen Bereichen verwenden und die traditionellen Güter vermehrt importieren.

Wir konzentrieren uns in der Folge auf den Ansatz aus Kapitel 7 mit endogener Forschung und Entwicklung, da dieser bezüglich Öffnung einer Volkswirtschaft zum Freihandel die meisten Erkenntnisse vermitteln kann. Der Reihe nach werden dabei die verschiedenen Effekte im Bereich der Größenvorteile und der Ressourcen-Reallokation behandelt. Ein Charakteristikum dieses Modells ist die Herstellung von differenzierten Zwischenprodukten unter monopolistischer Konkurrenz. Bevor auf die Dynamik eingegangen wird, stellen wir deshalb im nächsten Unterabschnitt die Konsequenzen dieser Marktform für den internationalen Güterhandel dar.

b) Monopolistische Konkurrenz im internationalen Wettbewerb

Ausgehend vom Modell in Abschnitt 7.3, betrachten wir den internationalen Handel mit differenzierten Zwischenprodukten, die unter monopolistischer Konkurrenz hergestellt werden. Da der Handel mit Zwischenprodukten innerhalb eines bestimmten Wirtschaftsbereichs stattfindet, spricht man in diesem Fall von "intraindustriellem" Handel.

Auch im internationalen Kontext gilt für die Zwischenprodukte, dass es zu einer Spezialisierung einer einzelnen Unternehmung auf ein bestimmtes Produkt kommt, da nur so die volle Deckung der Fixkosten gewährleistet ist. Im Gleichgewicht mit intraindustriellem Handel stellen alle Volkswirtschaften differenzierte Produkte her, aber nur jeweils ein Land wird ein bestimmtes Gut produzieren. Die in einem Land nicht produzierten Varianten können vom Ausland importiert werden, so dass der Vorteil der Diversifikation allen Ländern zugute kommt.

Das Argument des Vorteils aus dem Außenhandel mit differenzierten Produkten beruht auf der Annahme, dass die in einem Land verfügbare Zahl der Varianten nach Aufnahme des Außenhandels tatsächlich steigt. Dies braucht nicht für jedes Modell der monopolistischen Konkurrenz zuzutreffen. Die Anzahl der Unternehmungen, die differenzierte Güter herstellen, ist eine endogene Variable, die sich nach Aufnahme des Außenhandels verändern kann. Im Modell unter 7.3 gilt, dass in allen am Außenhandel beteiligten Volkswirtschaften die Produktivität in der Herstellung der High-Tech-Konsumgüter steigt, wenn die Anzahl der Varianten an Zwischenprodukten zunimmt.

Mit der verwendeten *CES*-Form bleibt der Mark-up auf die Grenzkosten auch bei Aufnahme der Handelsbeziehungen konstant. Dieser konstante Mark-up sorgt dafür, dass bei einer Vergrößerung des gesamten Marktvolumens eine größere Anzahl Unternehmungen existiert, beziehungsweise ihre Fixkosten decken kann. Damit ist in der *CES*-Formulierung der monopolistischen Konkurrenz die Zunahme der Varianten durch Freihandel gewährleistet, denn Außenhandel führt immer zu einer Erhöhung der Gesamtnachfrage.

Die Aufnahme von Handelsbeziehungen bedeutet im verwendeten Modell einen Niveausprung in der Anzahl der verfügbaren Zwischenprodukte. In beiden Ländern steigt die Produktivität, denn es kann überall mehr vom High-Tech-Konsumgut Y^H hergestellt werden. Dadurch erhöht sich der Nutzen der Haushalte entsprechend den Parametern der Nutzenfunktion. Dies kann durch den folgenden Ausdruck überprüft werden:

Notation:

- a Autarkiezustand
- f Freihandel

$$\left(\frac{Y^H}{X}\right)_a = (n_a)^{(1-\beta)/\beta} < \left(\frac{Y^H}{X}\right)_f = (n_f)^{(1-\beta)/\beta} \qquad (8.1)$$

da $n_a < n_f$ und $0 < \beta < 1$

Bei den differenzierten Gütern ist im Modell unbestimmt, welches Land welche Varianten selbst herstellt und welche vom Ausland importiert werden. In der Realität entscheiden meist unternehmensspezifische Initiativen der Vergangenheit über die konkrete Spezialisierung bei bestimmten Zwischenprodukten.

Solange in der Produktion von Zwischenprodukten keine "reinen" Renten (Renten, die nicht der Deckung von Fixkosten dienen) erzielt werden – und dies ist die grundlegende Annahme der monopolistischen Konkurrenz –, spielt die Zuteilung bestimmter Zwischenprodukte auf die verschiedenen Länder für die Wohlfahrt keine Rolle.

c) Ein Wachstumsmodell der offenen Volkswirtschaft

Für den Handel mit Endprodukten berücksichtigt die traditionelle Außenhandelstheorie – mit Ausnahme des intertemporalen Handels – mindestens zwei Konsumgüter-Sektoren. Im weitverbreiteten Ansatz mit zwei Ländern, zwei Faktoren und zwei Gütern exportiert jedes Land ein Gut entsprechend seinem komparativen Vorteil in der Faktorausstattung. Ein für unsere Zwecke gut einsetzbares Modell umfasst folgende zwei Güter beziehungsweise Sektoren:

- High-Tech-Konsumgüter, die aus differenzierten Zwischenprodukten zusammengesetzt sind.

- Traditionelle Konsumgüter, die mit konstanten Skalenerträgen und unter vollständiger Konkurrenz produziert werden.

Die Primärfaktoren, wie z.B. Arbeit, werden je nach internationaler Arbeitsteilung entweder mehr im einen oder mehr im andern Sektor eingesetzt. Der erste Sektor umfasst zwei Aktivitäten: die Herstellung der Zwischenprodukte und den Zusammenbau dieser Zwischenprodukte zu einem High-Tech-Konsumgut. Da für das Zusammenbauen, wie im Modell von Abschnitt 7.3 ersichtlich, keine Primärfaktoren nötig sind, fällt diese Aktivität in denselben Sektor wie die Zwischenprodukte.

Zusätzlich zum intraindustriellen Handel kann in diesem Modell ein interindustrieller Handel untersucht werden, weil ein grenzüberschreitender Austausch von traditionellen Produkten gegen High-Tech-Güter abbildbar ist. Als Ergänzung zu den Ausführungen in Abschnitt 7.3 unterscheiden wir beim Faktor Arbeit zwischen hochqualifizierter und niedrigqualifizierter Arbeit. Das zweiteilige Schema wird zur Abbildung der Dynamik um einen dritten Sektor erweitert, der die Forschung umfasst. Wieder ist es Aufgabe der Forschung, neue Designs für Zwischenprodukte zu entwickeln. Dieser Ansatz mit drei Sektoren wurde vor allem von GROSSMANN/HELPMANN (1991) in die Theorie eingeführt.

In diesem Wachstumsmodell bestimmt sich die volkswirtschaftliche Wachstumsrate über die gesamte Ressourcenmenge in der Produktion von Designs und deren Effizienz. Entscheidend ist deshalb, wie sich im Forschungssektor die Kosten und die erwarteten Erträge der Investitionen durch die Aufnahme oder die Intensivierung des Außenhandels verändern. Folgende Kanäle können untersucht werden:

- Internationale Wissensdiffusion

- Stellung des Inlands auf den Güter-Weltmärkten

- Veränderte Faktorausstattung durch Migration qualifizierter und unqualifizierter Arbeit

Das Wachstumsmodell von Kapitel 7 lässt sich im Hinblick auf diese Untersuchung für zwei Länder algebraisch formulieren, daraus folgt die vollständige mathematische Herleitung der Auswirkungen des Außenhandels auf den Wachstumspfad. Dieser Weg wird in BRETSCHGER (1997, Kapitel 8 ff.) eingeschlagen, wo die detaillierten Ergebnisse wiedergegeben sind. An dieser Stelle werden die Resultate in vereinfachter und anschaulicher Form dargestellt. Abbildung 8.1 zeigt als ersten Schritt die grafische Darstellung der Produktions- und Güterstruktur des Modells sowie die Einflusskanäle des Außenhandels auf das Inland.
Anhand dieser Struktur werden die aufgeführten Einflüsse des Außenhandels unter den beiden Abschnitten über Größenvorteile und Ressourcen-Reallokation besprochen.

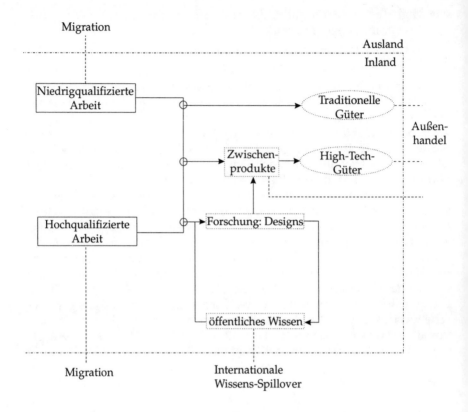

Abbildung 8.1: Außenhandel und Wachstum mit F+E

8.2 Größenvorteile durch Außenhandel

a) Internationale Wissensdiffusion

Die langfristige Wirtschaftsentwicklung der durch das Modell aus Abschnitt 7.3 abgebildeten Volkswirtschaften ist direkt durch das akkumulierte Wissen bestimmt. Der Bestand an öffentlichem Wissen erhöht sich einerseits durch Investitionen in Forschung und Entwicklung in der eigenen Volkswirtschaft. Andererseits hat auch das Wissen aus dem Ausland eine Wirkung, die je nach Art der internationalen Wissensdiffusion unterschiedlich ist. Die Übertragbarkeit des Wissens über die Landesgrenzen hängt zum einen von der Art des Wissens und zum anderen von den verfügbaren Kommunikationsmöglichkeiten ab.

Wie in Abbildung 8.2 ersichtlich ist, wirken internationale Wissens-Spillover wie ein vergrößerter inländischer Arbeitseinsatz im Forschungslabor. Die Spillover über die Landesgrenzen lassen den Bestand an öffentlichem Wissen im Inland schneller ansteigen, da nun auch das Ausland zu seiner Vermehrung beiträgt. Weil so zu jedem Zeitpunkt mehr öffentliches Wissen als Gratis-Input in Forschung und Entwicklung verfügbar ist, steigt der Output an Designs und damit das volkswirtschaftliche Wachstum. Dass ein Teil des ausländischen Wissens unter Umständen nicht ins Inland gelangt, ist in der Abbildung mit einem separaten, gestrichelten Pfeil gekennzeichnet.

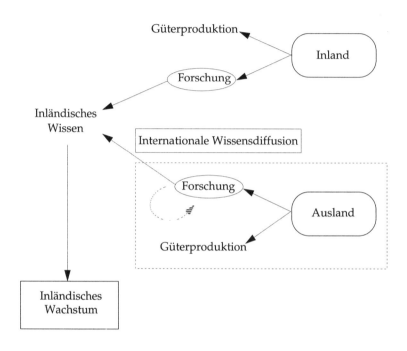

Abbildung 8.2: Internationale Wissensdiffusion

b) Stellung auf den Welt-Gütermärkten

Die zunehmende Internationalisierung des Güterhandels bleibt nicht ohne Auswirkungen auf das volkswirtschaftliche Wachstum der beteiligten Volkswirtschaften. Der Zusammenhang zwischen Offenheit im Güterhandel und Wachstumsraten im internationalen Querschnitt ist in Abbildung 8.3 dargestellt. Gemäß dieser Darstellung ist der ohne weitere Einflussfaktoren gemessene Zusammenhang positiv, aber nicht allzu eng. Mit dieser Messung ist allerdings keine Aussage über die Kausalität des Einflusses verbunden.

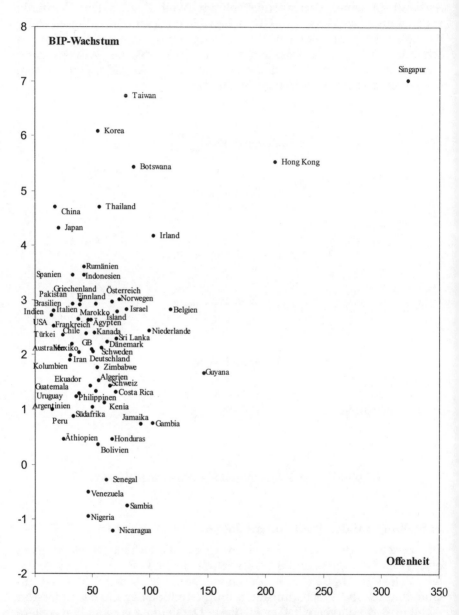

Anmerkung: *Durchschnittliches BIP-Wachstum: real, pro Jahr und pro Kopf, in %; Offenheit als Summe von Exporten und Importen geteilt durch das BIP.*

Quelle: *Summers/Heston/Aten, Penn World Table 6.1.*

Abbildung 8.3: Durchschnittliche Wachstumsraten 1960–2000 und Offenheit der Volkswirtschaft.

Im Modell von Kapitel 7 wird sich jede Unternehmung im Bereich der differenzierten Güter nach Aufnahme des Freihandels auf die Herstellung einer nur einmal existierenden Produkt-Variante spezialisieren. Der Außenhandel setzt demnach neue Akzente für den Forschungssektor, indem bereits im Ausland bestehende Designs – im Gegensatz zur Autarkie – keinen Marktwert aufweisen. Der Handel mit differenzierten Gütern hebt die Doppelspurigkeiten in der Entwicklung von neuen Varianten auf. Sämtliche Forschungsanstrengungen erhöhen die weltweite Wissensbasis, da sich jede Forschungsanstrengung auf ein weltweit neues Produkt richtet und damit Redundanzen vermieden werden. Dies ist positiv für die Wachstumsraten der am Welthandel beteiligten Volkswirtschaften.

Durch Aufnahme des Freihandels werden zudem die Absatzmärkte für den einzelnen Anbieter differenzierter Zwischenprodukte größer. Die Durchschnittskosten sinken gemäß den getroffenen Annahmen bei größeren Produktionsmengen, und wegen der CES-Annahme steigt damit der Gewinn pro Unternehmung. Dies könnte zu zusätzlichen Markteintritten führen, würde nicht ein anderer Effekt genau entgegengesetzt wirken. Denn durch die Öffnung der Märkte steigt auch die Anzahl der Konkurrenzanbieter aus dem Ausland, womit der Gewinn pro Unternehmung abnimmt. Es stellt sich deshalb die Frage, welcher Effekt dominiert.

Der Fall des reinen Größenvorteils (vgl. Überschrift) ist in diesem Modell besonders gut zu sehen. Er kann am einfachsten durch die Vorstellung der Handelsaufnahme zwischen zwei identischen Volkswirtschaften nachvollzogen werden. In diesen Volkswirtschaften sind die Faktorpreise schon vor Aufnahme des Freihandels gleich hoch. Mit identischen Faktorpreisen in den verschiedenen Ländern sind auch die Fixkosten (= Kosten für die Designs) und die Grenzkosten der Zwischenprodukt-Hersteller dieselben. Weil die Nachfrage mit der CES-Annahme für alle in- und ausländischen Zwischenprodukte symmetrisch ist, wird von allen Zwischenprodukten die gleiche Menge nachgefragt. Weil zudem die Mark-ups identisch sind, ist der Gewinn pro Unternehmung schon vor Aufnahme des Freihandels überall derselbe.

Mit Aufnahme des Außenhandels verändert sich in diesem Fall der Gewinn pro Firma nicht, d.h., der positive und der negative Einfluss des Freihandels halten sich genau die Waage. Der Mark-up auf die Grenzkosten bleibt annahmegemäß konstant. Die Anreize für die Forschung und die Attraktivität der Design-Produktion verändern sich durch die Integration der Gütermärkte im Zusammenhang mit den Wettbewerbseffekten nicht.

Als Erweiterung des Modells könnte allenfalls angenommen werden, dass der Mark-up-Faktor bei Freihandel geringer wird. Das würde bedeuten, dass der schärfere Wettbewerb auf den weltweit freien Gütermärkten einen negativen Effekt auf das Wachstum ausübt. Gegen diesen negativen Effekt würde eine andere Modifikation des Modells wirken: dass nämlich, wie unter Kapitel 7 ausgeführt, durch Freihandel ein

Abbau der Monopolisierung im Forschungssektor stattfindet, der das Wachstum positiv beeinflusst.

c) Veränderte Faktorausstattung

Die Migration von Arbeitskräften über die Landesgrenzen hinweg wirkt sich im betrachteten Modell über die Mengen der verfügbaren Primärfaktoren auf das Wachstum aus. Nach einer Immigration existiert z.B. im betrachteten Land eine größere Menge an primären Faktoren, die für die verschiedenen Aktivitäten verwendet werden kann.

Erhöhen sich mit der Migration die Arbeitsmengen an qualifizierter und unqualifizierter Arbeit, verschieben sich nomalerweise die relativen Faktor- und Güterpreise. Als Folge davon werden die Faktoren zwischen den drei Sektoren realloziert (vgl. nächsten Abschnitt). Erhöhen oder vermindern sich die Mengen der beiden Qualifikationsstufen aber genau proportional, z.b. je um ein Prozent, ergibt sich durch die Faktorwanderung ein Skaleneffekt.

Der aggregierte Faktor Arbeit L wirkt gemäß Abschnitt 7.3 wie folgt auf das volkswirtschaftliche Wachstum (vgl. Gleichung 7.21):

$$g_n = \frac{(1-\beta) \cdot L}{a_g} - \beta \cdot \rho \qquad (8.2)$$

Eine proportionale Einwanderung von Arbeitskräften erhöht damit die Wachstumsrate im Inland, eine Emigration dagegen senkt das erreichte Wachstum. Wohl werden nach einer Immigration die Produktionsmengen der handelbaren Güter ausgedehnt, doch kommt es ebenso zu einer zusätzlichen Leistung in den Forschungslabors; im Falle der Emigration geschieht das Entsprechende in umgekehrter Richtung.

In dieser Einschätzung wird neben dem vernachlässigten Qualifikationsaspekt der Arbeit (folgt unter 8.3) die Stellung des Inlands auf den Güter-Weltmärkten nicht gesondert berücksichtigt. Es kann aber gezeigt werden, dass die zusätzliche Betrachtung der Gütermärkte die Aussage in bezug auf den Skaleneffekt nicht verändert. Hingegen ist wie in Kapitel 7 darauf hinzuweisen, dass das verwendete Modell im Hinblick auf den arbeitssparenden technischen Fortschritt zu wenig vielseitig ist. Unter der Annahme, dass eine große Menge an Arbeit die Anreize für den arbeitssparenden technischen Fortschritt senkt, ergibt sich eine Gegenkraft zum hier wiedergegebenen positiven Skaleneffekt, vgl. BRETSCHGER (2001).

8.3 Reallokation der Ressourcen

a) Integration der Gütermärkte

In der Realität ist davon auszugehen, dass die relativen Faktorpreise vor Aufnahme des Freihandels international unterschiedlich sind. Dann führt der Außenhandel dazu, dass sich die Faktorpreise verändern. Damit werden auch die Primärfaktoren in jeder am Handel beteiligten Volkswirtschaft teilweise zwischen den Sektoren verschoben, mit anderen Worten findet eine intersektorale Reallokation der Ressourcen statt.

Diese Reallokation verändert die langfristige Wirtschaftsentwicklung. Denn der endogene Wachstumspfad des Modells in Kapitel 7 ist neben den reinen Skaleneffekten (wie der Menge des verfügbaren Wissens) entscheidend beeinflusst von der Wirtschaftsstruktur. Je mehr Ressourcen in den Forschungsbereich alloziert werden, umso größer ist die erreichte Wachstumsrate. In Abbildung 8.4 ist symbolhaft dargestellt, wie die durch den Handel und die veränderten relativen Preise hervorgerufene Reallokation der Ressourcen die Menge der Inputs in der Forschung und damit die Wachstumsrate der Wirtschaft beeinflusst.

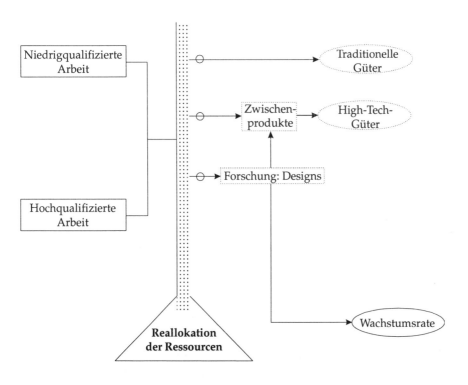

Abbildung 8.4: Reallokation durch Handel

Wichtig ist im Bezug auf das Wachstum, wie sich die Kosten der Forschung verändern. Dabei interessieren vor allem die Preise von Faktoren wie qualifizierter Arbeit, die im Forschungslabor intensiv nachgefragt wird. Sinkt z.B. der relative Preis der qualifizierten Arbeit, vermindern sich die Kosten für F+E-Investitionen, womit die Investitionsanreize steigen. Damit erhöht sich im Modell die Wachstumsrate.

Eine Volkswirtschaft, die – unter Annahme vollständiger internationaler Wissensdiffusion – ihre Handelsbeziehungen mit einem außerordentlich humankapitalreichen Land vertieft, erhält über den Ressourcen-Reallokationseffekt positive Wachstumsimpulse. Eine solche Gütermarkt-Integration kann wie eine Vermehrung der Menge an qualifizierter Arbeit im Inland analysiert werden; zu den Einzelheiten vgl. BRETSCHGER (1997, Kapitel 10).

Ist die internationale Wissensdiffusion unvollständig, ergeben sich auch Konsequenzen für die Gütermärkte beziehungsweise die internationale Arbeitsteilung. Findet im Extremfall gar keine internationale Wissensdiffusion statt, sind die Größenvorteile im Forschungsbereich auf die einzelnen Länder begrenzt. Hat ein Land einen Produktivitätsvorsprung in der Forschung, kann es diesen im Zeitablauf immer mehr ausbauen. Dies bedeutet, dass es im Bereich der differenzierten Zwischenprodukte einen immer größeren Anteil am Weltmarkt erreicht. Im Extremfall sehen sich die anderen Länder mit einem anfänglichen Produktivitätsrückstand in der Forschung gezwungen, sich mit der Zeit vollständig auf die traditionellen Güter zu spezialisieren.

Durch den Außenhandel akzentuiert sich bei lokal begrenzten Größenvorteilen die internationale Arbeitsteilung, da sich der anfängliche Rückstand der einen Länder und der Vorsprung der anderen im Zeitablauf immer mehr verstärkt (Divergenz der Niveaus). Allerdings kann es einem Land unter Umständen gelingen, durch zeitlich begrenzte, zusätzliche Investitionen den Rückstand in der Produktivität der Forschung wettzumachen oder gar das Ausland zu überholen. Gelingt ein Überholen, verläuft die internationale Spezialisierung nachher von selbst in die andere Richtung. In diesem Fall wird von "Hysterese" gesprochen, denn die zeitlich begrenzte Maßnahme der zusätzlichen Forschung hat permanente Auswirkungen. Dies gilt für den extremen Fall der fehlenden Wissensdiffusion. Sobald die internationale Wissensdiffusion intensiver wird, haben die "rückständigen" Länder auch ohne spezielle Förderung bessere Voraussetzungen, sich der Forschung und der Produktion differenzierter Güter zuzuwenden.

Ist die internationale Wissensdiffusion trotz freiem Handel mit Gütern mangelhaft, kann es im hier verwendeten Modell der Fall sein, dass sich ein Land mit viel qualifizierter Arbeit vor allem auf die Produktion differenzierter Zwischenprodukte konzentriert. Obwohl in diesem Land die traditionelle Produktion zurückgeht, kann im langfristigen Gleichgewicht auch die Forschung unter der Konzentration auf die differenzierten Güter leiden, was für die Wachstumsrate negativ ist. Dieser Fall zeigt die Wichtigkeit der Wissensübertragungen in den internationalen Beziehungen, die in der Außenhandelstheorie bisher noch wenig gewürdigt wurde.

Im Modell gilt mit vollständiger Wissensdiffusion und bei nicht allzu extrem unterschiedlicher Faktorausstattung, dass alle am Freihandel beteiligten Volkswirtschaften die Möglichkeit haben, Innovationen hervorzubringen. Die dadurch neu geschaffenen Produkte sind auf den internationalen Märkten konkurrenzfähig. Wird der Kreis der betrachteten Länder weit gezogen, muss man aber davon ausgehen, dass gewisse Volkswirtschaften diese Fähigkeit zu weltweit konkurrenzfähigen Innovationen aus verschiedenen Gründen nicht haben. Diese Länder können sich aber darauf verlegen, ausländische Designs unter einem gewissen Ressourceneinsatz zu kopieren und die Produkte dann auf den Weltmärkten billiger anzubieten. Voraussetzung dazu ist allerdings, dass der Patentschutz der führenden Länder international nicht vollständig durchgesetzt werden kann.

Mit dieser Idee kann das verwendete Modell in ein Modell mit Produkt-Zyklen umgestaltet werden. Dabei wird davon ausgegangen, dass aufgrund bestehender internationaler "Technologie-Lücken" nur gewisse Länder (des "Nordens" der Erde) innovative Tätigkeiten ausführen. In diesen "Nord-Süd-Modellen" erfindet der Norden neue differenzierte Produkte, die nach einer gewissen Zeit von den anderen Ländern (im "Süden" der Erde) kopiert werden können. Sobald dies möglich ist, wandert die Produktion dieser Güter in den Süden, da dort die Produktionskosten annahmegemäß tiefer sind.

b) Integration der Arbeitsmärkte

In den Abschnitten 7.3 und 8.2 wurde der positive Zusammenhang zwischen aggregierter Arbeitsmenge und Wachstumsrate hervorgehoben. Wie in BRETSCHGER (1997, Kapitel 11) weiter ausgeführt wird, gilt diese Aussage bei einer Desaggregation des Faktors Arbeit auch für die hochqualifizierte Arbeit, da diese im Forschungslabor intensiv Verwendung findet. Ebenso wird eine gemischte, aber auf die hohen Qualifikationen ausgerichtete Migrationsstruktur dazu führen, dass eine Immi-gration zu verbesserten langfristigen Entwicklungschancen führt.

Für niedrigqualifizierte Arbeit gelten dagegen andere Aussagen, da dieser Typ Arbeit vor allem in der Produktion traditioneller Güter nachgefragt wird. Bei einer stark auf unqualifizierte Arbeit ausgerichteten Migrationsstruktur kann es vorkommen, dass sich ein Land nach einer Immigration vermehrt auf Sektoren mit eher unterdurchschnittlichem Wachstum spezialisiert und damit bezüglich Wachstum nicht von der vergrößerten Ausstattung mit Faktoren profitieren kann.

Entscheidend für das Ausmaß der sektoralen Umverteilung der Ressourcen im Anschluss an die Migration sind die Elastizitäten der Substitution zwischen hoch- und niedrigqualifizierter Arbeit in den abgebildeten Sektoren. Je höher die Substitutionselastizität ist, desto eher

wird durch die Immigration unqualifizierter Arbeit hochqualifizierte
Arbeit aus der traditionellen Produktion frei und damit zusätzlich für die
Forschung verfügbar. Bei tiefer Substitutionselastizität hingegen wird die
traditionelle Produktion durch dieselbe Immigration derart ausgedehnt,
dass die Beschäftigung der hochqualifizierten Arbeit in den anderen Sektoren schrumpft, was die Wachstumsrate senkt.

Es kann gezeigt werden, dass in einer geschlossenen Volkswirtschaft
und unter Annahme einer Cobb-Douglas-Nutzenfunktion der kritische
Wert für die Elastizität der Substitution (bei dem sich die Richtung der
Wirkung ändert) beim Wert Eins liegt. Ist die internationale Wissensdiffusion vollständig, ergibt sich auf der gesamten Welt die Arbeitsteilung
so, dass wiederum der Wert Eins die kritische Grenze darstellt. Ist hingegen die internationale Wissensdiffusion so gering, dass sie vernachlässigbar wird, steigt der kritische Wert. In diesem Fall ist auch der Marktanteil
des Inlands auf den Welt-Gütermärkten eine wichtige Determinante, da
dieser für die Mengenreaktionen auf den Gütermärkten im Anschluss an
die Migration bestimmend ist.

Für die Interpretation dieser Ergebisse steht grundsätzlich die Feststellung im Vordergrund, dass sich die Neue Wachstumstheorie auf die Existenz von positiven Externalitäten stützt. Deshalb führen die freien
Marktprozesse und die Annahme optimierender Wirtschaftssubjekte
auch im Bereich der Migration nicht zu einer optimalen inländischen
Wachstumsrate. Damit ist die freiwillige Migration der Arbeitskräfte für
die beteiligten Länder nicht automatisch vor- oder nachteilig.

8.4 Die Wettbewerbsfähigkeit von Volkswirtschaften

In der wirtschaftspolitischen Diskussion ist der Begriff der internationalen Wettbewerbsfähigkeit absolut vorrangig. Der in der Öffentlichkeit
vielzitierte Terminus hat jedoch keine direkte Entsprechung in der (auf
der neoklassischen Tradition aufbauenden) Wirtschaftstheorie. Zum Teil
wird von Ökonomen sogar die Meinung vertreten, der Ausdruck müsse
in der Theorie auf jeden Fall gemieden werden, da er viel zu unpräzise
sei.

Das Problem, mit Hilfe der ökonomischen Theorie von Wettbewerbsfähigkeit zu sprechen, liegt vorerst darin begründet, dass die Vorgabe von
nur einer einzigen Zielgröße wie "Wettbewerbsfähigkeit" keinerlei
Restriktionen berücksichtigt. Restriktionen und die Betonung von Ziel-
konflikten sind aber absolut zentral in der ökonomischen Theorie. Des
weiteren hat die Schwierigkeit der theoretischen Umsetzung vor allem
mit drei Punkten zu tun:

* Wettbewerbsfähigkeit bezieht sich auf relative Positionen.

* Der Begriff der Wettbewerbsfähigkeit hat auf unterschiedlichen
  Aggregatsstufen verschiedene Bedeutungen.

• Die bisher in der Theorie oft vernachlässigte Dynamik spielt für die Wettbewerbsfähigkeit eine wichtige Rolle.

Diese drei Punkte werden unter a) – c) weiter ausgeführt. Unter d) folgt eine abschließende Beurteilung.

a) Relativität

Die an der wirtschaftspolitischen Aktualität orientierte Betrachtung der Wettbewerbsfähigkeit anhand von Fallstudien behandelt meist individuelle Ergfolgsgeschichten von Unternehmungen oder einzelnen Persönlichkeiten. Demgegenüber ist jede theoretische Erfassung zwingend mit Reduktion und Vereinfachung verbunden. Für eine Theorie können nur wenige Unterschiede zwischen den Akteuren auf einmal berücksichtigt werden, die zu Differenzen in den relativen Positionen der betrachteten Länder, Branchen oder Unternehmen führen.

Die in der Außenhandelstheorie bisher meist verwendeten Unterschiede betreffen die Ausstattung mit den Produktionsfaktoren Kapital und Arbeit sowie die verfügbaren Technologien und Rohstoffe, zunehmend auch die Ausnützung von Größenvorteilen und die internationale Arbeitsteilung bei Produktzyklen. Durch den Einbau der Wachstumstheorie kann die Palette der internationalen Unterschiede um die wichtige Komponente der Dynamik erweitert werden. Im Mittelpunkt steht nicht mehr eine Momentaufnahme der genannten Determinanten des Außenhandels und der relativen Wettbewerbspositionen, sondern die längerfristige, zeitliche Entwicklung dieser Determinanten.

b) Aggregation

Für Aussagen zur Wettbewerbsfähigkeit ist die betrachtete Aggregationsstufe entscheidend. Der Erfolg einer Unternehmung hat Rückwirkungen für die Tätigkeit der anderen Unternehmungen am selben Standort; je höher der Aggregationsgrad der Betrachtung ist, desto wichtiger wird die Modellierung dieser Rückkoppelungen. In vielen älteren Außenhandelsmodellen sind aggregierte Volkswirtschaften mit teilweise mehreren Sektoren abgebildet. Die Güter sind international mobil, die Faktoren aber international vollständig immobil; der komparative Vorteil bestimmt allein die Richtung des Außenhandels. Über die Anpassungen der relativen Preise führt der Erfolg der einen Unternehmen oder Branchen zu höheren Kosten für die anderen, denn alle Produzenten konkurrieren um dieselben inländischen Ressourcen.

Im Gegensatz zu den frühen Außenhandelstheorien kann heute nicht mehr übergangen werden, dass Kapital und Arbeit – zum Teil – international mobil sind und sich im Falle von Direktinvestitionen und Migration am absoluten Vorteil orientieren. Absolute Vorteile von Ländern beruhen z.B. auf der Verfügbarkeit von immobilen Faktoren und den länderspezifischen politischen, institutionellen und sozialen Rahmenbedingungen. Auf der aggregierten Ebene von Volkswirtschaften bestimmen der komparative und der absolute Vorteil zusammen über Wettbewerbsfähigkeit und internationale Arbeitsteilung.

c) Dynamik

Im traditionellen Außenhandelsmodell – mit Betonung der komparativen Vorteile – bedeutet Wettbewerbsfähigkeit, dass sich eine Volkswirtschaft nach internationalen Schocks rasch an die neuen Gegebenheiten anpasst. Die dynamischen Anpassungsmechanismen auf den Faktor- und Gütermärkten entscheiden über das Erreichen der Vollbeschäftigung und die Art des neuen längerfristigen Gleichgewichts. Auch aus der einzelwirtschaftlich orientierten Optik spielt die Dynamik von Unternehmungen und Branchen eine entscheidende Rolle; vor allem interessiert hier die Fähigkeit zur Anpassung an neue Trends und zur Bereitstellung von neuen Problemlösungen.

Aus der Sicht des komparativen Vorteils wie aus der einzelwirtschaftlichen Optik wird demnach für die Wettbewerbsfähigkeit die Wichtigkeit der Dynamik und der längeren Frist betont. Diesem Ansatz wird mit dem Einbezug der langfristigen Dynamik im Rahmen der Neuen Wachstumstheorie Rechnung getragen. Wettbewerbsfähig sind Volkswirtschaften dann, wenn sie sich innerhalb der internationalen Arbeitsteilung eine langfristig positive Einkommensentwicklung erarbeiten können. Dabei ist zu berücksichtigen, dass dieses Einkommen richtig gemessen werden sollte und dass negative Externalitäten wie die Schäden der Wirtschaftstätigkeit an Mensch und Umwelt die Entwicklung der Wohlfahrt negativ beeinflussen.

d) Fazit

Eine Unternehmung ist wettbewerbsfähig, wenn sie ihre Produkte dank technischer Vorteile zu tiefen Kosten herstellen und mit gutem Marketing erfolgreich absetzen kann. Ein Standort ist wettbewerbsfähig, wenn die ansässigen Unternehmungen auf hohem technischen Niveau im interregionalen und internationalen Wettbewerb erfolgreich bestehen und auswärtige Unternehmungen an diesem Standort eine starke Stellung einnehmen könnten. Die fortschrittliche Produktionstechnik ist gleichbedeutend mit einer hohen Produktivität der eingesetzten Faktoren wie Arbeit und Kapital. Eine hohe Produktivität erlaubt es den Unternehmungen des Standorts, preislich konkurrenzfähig zu sein und gleichzeitig die eingesetzten Faktoren gut oder überdurchschnittlich zu entlohnen.

Weil die Produktivität das Resultat längerfristiger Anstrengungen darstellt, ist nicht nur das aktuelle Niveau dieser Größe, sondern – im Hinblick auf die Zukunft – auch die Wachstumsrate der Produktivität wichtig für die Beurteilung der Wettbewerbsfähigkeit. Aus dieser Perspektive ist die Bestimmung eines endogenen Wachstumspfads unter den Modellbedingungen der offenen Volkswirtschaft eng mit dem verknüpft, was in der aktuellen politischen Diskussion unter Wettbewerbsfähigkeit verstanden wird.

Daraus folgt, dass die Produktivität aller eingesetzten Faktoren insgesamt – die sogenannte totale Faktorproduktivität – eine gute Maßgröße für die Wettbewerbsfähigkeit eines Standorts darstellt. Um diese Größe zu berechnen, müssen allerdings die Mengen der eingesetzten Produktionsfaktoren statistisch erfasst sein (vgl. Abschnitt 3.6).

Die Produktivität der Unternehmungen an einem Standort wird in der Wachstumstheorie von denjenigen Determinanten bestimmt, die in den Modellen von Kapitel 6 und 7 besprochen wurden. In der Realität können zusätzliche Faktoren wichtig sein. Entscheidend ist z.b., dass die Unternehmungen an ihrem Standort die zu ihrer Produktionstechnik passenden Produktionsfaktoren in ausreichenden Mengen in angemessener Qualität überhaupt vorfinden. Zudem bestimmen die vielfältigen Interdependenzen zwischen den Märkten über die Produktivität der Unternehmungen an einem Standort. Für gewisse Branchen ist es ein merklicher Vorteil, wenn die Zulieferer und/oder die Abnehmer der Produkte geografisch nahe liegen.

Zusätzlich ist es für gewisse Unternehmungen günstig, wenn Unternehmungen derselben Branche in der Nähe sind. Dadurch wird zum einen erreicht, dass der regionale Arbeitsmarkt eine kritische Masse überschreitet, so dass der Pool von Arbeitskräften genügend reichhaltig ist. Zum andern wird durch die Ballung von Unternehmungen mit ähnlichen Tätigkeiten vor allem die Diffusion von Wissen an einem Standort gefördert. Schließlich sind die wirtschaftspolitischen Rahmenbedingungen entscheidend dafür, wie produktiv die eingesetzten Faktoren an einem Standort sind. Dazu gehören das Ausmaß und die Qualität des staatlich bereitgestellten Angebots, institutionelle Regelungen sowie die Qualität und die Berechenbarkeit des rechtlichen Umfelds.

Literatur zum 8. Kapitel

• BRETSCHGER, L.: Integration und langfristige Wirtschaftsentwicklung, Oldenbourg, München 1997

• BRETSCHGER, L.: Dynamik der realwirtschaftlichen Integration am Beispiel der EU-Osterweiterung, in: Jahrbücher für Nationalökonomie und Statistik, 1999, S. 276–293

• BRETSCHGER, L.: On the Predictability of Knowledge Formation: the Tortuous Link Between Regional Specialisation and Development, in: Journal of Economics, 2001, S. 247–274

• BRETSCHGER, L.: Labor Supply, Migration and Long-Term Development, in: Open Economies Review, 2001, S. 5–27

- BRETSCHGER, L.: Wachstumstheoretische Perspektiven der Wirtschaftsintegration: Neuere Ansätze, in: Jahrbücher für Nationalökonomie und Statistik, 2002, S. 64–79
- BRETSCHGER, L., HETTICH, F.: Globalisation, Capital Mobility and Tax Competition: Theory and Evidence for OECD Countries, in: European Journal of Political Economy, 2002, S. 695–716
- GROSSMANN, G., HELPMANN, E.: Innovation and Growth in the Global Economy, MIT Press, Cambridge Mass. 1991
- MARKUSEN, J., MELVIN, J., KAEMPFER, W., MASKUS, K.: International Trade, Theory and Evidence, McGraw-Hill, Boston 1995

9. Erweiterungen der Theorie

9.1 Die Rolle der Finanzmärkte

In den bisher verwendeten Wachstumsmodellen besitzen die Haushalte eine beschränkte Anzahl von Möglichkeiten, ihre Ersparnisse anzulegen. Ebenso haben die Investierenden, die diese Sparmittel in Investitionen umsetzen, wenig Alternativen zur Verfügung. In den einfachsten neoklassischen Wachstumsmodellen besteht sogar der "Zwang", einen konstanten Anteil des Einkommens zu sparen und die Mittel in Sachinvestitionen fließen zu lassen.

Im Rahmen der intertemporalen Optimierung wurde für die Haushalte die Möglichkeit eingeführt, zwischen dem laufenden Konsum und einer Anlage in risikolose, zinstragende Titel zu wählen. Im Modell mit Forschung und Entwicklung des Kapitels 7 erweiterte sich das Spektrum um die möglichen Investitionen in Forschungsprojekte. Bereits im Abschnitt 3.9 ist das neoklassische Wachstumsmodell um einen Geldsektor erweitert worden. In diesem Abschnitt soll nun diskutiert werden, was sich ändert, wenn zusätzliche Anlageformen wie Geld- oder Risikoanlagen auch in der neueren Wachstumstheorie berücksichtigt werden.

a) Geld als zusätzliches Aktivum

Geld hat in einer Wirtschaft vor allem zwei Funktionen: Es senkt die Transaktionskosten von Tauschprozessen und ist zudem eine Form der Wertaufbewahrung. Für den Einbau des Geldes in ein Wachstumsmodell sind verschiedene Möglichkeiten denkbar. Geld spielt in der Produktion, beim Sparen und in der Finanzierung – den drei grundlegenden Bereichen der einfachen Wachstumsmodelle – eine Rolle. Im Anschluss an die Monetarismus-Debatte ist auch hier zu fragen, inwiefern Geld und der gesamte Finanzsektor bezüglich der langfristigen realen Wirtschaftsentwicklung neutral sind.

Am naheliegendsten ist der Einbau von Geld als Mittel zur Wertaufbewahrung im Sparbereich. Die Ersparnisse der Haushalte fließen dann in diesem erweiterten Wachstumsmodell entweder in Geld- oder in Sachanlagen. In der statischen Betrachtung absorbiert die Geldanlage Sparmittel und reduziert damit die Sachinvestitionen. Im neoklassischen Wachstumsmodell verringert sich das gleichgewichtige Pro-Kopf-Einkommen (vgl. Abschnitt 3.9), in der Neuen Wachstumstheorie die langfristige Wachstumsrate.

In der dynamischen Betrachtung ist die Attraktivität der Geldanlage dadurch bestimmt, wie flexibel Güterpreise und Zinsen und damit die Realzinsen auf eine veränderte Geldpolitik reagieren. Die Zinsen sind wichtig für das Halten der Spekulationskasse und spielen auch deshalb

eine Rolle, weil "Geld" oft in Form von kurzfristigen Anlagen mit Ver-
zinsung gehalten wird.

Hinsichtlich der zeitlichen Anpassungen von Preisen und Zinsen sind
verschiedene vereinfachte Varianten denkbar. Schnelle Preisanpassungen (Inflation) und träge Nominalzinsen führen nach einer Geldmengen-
expansion zu einer Flucht in Sachwerte, da sich die Kosten der
Geldhaltung erhöhen. Falls die zusätzlich ausgelösten Sachinvestitionen
produktiv sind, wird die langfristige Wirtschaftsentwicklung positiv
beeinflusst. Falls die zusätzlichen Investitionen nur einen spekulativen
Boom auf dem Liegenschaftenmarkt auslösen, ist der positive Wachs-
tumseffekt allerdings in Frage gestellt.

Träge Preisanpassungen können Portfolio-Ungleichgewichte verursachen, die unter gewissen Umständen zu tieferen Sachinvestitionen führen (Modelltyp "Keynes-Wicksell I"). Träge Preisanpassungen können
aber auch Gütermarkt-Ungleichgewichte verursachen, was ein Zwangs-
sparen der Haushalte zur Folge haben kann (Modelltyp "Keynes-Wicksell II"). Wiederum wäre der letzte Fall positiv für die langfristige
Wirtschaftsentwicklung, während tiefere Investitionen für die lange Frist
nachteilig sind.

b) Mehrere Aktiva und Kapitalmärkte

In der Realität existieren die verschiedensten Arten von möglichen Anlageformen. Die intertemporale Zuteilung von Sparmitteln zu Investitionsprojekten geschieht über die Finanzmärkte. Die Idee eines in Bezug auf
die reale Entwicklung neutralen Finanzsektors wird von den meisten
Wirtschaftswissenschaftlern abgelehnt. Tatsächlich erfüllen die Finanzmärkte wichtige volkswirtschaftliche Funktionen. Es ist deshalb naheliegend, davon auszugehen, dass damit auch realwirtschaftliche Konsequenzen verbunden sind. Andernfalls erschiene der große Aufwand
auf den Finanzmärkten als gesamtwirtschaftliche Verschwendung.

Bezüglich Wachstum ist es entscheidend, wie die Akkumulation der
produktiven Faktoren durch die Struktur der Finanzmärkte beeinflusst
wird. Die Entscheide auf den Finanzmärkten prägen die Gestalt von
Wachstumsprozessen über die Art und die Mengen der finanzierten
Investitionen. Je effizienter und leistungsfähiger die Ausgestaltung des
finanziellen Sektors ist, desto besser sind die Rahmenbedingungen für
ein angemessenes Wachstum.

Dabei ergeben sich verschiedene mögliche Problemfelder. Einmal ist
zu fragen, ob auf den Finanzmärkten genügend Risikokapital bereitgestellt werden kann, um auch riskantere Forschungsprojekte zu unterstützen. Die Unterscheidung nach Risikokategorien ist in den bisherigen
Wachstumsmodellen mit einem integrierten Forschungssektor noch
wenig behandelt worden. Des weitern können Kreditrationierungen den
Wachstumsprozess behindern, da Menge und Auswahl der finanzierten
Projekte nicht mehr nach den üblichen Optimalitätskriterien zustande
kommen.

Ebenso sind Verzerrungen in der Finanzierungsstruktur eine mögliche Ursache für Behinderungen des Wachstums. Diese ergeben sich beispielsweise dadurch, dass die Manager nicht dieselben Interessen vertreten wie die Eigentümer einer Firma oder dass die Möglichkeiten der Finanzierung bei kleineren und mittleren Unternehmungen beschränkt sind. Außerdem ist die Stabilität des Bankensystems ein wichtiger Faktor für eine optimale Vermittlerfunktion des Finanzsektors.

c) Ein einfaches Wachstumsmodell mit Finanzintermediation

Nachdem in den sechziger und siebziger Jahren vor allem die Auswirkungen der Integration von Geld in die verschiedenen Wachstumsmodelle im Zentrum der Untersuchungen standen, konzentriert sich das Interesse in jüngster Zeit und im Rahmen der Neuen Wachstumstheorie hauptsächlich auf die Rolle der Finanzintermediation als Wirtschaftssektor. Durch die Endogenisierung des Wachstums lässt sich insbesondere zeigen, dass die Existenz eines Finanzsektors nicht nur – wie im neoklassischen Modellrahmen – Niveau-Effekte hat, sondern auch den Wachstumspfad selbst beeinflussen kann.

Das nachfolgend dargestellte Modell (vgl. PAGANO 1993) beruht auf folgenden Annahmen: Die Produktionsfunktion ist vom Typ "AK", d.h., es wird unterstellt, dass der Output eine lineare Funktion eines hier sehr breit definierten Kapitalstocks ist (vgl. Kapitel 5):

$$Y(t) = A \cdot K(t) \tag{9.1}$$

Dabei entspricht A der totalen Faktorproduktivität beziehungsweise dem Stand des technischen Wissens. Unter K wird neben physischem Kapital auch Humankapital subsummiert, welches nicht aus der rohen Arbeitskraft, sondern aus dem akkumulierbaren Bildungsstand besteht; t ist auch hier der Zeitindex.

Im weiteren sei angenommen, dass es kein Bevölkerungswachstum gibt und das produzierte Gut entweder konsumiert oder investiert werden kann. Das Kapital entwertet sich mit der Abschreibungsrate δ. In dieser geschlossenen Volkswirtschaft ohne Staat befindet sich der Kapitalmarkt im Gleichgewicht, wenn die Bruttoinvestitionen I den Ersparnissen S entsprechen.

Während des Prozesses der finanziellen Intermediation geht ein Anteil $1 - \zeta$ der Ersparnisse verloren. ζ lässt sich als Maß für die Effizienz des Finanzsektors auffassen. Es gilt folglich:

$$\zeta S(t) = I(t) \tag{9.2}$$

Aus Gleichung (9.1) ergibt sich die Wachstumsrate des Einkommens zwischen den Zeitpunkten t und $t+1$:

$$g(t+1) = \frac{Y(t+1)}{Y(t)} - 1 = \frac{K(t+1)}{K(t)} - 1 \qquad (9.3)$$

Mit $K(t+1) = K(t) + I(t) - \delta K(t)$ und durch die Verwendung von (9.1) und (9.2), Umformen sowie Weglassen der Zeitindizes ergibt sich:

$$g = A \cdot \frac{I}{Y} - \delta = A \cdot \zeta \cdot s - \delta \qquad (9.4)$$

wobei $s = S/Y$. Die Wachstumsrate hängt also von der Effizienz des Finanzsektors ζ, der Faktorproduktivität A sowie der Sparquote s ab. In der Folge werden nun diese drei Einflussfaktoren genauer untersucht.

Die Vermittlung von Finanzmitteln privater Haushalte an Unternehmungen erfolgt nicht kostenlos, sondern es entstehen, insbesondere in einer Welt ohne spezialisierte Kapitalvermittler, beträchtliche Transaktionskosten. Diese können durch die Entwicklung eines Finanzsektors, in dem Intermediäre die gesparten Mittel "poolen" und gezielt alternativen Investitionsprojekten zuführen, gesenkt werden.

Trotzdem absorbieren diese Transaktionen einen Anteil ζ jeder gesparten Geldeinheit, der als Entgelt für die erbrachten Dienstleistungen bei den Finanzintermediären bleibt. ζ ist somit ein direktes Maß für die Effizienz der Kapitalvermittlung.

Beeinflußt wird ζ durch die Marktstruktur im Finanzsektor, wobei es bei einer Konzentration der Marktmacht zu Monopolrenten und somit zu einer Senkung der Effizienz und der gesamtwirtschaftlichen Wachstumsrate kommen kann. Negative Auswirkungen auf ζ sind von einer großen steuerlichen Belastung sowie einer unzweckmäßigen Regulierung des Finanzsektors zu erwarten.

Eine Schlüsselfunktion der Finanzintermediation ist die Allokation von Ressourcen in diejenigen Projekte, deren Grenzprodukt am größten ist. Folgende Gründe stehen in der Realität hinter dem im obigen Modell abgebildeten positiven Einfluss der Effizienz auf die Faktorproduktivität A: Banken verfügen im Vergleich zu den privaten Haushalten über die besseren Informationen und Methoden, um alternative Investitionsprojekte zu beurteilen. In einer Volkswirtschaft mit einem effizienten Finanzsektor werden daher tendenziell die produktiveren Projekte ausgewählt.

Finanzintermediäre ermöglichen die Fristen- sowie Risikotransformation. Diese Funktionen werden neben Versicherungsmärkten auch von Banken und Kapitalmärkten übernommen und erlauben es den Individuen, nicht versicherbare Risiken zu teilen sowie unsystematische Risiken durch Portfoliobildung wegzudiversifizieren. Zudem erhöht die Schaffung von beispielsweise rasch veräußerbaren Anteilsscheinen von Investmentfonds die Liquidität der Sparer bei gleichzeitiger Investition der "gepoolten" Mittel in längerfristigere, produktivere Projekte. Die genannten Funktionen des Finanzsektors führen somit im Modell über eine Steigerung der Faktorproduktivität zu einem höheren Wachstum.

Die dritte Variable, die von der Entwicklung der Finanzmärkte beeinflusst werden kann, ist die Sparquote s. Die Richtung des Effekts ist in der Literatur allerdings umstritten. So kann beispielsweise gezeigt werden, dass es durch eine breite Absicherung existenzieller Risiken (Gesundheit, Arbeitslosigkeit usw.) über Versicherungsmärkte zu einer Verminderung des "Vorsichtssparens" kommt und dadurch die Konsumquote ansteigt beziehungsweise die Sparquote sinkt.

9.2 Zusammenhang zwischen Konjunktur und Wachstum

Statistisch beobachtbar ist eine Zeitreihe für das aggregierte Einkommen, z.B. für das Gebiet eines Landes. In der älteren Makrotheorie war eine Aufteilung einer solchen Zeitreihe in einen langfristigen Trend und zyklische Abweichungen von diesem Trend üblich. Die Erklärung des langfristigen Trends war Inhalt der Wachstumstheorie, die Schwankungen Gegenstand der Konjunkturtheorie. Statistische Methoden und ökonomische Überlegungen haben aber gezeigt, dass eine strikte Trennung sehr heikel ist.

Es bestehen nämlich Einwirkungen auf beide Seiten: Einerseits kann die langfristige Entwicklung von den Schwankungen beeinflusst werden, andererseits vermag auch der längerfristige Trend die Art und die Intensität der Schwankungen zu verändern. In der Folge werden deshalb vier mögliche Einflusskanäle von der Konjunktur auf die längere Frist kurz beschrieben, die für die Wachstumstheorie von Bedeutung sind.

a) Opportunitätskosten-Ansatz

Nach diesem Ansatz sind produktivitätssteigernde Aktivitäten in der Rezession wichtiger als in der Hochkonjunktur. Der Grund dafür liegt in einer intertemporalen Substitution zwischen den innovativen und den direkt produktiven Prozessen. Es wird argumentiert, dass der Ertrag für direkt produktive Prozesse tiefer ist in Rezessionen, da die Güternachfrage geringer ist. Die Opportunitätskosten (deshalb der Titel) der nicht direkt produktiven Prozesse wie Forschung und Entwicklung oder Ausbildung sind deshalb in Rezessionen niedriger als in der Hochkonjunktur.

Diese Idee setzt voraus, dass zwei Arten von Investitionen unterschieden werden müssen. Denn die traditionellen Investitionen in Realkapital verhalten sich im Konjunkturablauf eindeutig prozyklisch. Gemäß dem Opportunitätskosten-Ansatz müssten sich die innovativen Investitionen – wie Forschung und Entwicklung oder Bildungsprozesse – antizyklisch verhalten. Dies ist allerdings aufgrund der Statistik nur schwer nachzuweisen. Darüber hinaus ist zu beachten, dass produktivitätsfördernde "Learning by Doing"-Effekte in der Produktion in Expansionsphasen stärker wirken als in Rezessionen.

Selbst wenn es zutrifft, dass Rezessionen heilende Kräfte für die langfristige Wirtschaftsentwicklung hervorrufen, braucht dies nicht unbedingt direkt das Resultat der obenbeschriebenen intertemporalen Substitution zu sein. Die Tatsache, dass Rezessionen die am wenigsten produktiven Betriebe eliminieren, sowie die Beobachtung, dass Disziplinierungseffekte (schnellere Reorganisationen wegen erhöhter Bankrottgefahr) auftreten, wirken in dieselbe Richtung.

b) Humankapital-Ansatz

Im Gegensatz zur Opportunitätskosten-Überlegung kann argumentiert werden, dass Rezessionen auch auf die längerfristige Wirtschaftsentwicklung negativ wirken. Ein wesentlicher Punkt scheint in diesem Zusammenhang zu sein, dass sich unbeschäftigtes Humankapital schneller abschreibt als beschäftigtes. Je wichtiger das "On the job"-Training für die gesamte Menge an Humankapital ist, desto stärker fällt dieses Argument ins Gewicht.

Weiterbildungsangebote für Arbeitslose übernehmen daher zwei Funktionen. Zum einen sind die Beschäftigungsmöglichkeiten qualifizierter Arbeitnehmer größer als diejenigen der unqualifizierten. Zum andern ist Humankapital zentral für das längerfristige Wachstum. Über die positiven Spillover im Bildungsbereich und in der laufenden Produktion wird die langfristige Entwicklung günstig beeinflusst.

c) Jahrgangs (Vintage)-Modelle

Der technische Fortschritt im neoklassischen Modell und im Modell von Kapitel 7 wurde unabhängig vom Kapital-Input behandelt; dies ist der Fall des sogenannten "disembodied technical progress". Ein Fortschritt in Form eines erhöhten Wissensstands führt dann zu einer Produktivitätssteigerung für alle involvierten Inputs. Ein Beispiel dazu für den Faktor Kapital sind die Verbesserungen der Computer-Software; diese können zu einer erhöhten Produktivität bei allen Computern, auch bei denjenigen mit einem älteren Jahrgang, führen.

Es gibt aber auch technischen Fortschritt, der an die Einführung von neuem Kapital gebunden ist, z.B. die Erfindung neuer Computer-Hardware. Im Rahmen der sogenannten Neuen Investitionstheorie wurde in den sechziger Jahren die Relevanz des mit dem neuen Kapital verbundenen technischen Fortschritts, des "embodied technical progress", für den Wachstumsprozess diskutiert. Die Bedeutung besteht vor allem darin, dass zwischen Konjunktur und mittelfristiger Wirtschaftsentwicklung über den Altersaufbau des Kapitalstocks eine Beziehung entsteht. Qualität und Menge der Investitionen in einem Jahrgang (vintage) beeinflussen die wirtschaftliche Entwicklung so lange, wie der entsprechende Jahrgang des Maschinenparks in der Produktion eingesetzt wird.

In Bezug auf die langfristige Wirtschaftsentwicklung ist der Einbau des technischen Fortschritts in neue Maschinen allerdings ein reiner

Niveaueffekt. Es kann gezeigt werden, dass ein Wachstumsmodell mit "embodied technical progress" für die lange Frist umgeschrieben werden kann in ein Modell mit "disembodied technical progress". Weiter gilt, dass das langfristige Gleichgewicht unabhängig davon ist, welcher Anteil des technischen Fortschritts "embodied" und welcher "disembodied" ist.

d) Regimeabhängiges Wachstum

Im Rahmen von neokeynesianischen Ungleichgewichtsmodellen werden Ungleichgewichtssituationen auf Güter- und Arbeitsmärkten analysiert. Die wirtschaftlichen Aktivitäten – und so auch die Investitionen – sind regimeabhängig; d.h., sie hängen davon ab, welches Ungleichgewicht auf welchem Markt vorherrscht. Z.B. beeinflusst ein Überangebot auf dem Gütermarkt die unternehmerischen Aktivitäten negativ, da die produzierten Güter nicht vollständig abgesetzt werden können. Ebenfalls wirkt eine Übernachfrage negativ auf die unternehmerische Tätigkeit, da zuwenig Arbeit für die Produktion zur Verfügung steht ("ausgetrockneter" Arbeitsmarkt).

Über Annahmen zur Regimeabfolge in einer Wirtschaft während der Konjunktur und zu regimespezifischen Verhaltensmustern bei den Investitionen entsteht eine Abhängigkeit der langfristigen Wirtschaftsentwicklung von den kürzerfristigen, zyklischen Schwankungen. Die Modelle der Neuen Wachstumstheorie können um diese interessanten Aspekte erweitert werden.

9.3 Multiple Gleichgewichte, "Armutsfallen"

In vielen wenig entwickelten Wirtschaften waren in der Vergangenheit keine positiven Wachstumsraten zu beobachten, zumindest nicht über einen längeren Zeitraum. Das Verbleiben in der durch einen tiefen Lebensstandard gekennzeichneten Situation wird zuweilen als "Armutsfalle" oder – mit dem englischen Ausdruck – als "low-level trap" bezeichnet. Es liegt nahe, die Ursachen für das fehlende Wachstum in den ungünstigen Sozial- und Machtstrukturen der betreffenden Länder zu suchen. Diese in der makroökonomischen Wachstumstheorie bisher weniger beachteten Faktoren spielen ohne Zweifel eine wichtige Rolle. Doch auch im Rahmen der makroökonomischen Wachstumstheorie gibt es Erklärungsansätze.

Aus der Sicht der aggregierten Produktionsfunktionen bedeutet die Existenz von Armutsfallen, dass die Akkumulation der wachstumsfördernden Produktionsfaktoren nicht geradlinig verläuft. Vielmehr existiert in einem tiefen Einkommensbereich unter ungünstigen Umständen ein stabiles und stationäres Gleichgewicht, zu dem die Wirtschaft immer wieder zurückkehrt, wenn sie sich nicht allzu weit davon entfernt. Erst ab einer bestimmten Entwicklungsstufe schwenkt das Wachstum auf

einen Pfad, der ein Anpassungswachstum nach neoklassischem Muster
oder ein anhaltendes Wachstum im Sinne der Neuen Wachstumstheorie
ermöglicht.

Ausgehend von den Ausführungen in den Kapiteln 3 und 4, ist in
einem Ein-Sektoren-Modell der geschlossenen Volkswirtschaft das Pro-
Kopf-Einkommen abhängig von der Kapitalintensität. Die zeitliche Veränderung der Kapitalintensität k bestimmt sich wiederum durch die Differenz zwischen den Ersparnissen pro Person und dem Term mit der
erweiterten Abschreibung des Kapitals pro Arbeitsplatz (physische Abschreibungen plus Bevölkerungswachstumsrate), d.h., es gilt nach Division durch die Sparquote s, die hier vereinfachend als exogen angenommen ist (vgl. Abschnitt 3.2):

$$\frac{\dot{k}}{s} = f(k) - k\left(\frac{\delta + g_L}{s}\right) \tag{9.5}$$

Nach der Vorlage dieses Ausdrucks ergeben sich die folgenden zwei
möglichen Erklärungen für die Existenz von Armutsfallen, die in ange-
passter Form auch für eine zinsabhängige Sparquote übernommen werden können.

a) Zunehmende Skalenerträge auf tiefem Niveau

Die aggregierte Produktionsfunktion kann auf einem tiefen Niveau
zunehmende Skalenerträge aufweisen, z.B. wegen Unteilbarkeiten in den
sozialen Infrastruktur-Ausgaben. Dies bewirkt, dass die Sparleistung
kleiner ist als der Betrag, der notwendig wäre, um die Kapitalausstattung
pro Arbeitsplatz zu erhöhen. Der Punkt k^{**} in der folgenden Abbildung
ist instabil, denn eine Volkswirtschaft mit einer tieferen Kapitalausstattung kann kein Kapital akkumulieren, sie fällt entsprechend dem Ausdruck für die zeitliche Veränderung von k auf den Nullpunkt zurück.
Sobald es aber gelingt, k^{**} zu überspringen, ist ein Anpassungswachstum
an ein neoklassisches Gleichgewicht (k^*) oder ein anhaltendes Wachstum
wie in der Neuen Wachstumstheorie möglich.

Auf dem Ansatz der Armutsfalle beruht die Idee des sogenannten
"Big-Push": Da eine Volkswirtschaft auf tiefem Entwicklungsniveau nur
unter enormen Anstrengungen aus eigener Kraft aus der Falle auszubre-
chen vermag, könnte ein Anstoß von außen das Überschreiten der kriti-
schen Schwelle wesentlich erleichtern. Dieses Argument dient unter
anderen häufig zur Begründung wirtschaftlicher Hilfe an ärmere Länder.

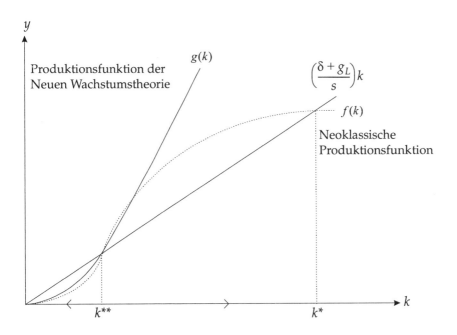

Abbildung 9.1: Zunehmende Skalenerträge auf tiefem Niveau

b) Zunehmende Sparquote und abnehmendes Bevölkerungswachstum

Wie Abbildung 9.2 zeigt, scheint das Bevölkerungswachstum nicht nur in der Theorie, sondern auch in der Realität eine wichtige Rolle für die wirtschaftliche Entwicklung eines Landes zu spielen.

Es ist nicht unplausibel, anzunehmen, dass reichere Volkswirtschaften eine höhere Sparquote aufweisen. Weiter ist es empirisch nachweisbar, dass das Bevölkerungswachstum in höherentwickelten Volkswirtschaften kleiner ist. Dies führt in Abbildung 9.3 mit den früher verwendeten Annahmen zur Produktionsfunktion zu einem ersten Gleichgewicht auf einem tiefen Niveau mit k^{***}.

Die je nach Produktionsfunktion unterschiedlich eingezeichneten Gleichgewichte k^{**} sind instabil wie oben, während die betrachtete Volkswirtschaft rechts von k^{**} wiederum entweder zum neoklassischen Gleichgewicht konvergiert oder auf einen anhaltenden Wachstumspfad einschwenkt.

Es existieren verschiedene Möglichkeiten, die makroökonomischen Bedingungen für Armutsfallen mikroökonomisch zu fundieren. Eine Variante konzentriert sich auf die Kosten der Humankapitalbildung und das Bevölkerungswachstum. Ausgangspunkt ist dabei die zentrale Stellung der Bildung von Humankapital für die längerfristige Entwicklung.

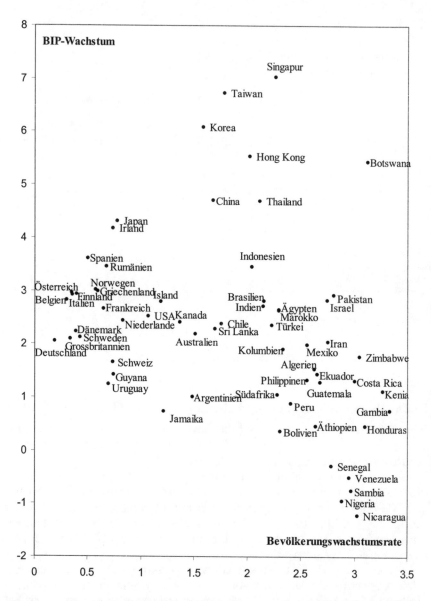

Anmerkung: Durchschnittliches BIP-Wachstum: real, pro Jahr und pro Kopf, in %; Bevölkerungswachstum als durchschnittliche Wachstumsrate 1960–2000, in %.
Quelle: Summers/Heston/Aten, Penn World Table 6.1.

Abbildung 9.2: Durchschnittliche Wachstumsraten und Bevölkerungswachstum 1960–2000.

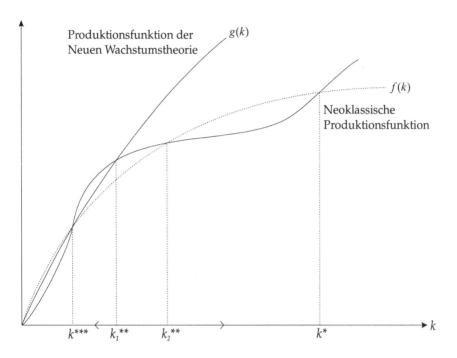

Abbildung 9.3: Zunehmende Sparquote und abnehmendes Bevölkerungswachstum

Auf einer hohen Entwicklungsstufe mit viel Humankapital sind die Erträge auf Humankapitalinvestitionen relativ hoch. Gleichzeitig ist die zeitintensive Erziehung von Kindern mit relativ großen Opportunitätskosten verbunden, da die Löhne entsprechend dem akkumulierten Humankapital hoch sind. Dies führt zu einem gemäßigten Bevölkerungswachstum. Beide Umstände zusammen sind günstige Voraussetzungen dafür, dass das Humankapital pro Kopf ständig anwächst und damit ein anhaltendes Wachstum erreicht werden kann.

Auf einer tiefen Entwicklungsstufe liegt der Fall genau umgekehrt. Die Erträge auf dem Humankapital sind tiefer, und die größeren Unsicherheiten führen zu höheren Diskontraten für zukünftige Einkommen. Demgegenüber bringt eine individuelle Vergrößerung der Familie wirtschaftliche Vorteile. Dies sind Voraussetzungen, die eine Stagnation des Humankapitals pro Kopf der Bevölkerung als wahrscheinliches Resultat hervorbringen.

9.4 Evolutionstheorien

Neben der neoklassischen sowie der neuen Wachstumstheorie hat sich
seit Beginn der achtziger Jahre ein evolutorischer Ansatz zur Erklärung
des endogenen technologischen Wandels und des wirtschaftlichen
Wachstumsprozesses entwickelt (vgl. NELSON/WINTER 1982). Dieser
Abschnitt behandelt kurz die wichtigsten Bausteine des evolutorischen
Ansatzes und gibt eine Abgrenzung zur traditionellen Theorie.

a) Makroökonomische Aspekte

Das zentrale Element des evolutorischen Ansatzes ist der technologische
Wandel. Ähnlich wie bei einem Konzept in der Wissenschaftstheorie
wird zwischen einem technologischen Paradigma und kleinen, graduel-
len Modifikationen am herrschenden Paradigma unterschieden. Beispiele für technologische Paradigmen sind die Erfindung der
Dampfmaschine, der Elektrizität, des Verbrennungsmotors oder der
Halbleiter-Technik. Solche revolutionären technologischen Durchbrüche
haben globale Auswirkungen und ermöglichen große Produktivitätsfortschritte. Neben diesen technologischen "Sprüngen" erfolgt in einem stän-
digen Prozess die Verbesserung und Modifikation der bestehenden
Technologien. Dieser Prozess resultiert aus der Suche von Unternehmungen nach neuen Produkten, Marktnischen und Monopolstellungen.

Je kleiner die Erträge aus den Verbesserungsbemühungen einer bestehenden Technologie ausfallen, desto mehr Ressourcen werden der Entwicklung eines neuen technologischen Paradigmas gewidmet. Es kann
dann zu einem Technologie-Wechsel kommen. Allerdings werden diejenigen Unternehmungen, die noch an der alten Technologie festhalten,
alles daran setzen, den drohenden Paradigma-Wechsel zu verhindern.
Das Resultat dieser Bemühungen wird als "Segelschiff-Effekt" bezeichnet: Die Entwicklung des Dampfschiffes führte zu einer Serie von sub-
stantiellen Verbesserungen in der Segelschiff-Technik, welche die
Segelschiffe noch geraume Zeit vor der Konkurrenz durch das Dampf-
schiff bewahrte.

Der technologische Fortschritt wird als evolutorischer Prozess betrachtet, der sich aus der Suche der Unternehmungen nach Profitmöglichkei-
ten ergibt. Der Markt wirkt dabei als Selektionsmechanismus, der nach
dem Prinzip des "survival of the fittest" innovative und flexible Unter-
nehmer mit Gewinnen belohnt und unrentable Betriebe eliminiert. Die
sich aus diesem Prozess ergebenden Produktivitätsfortschritte ermöglichen es einer Volkswirtschaft, auf einem stabilen Wachstumspfad zu
bleiben.

Allerdings können sich unter bestimmten Umständen für eine Volkswirtschaft mehrere alternative Gleichgewichtspfade ergeben, von denen
nicht zwingend der optimale eingeschlagen werden muss. Es kann
gezeigt werden, dass solche Situationen insbesondere dann auftreten,
wenn mehrere, neue Schlüsseltechnologien konkurrieren und zudem

sogenannte Netzwerkexternalitäten vorliegen. Von Netzwerkexternalitäten spricht man, wenn die Produktivität einer Technologie mit zunehmender Anwenderzahl steigt. Beispiele sind etwa Betriebssysteme von Personal-Computern, die Video-Systeme VHS und Betamax oder die QWERTY-Tastenanordnung bei Schreibmaschinen. Wenn solche Technologien auf Wettbewerbsmärkten konkurrieren, besteht – wegen der steigenden Skalenerträge (Netzwerkexternalitäten) – die Tendenz, dass sich eine der Technologien durchsetzt, den Standard setzt und die anderen aus dem Markt drängt. Dies muss aber, wie eine Vielzahl historischer Beispiele zeigt, nicht unbedingt die "beste" Technologie sein. Oft entscheidet der Zufall bereits in einer frühen Phase des Technologie-Wettbewerbs über Sieger und Verlierer. Das Marktergebnis ist dann (selbst bei Ex-ante-Kenntnis der Präferenzen zukünftiger Käufer sowie der technologischen Möglichkeiten) nicht vorhersagbar, und es entstehen potentielle Ineffizienzen.

Der eingeschlagene Wachstumspfad ist von zufälligen historischen Ereignissen abhängig, weshalb eine solche wirtschaftliche Entwicklung auch als "pfadabhängig" bezeichnet wird.

b) Mikroökonomische Aspekte

Der evolutionäre Erklärungsansatz unterscheidet sich vom traditionellen neoklassischen Modell insbesondere durch die Verwerfung einiger zentraler, mikroökonomischer Grundannahmen. Dies hat allerdings zur Folge, dass eine formale Modellierung erheblich erschwert wird.

Die erste Kritik richtet sich gegen die auf Unternehmungsseite unterstellte Möglichkeit, eine explizite Gewinnfunktion zu maximieren. Die Entwicklung von Innovationen ist mit großen Unsicherheiten verbunden, was es einer Unternehmung unmöglich macht, die Marktchancen eines neuen Produktes und somit die möglichen Gewinne oder Verluste im voraus exakt zu bestimmen. Sie befindet sich also weder in einer Welt mit vollständiger Sicherheit, noch sind ihr die Eintretenswahrscheinlichkeiten risikobehafteter, zukünftiger Ereignisse bekannt.

Aufgrund der großen Unsicherheiten wird zum Teil auch die Annahme rationaler Erwartungen auf individueller Ebene aufgegeben und durch das Konzept der begrenzten oder adaptiven Rationalität ersetzt. Es findet folglich auf Unternehmungsseite keine Gewinnmaximierung, sondern eine "Gewinnsuche" statt. Dabei müssen die Unternehmungen ihre Aktionen den sich ändernden Umweltbedingungen anpassen. Der kompetitive Selektionsprozess lässt nur diejenigen Unternehmungen "überleben", die sich am schnellsten an neue Bedingungen anpassen können. Es werden sich also diejenigen Unternehmungen durchsetzen, die die effizientesten Verhaltensmuster entwickelt haben. Der sich auf Wettbewerbsmärkten abspielende "Kampf ums Überleben" hat somit sehr viele Ähnlichkeiten mit dem biologischen Evolutionsprozess.

Schließlich wird das Konstrukt der Produktionsfunktion oft abgelehnt, weil die Evolution vornehmlich als ein ungleichgewichtiger Prozess verstanden wird, der nur in Ausnahmefällen durch die Produktionskapazität restringiert ist.

Literatur zum 9. Kapitel

- LEVINE, R.: Financial Development and Economic Growth: Views and Agenda, in: Journal of Economic Literature, 1997, S. 688–726
- LEVINE, R., LOAYZA, N., BECK, T.: Financial Intermediation and Growth: Causality and Causes, in: Journal of Monetary Economics, 2000, S. 31–77
- NELSON, R.R., WINTER, S.G.: An Evolutionary Theory of Economic Change, Harvard University Press, Cambridge Mass. 1982
- PAGANO, M.: Financial Markets and Growth, in: European Economic Review, 1993, S. 613–622

10. Nachhaltiges Wachstum

10.1 Die Umweltproblematik

Die Umwelt bietet dem Menschen sehr unterschiedliche Leistungen:

* als Konsumgut, z.b. in Form von Atemluft, Erholungsnutzen und natürlicher Schönheit

* als Ressourcenlieferantin, z.b. Wasser, Sonne und Erdöl

* als Auffangbecken für Abfälle, in der Atmosphäre, auf dem Land, im Wasser usw.

* als geografischer Raum für Standorte

Zwischen diesen Funktionen der Umwelt besteht eine ausgesprochene Nutzungskonkurrenz, die allgemein mit dem Ausdruck "Umweltproblematik" bezeichnet wird.

Oft gehen von der Nutzung der Umwelt negative externe Effekte aus, d.h. die Handlungsmöglichkeiten von Personen werden beeinträchtigt, ohne dass dafür eine Abgeltung über den Markt geleistet wird. Negative Externalitäten treten entweder im Produktionsbereich auf, wenn beispielsweise der saure Regen die Gebäude schädigt, oder die Externalitäten treten im Konsumbereich auf, wenn sich z.b. die Atemluft für die Individuen verschlechtert.

Ressourcen aus der Natur wie Erdöl bestimmen als Produktionsfaktoren maßgeblich über die aggregierten Produktionsmöglichkeiten in einer Volkswirtschaft. Probleme ergeben sich dabei aus der Tatsache, dass gewisse natürliche Ressourcen erschöpfbar sind und andere sich bei Übernutzung erschöpfen.

Die optimale Nutzung von natürlichen Ressourcen sowie die Internalisierung von externen Effekten sind Probleme der wirtschaftlichen Effizienz. Ebenso wird aber im Zusammenhang mit der Umwelt immer wieder der Verteilungsaspekt betont. Vor allem im Hinblick auf die Chancen der zukünftigen Generationen wird von vielen Seiten an die "Fairness" der heute lebenden Generationen appelliert. Zudem haben umweltpolitische Vorlagen im politischen Prozess geringe Chancen, wenn sie die Einkommensverteilung der heute lebenden Generationen ungünstig beeinflussen.

Die Lösung der anstehenden Umweltprobleme hat damit sowohl heute wie im Hinblick auf die Zukunft die zwei Dimensionen der volkswirtschaftlichen Effizienz und der Verteilung, was in der folgenden Abbildung festgehalten ist:

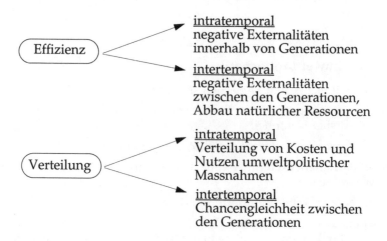

intratemporal
negative Externalitäten
innerhalb von Generationen

intertemporal
negative Externalitäten
zwischen den Generationen,
Abbau natürlicher Ressourcen

intratemporal
Verteilung von Kosten und
Nutzen umweltpolitischer
Massnahmen

intertemporal
Chancengleichheit zwischen
den Generationen

Abbildung 10.1: Dimensionen der Umweltproblematik

10.2 Nachhaltigkeit

a) Von den Grenzen des Wachstums zur Nachhaltigkeit

Im Laufe der siebziger Jahre hat der Begriff der "Grenzen des Wachstums" die Diskussion an der Schnittstelle von Wachstums- und Umwelttheorie dominiert. Aus der Beschränktheit der natürlichen Quellen und Senken, d.h. der natürlichen Produktionsmittel und der Aufnahmekapazität der Natur für Abfälle und Verschmutzung, wurde von vielen ein unvermeidlicher Einkommensrückgang für die fernere Zukunft prognostiziert. Dies gilt zumindest für den Fall einer Fortsetzung des Wirtschaftswachstums nach bisherigem Muster.

Aus Sicht der Wirtschaftswissenschaften fanden in dieser Debatte über die Grenzen des Wachstums verschiedene ökonomische Zusammenhänge zuwenig Beachtung. Drei der wesentlichen Punkte sind die folgenden:

• Im Urteil der ökonomischen Theorie ist es nicht das Wirtschaftswachstum an sich, das die überhöhte Verschmutzung der Natur erklärt. Vielmehr sind es gemäß dieser Theorie die falschen Marktsignale, die aufgrund der negativen Externalitäten von gewissen Marktprozessen entstehen. Eine Internalisierung dieser externen Effekte durch umweltpolitische Instrumente ist deshalb ein wichtiger Beitrag zur langfristigen Verträglichkeit von Umwelt und Wirtschaft.

• Von ökonomischer Seite wird betont, dass eine genügend starke Substitution der umweltintensiven durch weniger umweltintensive Tätigkeiten zu einer Lösung der anstehenden Probleme führt und dass auch der technische Fortschritt der Ressourcenknappheit in der Natur entscheidend entgegenwirken kann.

• Die Modelle, die zur Prognose der "Grenzen" verwendet wurden, sind reine Zeitreihenmodelle und haben keine konsistente, theoretische Grundlage. Die Resultate sind überdies sehr anfällig auf veränderte Annahmen, z.B. in bezug auf Rohstoffvorkommen. In der ökonomischen Theorie werden kleinere, theoretisch konsistente Modelle mit überschaubaren Abläufen bevorzugt.

U.a. als Folge dieser Gegenposition hat sich in letzter Zeit der Begriff des "nachhaltigen Wachstums" als hauptsächliches Ziel in der theoretischen und politischen Diskussion im Bereich Umwelt und Wachstum etabliert. Der Begriff der Nachhaltigkeit stammt ursprünglich aus der Waldwirtschaft. Die Bewirtschaftung einer Waldfläche ist dann nachhaltig, wenn der Wald in der Quantität und hinsichtlich seiner verschiedenen Funktionen in der Qualität erhalten bleibt.

Dasselbe Prinzip der Nachhaltigkeit läßt sich analog auch auf andere erneuerbare Ressourcen der Natur anwenden. Bei der Übertragung dieses Prinzips auf die Ebene aller Umweltgüter zusammen und in der Zusammenführung mit dem Wirtschaftswachstum ergeben sich aber für die Nachhaltigkeit Definitionsprobleme:

• Inwiefern werden Substitutionen zwischen den Umweltgütern zugelassen? Ist es z.B. möglich, eine schlechtere Luftqualität mit einer besseren Wasserqualität in den Weltmeeren zu kompensieren?

• Inwiefern werden Substitutionen zwischen dem Bestand von Umweltgütern und dem akkumulierten Kapital wie Human- und Realkapital zugelassen? Sind schwindende Erdölreserven durch größere Solarenergieanlagen ersetzbar?

• Inwiefern werden Substitutionen zwischen Umweltgütern und dem Faktor Wissen zugelassen? Sind geringere Kohlereserven durch ein größeres Know-how bei der Windenergie ersetzbar?

• Was wird an technischen Möglichkeiten und Präferenzen der zukünftigen Generationen unterstellt?

In der Folge wird zuerst das Konzept der Nachhaltigkeit auf der gesamtwirtschaftlichen Ebene erläutert. In den anschließenden Abschnitten 10.3–10.7 werden dann die Probleme bei der Realisierung einer nachhaltigen Entwicklung einzeln dargestellt.

b) Fluss- und Bestandskonzept

Am meisten verbreitet ist bisher die folgende Definition der Nachhaltigkeit:

"Eine Entwicklung ist nachhaltig, wenn sie den Bedürfnissen der heutigen Generationen entspricht, ohne dass die Möglichkeiten der zukünftigen Generationen geschmälert werden, ihre eigenen Interessen zu
verfolgen."(BRUNDTLAND 1987)

Diese Definition ist sehr breit. Es sind darin Begriffe wie "Entwicklung"
und "Bedürfnisse" enthalten, die mit Hilfe der Wachstums- und der
Mikrotheorie mit genauerem ökonomischen Inhalt zu versehen sind. In
der makroökonomischen Theorie sind Zielgrößen zu definieren, an deren
zeitlichem Verlauf die Nachhaltigkeit beurteilt werden kann. Grundsätzlich bestehen für die Festlegung von Zielgrößen zwei Konzepte:

- das Fluss-Konzept
- das Bestands-Konzept

Gemäß "Fluss-Konzept" wird der zeitliche Verlauf von Flussgrößen wie
Einkommen, Konsum oder Nutzen betrachtet. Als nachhaltig gilt eine
Entwicklung gemäß dieser Auffassung dann, wenn bei der betrachteten
Flussgröße entweder die aktuelle Wachstumsrate langfristig aufrechtzu-
erhalten ist oder wenn zwischen den Generationen nie ein absoluter
Rückgang dieser Größe zu beobachten ist. Im Vordergrund steht bei den
Flussgrößen die individuelle Wohlfahrt beziehungsweise der Nutzen pro
Kopf der Bevölkerung.

Gemäß "Bestands-Konzept" ist die Nachhaltigkeit dann gegeben,
wenn eine genauer zu bezeichnende Bestandsgröße im Zeitablauf nicht
abnimmt, sondern mindestens konstant bleibt. Solche Zielgrößen für
Bestände sind beispielsweise:

- ein Kapitalaggregat, das sowohl akkumulierte Kapitalbestände wie
  Real- und Humankapital als auch den natürlichen Kapitalstock
  umfaßt
- ein aggregierter natürlicher Kapitalstock
- Grenzwerte für bestimmte natürliche Ressourcen wie Waldbestand
- die aktuellen Bestände für bestimmte natürliche Ressourcen

Die Entwicklung der Flussgrößen ist nicht unabhängig von der Größe
der Bestände, da die Bestände die Produktions- und Konsummöglichkeiten mit beeinflussen. Aber es trifft nur für ganz spezielle Ausnahmefälle
zu, dass die beiden Konzepte zu denselben Schlussfolgerungen führen.
Eine stark ökozentrische Sicht definiert die Nachhaltigkeit mit Bestandsgrößen, und zwar als Ziele im Bereich der einzelnen Umweltstoffe, d.h.,
sie betrifft die untere Hälfte der dargestellten Liste für mögliche
Bestandsgrößen.

Gemäß der ökonomischen Theorie steht hingegen die Wohlfahrt des Menschen im Mittelpunkt der theoretischen Überlegungen. Mit anderen Worten ausgedrückt: Eine Entwicklung ist aus Sicht der Wirtschaftswissenschaften dann nachhaltig, wenn die Mitglieder zukünftiger Generationen gegenüber den heutigen Generationen gleich gut oder besser gestellt werden, was an der individuellen Wohlfahrt gemessen wird. Aus dieser anthropozentrischen Sicht ist deshalb das Fluss-Konzept zur Beurteilung der Nachhaltigkeit angemessener. Die Bestimmungsgründe der individuellen Wohlfahrt sind in dieser Definition noch nicht genauer spezifiziert. Es wird nicht vorgeschrieben, mit welchem Gewicht das natürliche Kapital in Produktions- und Nutzenfunktion zu erscheinen hat.

Es ist aber zu berücksichtigen, dass sich etliche Umweltbereiche durch die Irreversibilität von Umweltschäden sowie große Unsicherheit über die Auswirkungen der Schädigungen auszeichnen. Bei solchen besonders sensiblen Umweltproblemen ist eine weitere Verschlechterung der Umweltqualität beziehungsweise eine weitere Verkleinerung des Umweltkapitals mit einem großem Risiko behaftet. Hier ist es deshalb angezeigt, einen bestimmten Bestand an natürlichem Kapital zu konservieren. Bei geeigneter Festlegung kann dieser Bestand als "sicherer" Schwellenwert ("safe minimum standard") interpretiert werden. Er soll im Sinne eines Zwischenziels garantieren, dass das übergeordnete Ziel eines langfristigen Wohlstandserhalts beziehungsweise -zuwachses erreicht wird. Erzielt mit anderen Worten in diesen Fällen die an einem Bestands-Konzept orientierte Umweltpolitik die gewünschten Effekte, wird damit gleichzeitig Nachhaltigkeit im Sinne des Fluss-Konzeptes erreicht.

Je größer die Anzahl der Umweltbereiche mit unsicheren Auswirkungen ist, desto mehr gewinnt das Bestands-Konzept für natürliche Ressourcen in bezug auf die Nachhaltigkeit an Bedeutung. Ebenso kann das Bestands-Konzept vermehrt betont werden, wenn die Unsicherheit über die Präferenzen der zukünftigen Generationen als gewichtiges gesellschaftliches Problem betrachtet wird.

Die Aussage, daß Schwellenwerte bei Irreversibilitäten und großer Unsicherheit dem Laisser-faire-Regime vorzuziehen sind, kann durch folgende Argumente unterstrichen werden:

- Die zukünftigen Kosten bei abnehmender Umweltqualität sind möglicherweise sehr hoch.
- Der Optionswert für eine intakte Natur nimmt mit steigendem Einkommen zu, d.h., es gibt eine wachsende Zahlungsbereitschaft für die Existenz der Option, die Natur zu genießen oder zu nutzen.
- Die Vermeidungskosten für Umweltschäden sind von der heutigen Situation bis zu einem bestimmten Umweltstandard relativ gering, bringen aber einen hohen potentiellen Ertrag.

Obwohl in der heutigen Situation einiges für die Anwendung eines Bestands-Konzepts in Teilbereichen spricht, wird die Nachhaltigkeit in der folgenden theoretischen Darstellung anhand von Wachstumsmodellen ausschließlich aufgrund des Fluss-Konzepts analysiert. Nachhaltigkeit soll in den folgenden Anwendungen dann gegeben sein, wenn die Wohlfahrt der Individuen in der langen Frist zumindest nicht abnimmt. Die Frage der Unsicherheit kann in der analytischen Darstellung nicht gesondert thematisiert werden, da dies die theoretischen Ableitungen weitreichend komplizieren würde. In diesem Bereich sind für ein makroökonomisches Lehrbuch noch zu wenig griffige Resultate vorhanden.

Das Problem der Nachhaltigkeit lässt sich im Rahmen der Wachstumstheorie anhand von gesamtwirtschaftlichen Produktions- und Nutzenfunktionen verdeutlichen, was in der Folge ausgeführt wird. Grundsätzlich gilt, dass zwei gegenläufige außermarktliche Effekte für die langfristige Entwicklung der Wohlfahrt wichtig sind: positive Externalitäten, die gemäß der Neuen Wachstumstheorie langfristig die Akkumulationsanreize erhalten, sowie negative Externalitäten, die zu den Umweltproblemen in der Produktion und beim Konsum führen. Ergänzt wird dieser außermarktliche Bereich durch die Problematik der beschränkt erneuerbaren sowie der nicht erneuerbaren natürlichen Ressourcen in der Produktion und im Konsum. Die natürlichen Ressourcen können dabei die Funktionen der Natur als Quelle von Leistungen wie auch als Senke für Abfälle abbilden.

c) Verschiedene Pfade

Für die Charakterisierung der Wirtschaftsentwicklung werden drei Begriffe verwendet: "nachhaltig", "marktwirtschaftlich" und "optimal". Eine nachhaltige Entwicklung ist im Rahmen der weiter unten besprochenen Wachstumsmodelle durch den langfristigen Erhalt der individuellen Wohlfahrt definiert. Marktwirtschaftliche Pfade sind Entwicklungen, die unter marktwirtschaftlichen Bedingungen ohne Korrektur des Staates in bezug auf Externalitäten erreicht werden. Korrigieren die Wirtschafts- und die Umweltpolitik die negativen und positiven externen Effekte durch entsprechende Maßnahmen, werden – gemäß Nutzenmaximierung der heutigen Generationen – optimale Pfade erreicht.

Die Abweichungen der marktwirtschaftlichen von den optimalen Pfaden kommen demnach aufgrund von positiven und negativen Externalitäten zustande. Diese Abweichungen sind Ausdruck volkswirtschaftlicher Ineffizienzen, die Einbußen in der gesellschaftlichen Wohlfahrt bewirken. Insbesondere führen Externalitäten dazu, dass die marktwirtschaftliche Zuwachsrate der Wohlfahrt unter der optimalen Zuwachsrate liegt, wie in der folgenden Abbildung 10.2 gezeigt wird.

Aus der Abbildung wird deutlich, dass sowohl marktwirtschaftliche wie auch optimale Pfade entweder nachhaltig oder nicht nachhaltig sein können. Optimale Pfade sind z.B. nicht nachhaltig, wenn natürliche Ressourcen langfristig nur schlecht durch andere Produktionsfaktoren substituiert werden können, im Zeitablauf aber in immer geringerem

Maße zur Verfügung stehen (vgl. Abschnitt 10.4). Ebenso kann es der Fall sein, dass die für die Produktion wichtigen Ressourcen zwar von der Natur her erneuerbar sind, jedoch von den heutigen Generationen übernutzt werden. Auch dann ist eine nicht nachhaltige Entwicklung denkbar (vgl. Abschnitt 10.5).

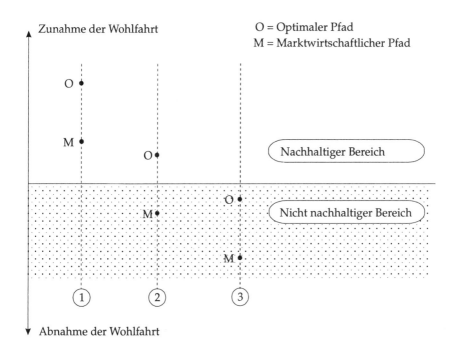

Abbildung 10.2: Szenarien für langfristige Pfade

In Abbildung 10.2 sind drei mögliche Szenarien, 1, 2 und 3, dargestellt. Im ersten Szenario ist bereits die marktwirtschaftliche Entwicklung nachhaltig, ein wirtschaftspolitischer Eingriff ist aber aus Effizienzgründen angezeigt. Im zweiten Szenario führt eine Internalisierung der externen Effekte gleichzeitig zur Erreichung zweier Ziele: Erstens erhöht sich die volkswirtschaftliche Effizienz, und zweitens wird die Entwicklung ohne weiteren Eingriff nachhaltig.

Szenario 3 zeigt den Fall, in dem eine ausschließlich an der Effizienz orientierte Umweltpolitik keine Nachhaltigkeit erreicht. Hier ist gemäß der Forderung nach Nachhaltigkeit ein zusätzlicher Eingriff in die Marktwirtschaft notwendig, um durch eine Schonung der natürlichen Ressourcen ein Absinken der Wohlfahrt im langfristigen Zeitablauf zu verhindern. Die vermehrte Schonung der natürlichen Ressourcen kann dazu beitragen, dass der Akkumulation von Kapital zur Ersetzung der natürlichen Ressourcen mehr Zeit gelassen wird.

In der Folge werden die entscheidenden Einflussfaktoren für die Frage der Nachhaltigkeit im Rahmen der Wachstumstheorie dargestellt, nämlich die negativen Externalitäten im Umweltbereich, die erschöpfbaren und erneuerbaren natürlichen Ressourcen sowie die Frage der Diskontrate.

10.3 Negative Externalitäten

In diesem Abschnitt werden die positiven Spillover der neuen Wachstumstheorie mit den durch Umweltverschmutzung verursachten negativen Externalitäten zusammengeführt. Daraus leiten sich einfache Bedingungen für marktwirtschaftliche, optimale und nachhaltige Entwicklungspfade ab. Das Angebot an natürlichen Ressourcen bleibt in diesem Abschnitt noch exogen; es wird erst in den nachfolgenden Abschnitten endogenisiert.

a) Modellierung der Externalitäten

Notation:

- K Kapital
- N Natürliche Ressource als Produktionsfaktor
- M Natürliche Ressource als Konsumgut
- X^* Menge der Variable X, wenn keine negativen Externalitäten wirken

Wir unterstellen folgende (vereinfachte) aggregierte Produktionsfunktion für Endprodukte Y (ohne Zeitindizes):

$$Y = A \cdot F(K, N) \tag{10.1}$$

beziehungsweise in der Cobb-Douglas-Form:

$$Y = A \cdot K^\alpha \cdot N^{1-\alpha} \tag{11.1}$$

Der Faktor Arbeit sei als Humankapital im allgemeinen Kapitalbegriff K enthalten. Weiter gilt folgende konstante Nutzenfunktion der Haushalte in allen Generationen:

$$U = U(Y, M) \tag{12.1}$$

beziehungsweise in der Cobb-Douglas-Form und pro Individuum:

$$\frac{U}{L} = y^{\xi} \cdot M^{1-\xi} \qquad (12.2)$$

Die Formulierung unterstellt dabei der Einfachheit halber, dass alle Individuen eine gleich große, nämlich die gesamte Menge an natürlichen Leistungen konsumieren. Positive Externalitäten entstehen, wie unter Abschnitt 6.1, aus Lerneffekten der Investitionen in Realkapital, so dass gilt:

$$A = K^{\eta} \qquad\qquad 0 < \eta < 1 \qquad (12.3)$$

Die negativen Externalitäten der Umweltverschmutzung können analog zu den positiven Spillovern in (12.3) eingeführt werden. Es wird demnach angenommen, dass der Einsatz eines Inputs (wie z.B. Realkapital) die Einsatzmenge eines anderen Inputs (z.B. der natürlichen Ressource) vermindert. Damit die Vergleichbarkeit zu den positiven Externalitäten möglichst direkt ist, werden folgende Relationen verwendet, die je nach betrachtetem Umweltproblem zutreffen:

$$N = N^{*} \cdot K^{-\psi} \qquad\qquad N < N^{*}, \quad \psi > 0 \qquad (12.4)$$

$$K = K^{*} \cdot N^{-\tilde{\psi}} \qquad\qquad K < K^{*}, \quad \tilde{\psi} > 0 \qquad (12.5)$$

Gemäß (12.4) vermindert der Einsatz des Realkapitals die Menge an verfügbaren natürlichen Produktionsfaktoren N. Ein Beispiel dazu ist die Gewässerverschmutzung durch eine Branche, wenn das saubere Wasser gleichzeitig ein Input für eine andere Branche ist. Oder der Einsatz des natürlichen Faktors senkt gemäß (12.5) die Menge an Realkapital. Ein Beispiel wäre hier der saure Regen, der die Immobilien schädigt, als Folge der Verbrennung von Erdöl. Die mit einem Stern bezeichneten Mengen entsprechen den ohne negative Externalitäten gültigen Werten für K und N, wobei der Wert für N^{*} vorerst exogen vorgegeben ist. In diesen beiden und den folgenden Ausdrücken seien die Zahlenwerte so definiert, dass $N < N^{*}$, $K < K^{*}$ usw. Der Vorteil dieser Art der Modellierung der negativen Externalitäten besteht darin, dass die Ein-Sektoren-Struktur im Produktionsbereich des Modells beibehalten werden kann. Die Intensität der negativen Externalitäten wird hier vereinfachend als konstant angenommen. Im Grunde ist sie aber eine Beziehung, die vom Stand der Vermeidungstechnik abhängt. In Erweiterung dieses Ansatzes wäre es möglich, dem Modell einen Forschungs-Sektor für die Vermeidungstechnik beizufügen, der die technische Relation der negativen Externalitäten zu verändern vermag.

Auch auf den Konsumbereich, d.h. die Nutzung der Natur zu Kon-
sumzwecken, können negative Externalitäten wirken. Diese gehen entweder vom Einsatz des Kapitalstocks und der natürlichen Ressourcen
oder von der gesamten Produktion aus. Damit kann das Modell je nach
Umweltproblem wie folgt ergänzt werden:

$$M = M^* \cdot K^{-v} \qquad\qquad v > 0 \qquad\qquad (12.6)$$

$$M = M^* \cdot N^{-\tilde{v}} \qquad\qquad \tilde{v} > 0 \qquad\qquad (12.7)$$

$$M = M^* \cdot Y^{-\hat{v}} \qquad\qquad \hat{v} > 0 \qquad\qquad (12.8)$$

Beispiele für (12.6), (12.7) und (12.8) sind Lärmemissionen der Industrie,
Luftverschmutzung durch den Einsatz von Erdöl und Mülldeponien als
Folge der Konsumgüterproduktion. Voraussetzung für ein modellendo-
genes Wachstum ist ein konstantes Grenzprodukt des breitdefinierten
Faktors Kapital in der langen Frist. Durch Berücksichtigung der negativen Externalitäten in der Produktion wird das volkswirtschaftliche
Wachstum kleiner als bei einer Nichtberücksichtigung. Ebenso verringert
sich die Wohlfahrt der Haushalte, wenn die negativen externen Effekte
im Konsum berücksichtigt werden.

Nachhaltigkeit bezieht sich nun auf die Konstanz gewisser Modellva-
riablen in der Zeit oder, genauer ausgedrückt, darauf, dass die Werte dieser Variablen zumindest nicht absinken. Folgende Variablen stehen bis
jetzt zur Verfügung:

- Die Wohlfahrt beziehungsweise der Nutzen pro Kopf der Bevölke-
  rung
- Der Pro-Kopf-Output y, falls das Gewicht der Analyse nicht auf der
  Nutzenfunktion liegen soll
- Die aggregierten Werte für N und M, was eine Substitution inner-
  halb der aggregierten Umweltmedien zuläßt
- Werte für desaggregierte Größen aus N und M, wie Mengenvorga-
  ben für den Rohstoff Wald oder Grenzwertvorgaben für die Luft

Aus den erwähnten Gründen steht dabei die Wohlfahrt pro Kopf als
Indikator für die Nachhaltigkeit im Vordergrund. Ein wesentlicher Ein-
flussfaktor dieser Wohlfahrt ist der Output pro Kopf. Zu dessen Bestimmung   im   Modell   ist   die   Verwendung   der   verschiedensten
Wachstumsmodelle denkbar. In der neoklassischen Theorie ist die langfristige Wachstumsrate allerdings exogen; eine Ergänzung des Modells
um Umweltaspekte bringt deshalb keine neuen Erkenntnisse für die
lange Frist.

Im Rahmen der Neuen Wachstumstheorie können Ein-Sektoren-Modelle oder Mehr-Sektoren-Modelle verwendet werden. Der Einfachheit halber beschränken wir uns im folgenden Beispiel auf die einsektorale Darstellung.

b) Beispiel

Betrachten wir vorerst simultan die positiven Externalitäten durch Lerneffekte und die Schädigung des natürlichen Inputs durch den Einsatz des realen Kapitalstocks. Der negative externe Effekt des Kapitaleinsatzes auf die Umwelt sei also:

$$N = N^* \cdot K^{-\psi} \qquad (12.4)$$

Setzen wir diese Beziehung mit den positiven Lerneffekten aus (12.3) zusammen, ergibt sich für Y in der Cobb-Douglas-Formulierung (11.1):

$$Y = K^\eta \cdot K^\alpha \cdot [N^* \cdot K^{-\psi}]^{1-\alpha} \qquad (12.9)$$

Zur Vereinfachung wird von Abschreibungen des Realkapitals und vom Bevölkerungswachstum abstrahiert und der Wert für die Bevölkerung L auf Eins normiert, so dass die Relation auch für das Pro-Kopf-Einkommen zutrifft:

$$y = k^\eta \cdot k^\alpha \cdot [N^* \cdot k^{-\psi}]^{1-\alpha} \qquad (12.10)$$

Für die Berechnung der Wachstumsrate unter Marktbedingungen ist der private Grenzertrag des Kapitals entscheidend. Bei logarithmischer Nutzenfunktion ist das volkswirtschaftliche Wachstum gemäß Keynes-Ramsey-Regel gleich der Differenz zwischen diesem Grenzertrag und der Diskontrate (vgl. Abschnitt 4.3). Der private Grenzertrag des Kapitals ist beim Vorliegen von positiven Wissens-Spillovern (vgl. Abschnitt 6.1):

$$\left(\frac{\partial y}{\partial k}\right)_P = \alpha \cdot k^{(\eta + \alpha - \psi(1-\alpha))-1} \cdot (N^*)^{1-\alpha} \qquad (12.11)$$

Die Ausstattung mit der natürlichen Ressource wirkt dabei als Skaleneffekt. Das Grenzprodukt des Kapitals ist umso höher, je größer die Ausstattung mit N^* ist. Je nachdem, wie sich dieser Grenzertrag im Zeitablauf verändert, entwickelt sich das Pro-Kopf-Einkommen. Entscheidend für die Beurteilung sind dabei die Größen der Parameter α, η und ψ. Ob eine konstante oder zunehmende Entwicklung des Pro-Kopf-Einkom-

mens unter diesen Bedingungen möglich ist, hängt von der Größe der
Parameter für die Produktionselastizitäten ab. Für die Frage der Nachhaltigkeit stellt sich die Frage, ob das Grenzprodukt des Kapitals einschließlich aller Externalitäten konstant, abnehmend oder zunehmend
ist. Gilt:

$$\eta + \alpha + \psi(1 - \alpha) = 1 \qquad (12.12)$$

ist das Grenzprodukt genau konstant, was eine konstante langfristige
Wachstumsrate ermöglicht. Ist der Ausdruck auf der linken Seite kleiner
als Eins, konvergiert der Umweltbestand gegen Null, da auch im statio-
nären Gleichgewicht Investitionen in Realkapital getätigt werden. Die
Auswirkungen des abnehmenden Einsatzes natürlicher Ressourcen auf
den Einkommenspfad werden in Abschnitt 10.4 über erschöpfbare Ressourcen behandelt.

Aufgrund der positiven und negativen Externalitäten ist der berechnete Grenzertrag nicht gleich dem sozialen Grenzertrag, der für die
Maximierung der gesamtwirtschaftlichen Wohlfahrt und damit für die
Wirtschaftspolitik eine Richtschnur darstellt. Das soziale Grenzprodukt
des Kapitals ist:

$$\left(\frac{\partial y}{\partial k}\right)_s = (\eta + \alpha - \psi(1 - \alpha))$$

$$\cdot\, k^{(\eta + \alpha - \psi(1 - \alpha)) - 1} \cdot (N^*)^{1 - \alpha} \qquad (12.13)$$

In diesem speziellen Modell richtet sich die Frage nach einer optimalen
Wirtschaftspolitik danach, ob gilt:

$$\eta > \psi(1 - \alpha) \qquad (12.14)$$

oder:

$$\eta < \psi(1 - \alpha) \qquad (12.15)$$

Liegt der erste Fall vor, ist die unter Marktbedingungen erreichte Wachstumsrate zu niedrig. Im zweiten Fall hingegen ist sie zu groß, da die
negativen Externalitäten die positiven Lerneffekte dominieren. Ist der
soziale Grenzertrag höher als der private, sollte der Staat in diesem
Modell die Investitionen subventionieren; ist der soziale Grenzertrag
geringer als der private, sollten die Investitionen besteuert werden.

c) Externe Effekte und Nutzenfunktion

Anzufügen bleiben die negativen Externalitäten, die auf den Konsumbereich wirken. Denn Nachhaltigkeit aus der anthropozentrischen Sicht bedeutet, dass die Wohlfahrt, gemessen am individuellen Nutzen einschließlich "Konsum" der Umweltgüter, über die Zeit mindestens konstant gehalten wird.

Als Beispiel kann die negative Externalität aus dem Verbrauch von natürlichen Ressourcen, z.b. in Form der Luftverschmutzung durch Verbrennen von Erdöl, abgebildet werden:

$$M = M^* \cdot N^{-\bar{v}} \qquad (12.7)$$

Logarithmieren und anschließendes Differenzieren der Nutzenfunktion (12.2) ergibt die prozentuale Veränderung des Nutzens gemäß:

$$g_{(U/L)} = \xi \cdot g_y + (1 - \xi) \cdot (g_{M^*} - \tilde{v} \cdot g_N) \qquad (12.16)$$

Die Analyse der Produktionsseite ergibt das Wachstum von y wie oben in (12.10)–(12.13) dargestellt. Die negative Beziehung zwischen N und M legt dann ein negatives Wachstum für den letzten Teil der Nutzenfunktion fest, falls die in der Produktion eingesetzte Menge von N kontinuierlich ansteigt.

Falls in einer weiteren Anreicherung der Theorie angenommen wird, daß die Bildung von Realkapital negative externe Effekte auf den Konsum ausübt, ist das optimale Wachstum geringer als ohne eine solche Umweltrestriktion. In diesem Fall beeinträchtigt die für das Wachstum der Güterproduktion wichtige Akkumulation von Kapital den Nutzen der Individuen.

Die Variablen N und M sind je nach Modell als Leistungen der Natur oder als Bestände an Umweltkapital definiert. In gewissen Anwendungen ist es ausdrücklich der gesamte Bestand der natürlichen Umwelt oder die Bestände einzelner Umweltgüter, die in der Nutzenfunktion erscheinen. Z.B. ist die natürliche Schönheit einer Landschaft eine Größe, die insgesamt, als Bestandsgröße, einen Nutzen bringt. Dann ist der Nutzenverlust zu berücksichtigen, der dadurch entsteht, dass der Bestand an Natur über die Externalitäten in Produktion oder Konsum teilweise zerstört wird.

Die Beurteilung der Nachhaltigkeit wird in diesem Modell durch die Stärke der positiven und negativen Externalitäten entschieden. Zur Erfassung dieser Externalitäten in der Realität muss die empirische Wirtschaftsforschung herangezogen werden. Für die Bestimmung des Nutzens der Haushalte aus der Umweltqualität existieren vielfältige direkte und indirekte Verfahren. Direkte Verfahren sind z.B. Befragungen, Marktsimulationen und Feldexperimente; bei indirekten Verfahren wird der Wert der Natur aus dem – spezifisch betrachteten – wirtschaftlichen und politischen Verhalten der Individuen indirekt hergeleitet.

10.4 Erschöpfbare natürliche Ressourcen

Unter 10.3 waren die verfügbaren Mengen an N und M exogen vorgegeben. Typisch für natürliche Ressourcen ist aber der Umstand, dass sie entweder nur beschränkt oder sogar überhaupt nicht regenerierbar sind. Ein wichtiges Gebiet innerhalb der umweltökonomischen Disziplin ist deshalb die Problematik der nicht erneuerbaren beziehungsweise der sogenannten erschöpfbaren Ressourcen, am prominentesten vertreten durch den Rohstoff Erdöl (vgl. auch HARTWICK/OLEWILER 1986).

a) Hotelling-Regel

Falls der gesamte Bestand einer natürlichen Ressource begrenzt ist, wird sich im Gleichgewicht eines einfachen Wachstumsmodells jene Preisentwicklung einstellen, die als "Hotelling-Regel" bezeichnet wird. Betrachten wir dazu der Einfachheit halber einen Ressourcenbesitzer, der eine fixe Menge an Ressourcen besitzt und seine Rente über zwei Perioden maximiert. Zur Unterscheidung von den bisher verwendeten natürlichen Ressourcen N werden die erschöpfbaren Ressourcen in der Folge speziell mit R bezeichnet.

Notation:

- R Erschöpfbare Ressource
- π^R Rente aus dem Verkauf der Ressource
- p^R Marktpreis der natürlichen Ressource
- c^R Extraktionskosten
- W Übriges Vermögen
- r Marktzinssatz

In der Periode 1 ist die Rente aus dem Verkauf der Ressourcen:

$$\pi^R_1 = p^R_1 - c^R_1 \tag{12.17}$$

Eine alternative Vermögensanlage W werde mit dem Zinssatz r verzinst, so dass gilt:

$$W_1(1+r) = W_2 \tag{12.18}$$

Im Kapitalmarktgleichgewicht sind die Renditen ausgeglichen. Dann ist:

$$\pi^R{}_1 (1 + r) = \pi^R{}_2 \tag{12.19}$$

Aus dem Verhältnis der Renten kann der Preisanstieg der Ressource wie folgt berechnet werden:

$$\frac{\pi^R{}_2}{\pi^R{}_1} = 1 + r = \frac{p^R{}_2 - c^R{}_2}{p^R{}_1 - c^R{}_1}$$

$$= \frac{(p^R{}_2 - p^R{}_1) - (c^R{}_2 - c^R{}_1) + (p^R{}_1 - c^R{}_1)}{p^R{}_1 - c^R{}_1} \tag{12.20}$$

Daraus folgt:

$$r = \frac{dp^R - dc^R}{p^R{}_1 - c^R{}_1}$$

Die Wachstumsrate des Ressourcenpreises ist gleich:

$$g_{PR} = \frac{dp^R}{p^R{}_1} = \left[\frac{p^R{}_1 - c^R{}_1}{p^R{}_1} \cdot \frac{dp^R - dc^R}{p^R{}_1 - c^R{}_1} \right] + \left[\frac{c^R{}_1}{p^R{}_1} \cdot \frac{dc^R}{c^R{}_1} \right]$$

$$= \left(\frac{p^R{}_1 - c^R{}_1}{p^R{}_1} \right) \cdot r + \left(\frac{c^R{}_1}{p^R{}_1} \right) \cdot g_{c^R}$$

Durch weiteres Umformen ergibt dies die unter dem Begriff Hotelling-Regel bekannte Gleichung:

$$g_{PR} = r + \left(\frac{c^R{}_1}{p^R{}_1} \right) (g_{cR} - r) \tag{12.21}$$

Falls die Extraktionskosten c^R nicht stark ins Gewicht fallen (wie z.B. beim Öl aus dem Mittleren Osten), ist damit der prozentuale Preisanstieg der natürlichen Ressource durch die Höhe des Marktzinssatzes gegeben.

Tatsächlich haben sich jedoch die Preise etlicher erschöpfbarer Rohstoffe in der Vergangenheit nicht gemäß Hotelling-Regel entwickelt, sondern haben sich teilweise sogar eher zurückgebildet. Dies hängt mit folgenden Tatsachen zusammen, die auch als Kritikpunkte beziehungsweise Erweiterungen für die Hotelling-Regel gelten können:

- Marktwirtschaftliche Optimierungen funktionieren nur bei einer langfristigen Garantie des Eigentums.

- Der Monopolgrad auf den Ressourcenmärkten ist nicht konstant.
- Die bekannten Reserven nehmen aufgrund erfolgreicher Explorationen zu, was Verschiebungen des optimalen Preispfades bewirkt.
- Durch den technischen Fortschritt sinken die Extraktionskosten im Zeitablauf.
- Die Wirtschaftssubjekte verfügen nicht über eine perfekte Voraussicht.
- Gewisse Länder sind auf die Erlöse aus dem Verkauf der Ressourcen zur Sicherung der Existenz ihrer Einwohner dringend angewiesen.
- Regierungen optimieren ihren Gesamtnutzen, indem sie möglichst viel der Ressourcen in ihrer eigenen Regierungszeit ausbeuten.
- Es existieren sogenannte Backstop-Technologien, welche die Rolle der natürlichen Ressourcen in der Produktion ab einem bestimmten Ressourcenpreis vollständig übernehmen können. Die Sonnenenergie z.B. wird von der Wissenschaft als mögliche Backstop-Technologie bezüglich des Ölverbrauchs betrachtet.

Zusammenfassend lässt sich sagen, dass die Zunahme an bekannten Reserven und sinkende Abbaukosten den Preis von vielen erschöpfbaren Ressourcen in der Vergangenheit stark geprägt haben. Für die Zukunft ist es aber sehr wahrscheinlich, dass sich die Begrenzung der gesamten Bestände vermehrt in der Preisentwicklung niederschlagen wird. Dann ist die Substitution dieser Ressourcen ein vordringliches gesellschaftliches Problem.

b) Substitution erschöpfbarer Ressourcen

Wenn sich der Einsatz der natürlichen Ressourcen in der Produktion relativ zu den anderen Produktionsfaktoren ständig verteuert, verringert sich die eingesetzte Menge dieser Ressourcen kontinuierlich. In der Produktion findet eine Substitution statt. Damit ist es naheliegend, den Wert der Substitutionselastizität in der aggregierten Produktionsfunktion genauer zu untersuchen.

Notation:

- σ Substitutionselastizität
- $\phi_{1,2}$ Fixe Verteilungsparameter
- K Kapital

Je größer die Substitutionselastizität zwischen der erschöpfbaren Ressource und dem akkumulierten Kapital ist, desto leichter fällt es, ein nachhaltiges Wachstum aufrechtzuerhalten. Dies läßt sich anhand der folgenden CES-Produktionsfunktion zeigen (vgl. DASGUPTA/HEAL 1979, Kapitel 10):

$$Y = [\phi_1 \cdot K^{(\sigma-1)/\sigma} + \phi_2 \cdot R^{(\sigma-1)/\sigma}]^{\sigma/(\sigma-1)} \qquad (12.22)$$

Aus (12.22) wird nun der Quotient Y/R berechnet. Ist dieser Quotient nach oben begrenzt, gilt in $t = \infty$, dass Y aus der Multiplikation von R mit einer konstanten Zahl berechnet werden kann. Da die Summe aller R über die Zeit maximal gleich dem vorgegebenen Bestand an erschöpfbaren Ressourcen ist, ist auch die Summe aller über die Zeit erzielbaren Einkommen konstant. Ein exponentielles Wachstum wird somit unmöglich, das Einkommen muss in diesem Fall mit der Zeit sinken und gegen Null konvergieren. Das Verhältnis Y/R ist im Anschluss an (12.22):

$$\left(\frac{Y}{R}\right)^{(\sigma-1)/\sigma} = \phi_1 \cdot \left(\frac{R}{K}\right)^{(1-\sigma)/\sigma} + \phi_2 \qquad (12.23)$$

Unter der Annahme, daß die Substitutionselastizität kleiner als Eins ist, d.h. $\sigma < 1$, gilt:

$$\lim_{R \to 0}\left(\frac{Y}{R}\right) = (\phi_2)^{\sigma/(\sigma-1)} \qquad (12.24)$$

Die rechte Seite ist hier eine Konstante. Für $\sigma < 1$ gilt damit, dass die Einkommensentwicklung mit der Zeit rückläufig wird. Bei geringen Substitutionsmöglichkeiten der erschöpfbaren Ressource ist somit Nachhaltigkeit mit dieser Art der Produktionsfunktion nicht möglich.

Aus (12.23) wird weiter klar, dass mit $\sigma > 1$ der Quotient Y/R nach oben unbegrenzt ist, was ein unlimitiertes exponentielles Wachstum des Einkommens ermöglicht. R ist dann ein sogenannter inessentieller Faktor, dessen Bedeutung für die Produktion im Zeitablauf asymptotisch verschwindet. Die Nachhaltigkeit bedeutet in diesem Fall kein besonderes Problem.

Empirisch recht plausibel ist der Fall, der zwischen den beiden bereits erwähnten liegt, nämlich eine Substitutionselastizität von Eins. Dies führt uns zur bekannten Cobb-Douglas-Form der Produktionsfunktion:

$$Y = K^{\alpha} \cdot R^{1-\alpha} \qquad (12.25)$$

R erscheint dabei als "essentieller" Produktionsfaktor, dessen Bedeutung im Zeitablauf nicht asymptotisch verschwindet. Zugleich ist aber der Quotient Y/R nicht nach oben begrenzt. Eine genügend starke Kapitalakkumulation vermag den sinkenden Einsatz von R zu kompensieren. In diesem Fall kommt es bezüglich Nachhaltigkeit darauf an, ob die Sparleistung der Haushalte ausreicht, um genügend Kapital zu akkumulieren.

c) Hartwick-Regel

Wird die Sparquote wie im neoklassischen Modell vereinfachend als konstant angenommen, kann für die Cobb-Douglas-Produktionsfunktion (12.25) eine Sparquote hergeleitet werden, die ein konstantes Einkommen und damit Nachhaltigkeit garantiert. Dazu wird anschließend an (12.25) die Wachstumsrate von Y wie folgt ausgedrückt:

$$g_Y = g_K - (1 - \alpha)(g_K - g_R) \tag{12.26}$$

Aus der Annahme der konstanten Sparquote folgt:

$$g_K = s \cdot \left(\frac{Y}{K}\right) \tag{12.27}$$

Gemäß Hotelling-Regel ist das Wachstum des Ressourcenpreises gleich dem Zinssatz. Weiter entsprechen bei vollständigen Märkten der Ressourcenpreis dem Grenzprodukt der Ressource und der Zinssatz dem Grenzprodukt des Kapitals. Das bedeutet, ausgedrückt mit (12.25), für das Grenzprodukt des Kapitals, dass:

$$\frac{\partial Y}{\partial K} = \alpha \cdot \left(\frac{K}{R}\right)^{\alpha - 1} = \alpha \cdot \left(\frac{Y}{K}\right) \tag{12.28}$$

und für die Zunahme des Grenzprodukts der natürlichen Ressource, dass:

$$g_{(\partial Y / \partial R)} = \alpha \cdot (g_K - g_R) \tag{12.29}$$

Werden die Ausdrücke (12.28) und (12.29) gleichgesetzt und zusammen mit (12.27) in (12.26) eingesetzt, folgt:

$$g_Y = [s - (1 - \alpha)] \cdot Y / K \tag{12.30}$$

Gemäß Abschnitt 3.2 ist der Quotient Y/K im langfristigen Gleichgewicht konstant. Ein über die Zeit konstantes Einkommen ($g_Y = 0$) wird dann durch die Sparquote:

$$s = 1 - \alpha \tag{12.31}$$

ermöglicht. Dies ist die sogenannte Hartwick-Regel. Nachhaltigkeit wird in diesem Modell dadurch erreicht, dass die nachfolgenden Generatio-

nen durch eine genügende Sparleistung beziehungsweise über ein ausreichend starkes Wachstum von K für die rückläufigen Bestände an R im
Hinblick auf ihre Einkommen genau entschädigt werden.

d) Zinsabhängiges Sparen

Ausgehend von (12.25) und den Ausführungen in Kapitel 4 ist die Keynes-Ramsey-Regel für optimales Konsumwachstum in diesem Modell:

$$g_C = \frac{1}{\gamma}\left[\alpha\left(\frac{K}{R}\right)^{\alpha-1} - \rho\right] \qquad (12.32)$$

Der Quotient K/R steigt mit zunehmender Zeitdauer, da R abnimmt und
K unter Vernachlässigung der Abschreibungen entweder zunimmt oder
konstant bleibt. Da der Koeffizient $\alpha - 1$ unter neoklassischen Bedingungen negativ ist, sinkt das Grenzprodukt des Kapitals im Zeitablauf. Nur
ein sinkender Kapitalstock könnte ein Sinken des Grenzprodukts des
Kapitals verhindern. Aber auch dies würde keine Nachhaltigkeit bedeuten, denn mit einem sinkenden Kapitalstock würden Einkommen und
Konsum zwangsläufig ebenfalls zurückgehen.

Damit ist gezeigt, dass zinsabhängiges Sparen für die gegebene Produktionsfunktion ohne technischen Fortschritt in der langen Frist zu
einem sinkenden Konsum führt. Eine tiefe Diskontrate ermöglicht in diesem Modell nur, dass der Konsum in der ersten Phase der Übergangsfrist
zum Gleichgewicht ansteigt. Langfristig führt aber jede positive Diskontrate zu einer Schlechterstellung der zukünftigen Generationen.

Eine Ausnahme ergibt sich dann, wenn die Individuen äußerst risikoa-
vers sind, d.h. dass die Elastizität der intertemporalen Substitution $1/\gamma$
praktisch Null ist. Dann wird aus (12.32) ersichtlich, dass der Konsum
unabhängig vom Klammerausdruck auf der rechten Seite einen konstanten Wert annimmt ($g_C = 0$). Dieser theoretische Fall muß aber aufgrund
der empirischen Evidenz zur Risikoaversion ausgeschlossen werden.

Eine etwas andere Situation liegt vor, wenn von der neoklassischen
Form der Produktionsfunktion abgewichen wird und gemäß Neuer
Wachstumstheorie ein konstantes Grenzprodukt des Kapitals unterstellt
wird. Eine entsprechende Produktionsfunktion mit einer Konstanten D
ist:

$$Y = D \cdot \tilde{K} \cdot R^{1-\alpha} \qquad (12.33)$$

$\tilde{K}$ ist dabei ein Aggregat aus den akkumulierten Kapitalarten wie Real-,
Human- und Wissenskapital. Der Verlauf des Grenzprodukts des Kapitals GPK hängt jetzt nur vom Einsatz von R ab, es beträgt:

$$GPK = D \cdot R^{1-\alpha} \qquad (12.34)$$

Da R im Zeitablauf mit zunehmender Verknappung abnimmt, kann auch mit der Produktionsfunktion (12.33) bei zinsabhängigem Sparen keine nachhaltige Entwicklung erreicht werden. Denn mit sinkendem Grenzertrag schwindet die Bereitschaft der Haushalte, Ersparnisse zu bilden. Das Wachstum gemäß Keynes-Ramsey-Regel lautet:

$$g_C = \frac{1}{\gamma}(D \cdot R^{1-\alpha} - \rho) \qquad\qquad (12.35)$$

Sobald das Grenzprodukt des Kapitals unter den Wert der Diskontrate fällt, wird kein positives Wachstum mehr erreicht. Nachhaltigkeit ist im gezeigten Fall nur möglich, wenn ein Eingriff von Seiten des Staates zugunsten der Ersparnisbildung erfolgt.

Im Rahmen eines Ein-Sektoren-Modells ist Nachhaltigkeit ohne einen solchen Eingriff, d.h. unter marktwirtschaftlichen Bedingungen, nur dann gegeben, wenn entweder genügend starke, zunehmende Grenzerträge des Kapitals K postuliert werden oder wenn zusätzlich ein exogener technischer Fortschritt in das Modell aufgenommen wird (vgl. auch Box 10.1).

Allerdings wurde schon in den Kapiteln 6, 7 und 8 deutlich, dass für viele Fragestellungen der Einsatz von Mehr-Sektoren-Modellen zweckmäßiger ist. Dann ist es z.B. möglich, einen Bereich mit Forschung und Entwicklung oder einen Bildungssektor abzubilden.

Die Grundidee eines Mehr-Sektoren-Modells mit endogener Wissensbildung kann wie folgt verdeutlicht werden. Die verschiedenen Wirtschaftssektoren weisen realistischerweise eine unterschiedliche Intensität in der Verwendung der natürlichen Ressourcen in der Produktion beziehungsweise einen unterschiedlich starken Umweltverbrauch auf.

Andererseits ergeben sich in den verschiedenen Sektoren unterschiedlich starke Lerneffekte beziehungsweise Wissens-Spillover. Z.B. kann im dreisektorigen Modell von Kapitel 8 postuliert werden, dass die traditionelle Produktion keine Lerneffekte erzeugt, dafür die Umwelt am intensivsten verwendet beziehungsweise verschmutzt, während Forschung und Entwicklung positive Spillover generiert, hingegen die Umwelt nur minimal beeinträchtigt.

Eine Verteuerung der natürlichen Ressourcen führt in einem solchen Ansatz zu einem Strukturwandel innerhalb der Wirtschaft. Der Wandel vollzieht sich umso schneller, je rascher die Preise der natürlichen Ressourcen ansteigen. Da diejenigen Produktionsfaktoren, wie die qualifizierte Arbeit beziehungsweise Humankapital, die in den innovativen Sektoren intensiv verwendet werden, im Vergleich zu den natürlichen Ressourcen billiger werden, entwickeln sich die Kosten in den innovativen Sektoren relativ zur gesamten Wirtschaft unterdurchschnittlich.

Box 10.1: Technischer Fortschritt und Nachhaltigkeit

Zur Frage, wie groß der technische Fortschritt angesichts des schwindenden Einsatzes erschöpfbarer Ressourcen für eine nachhaltige Entwicklung mindestens sein muss, präsentiert NORDHAUS (1992) folgende Kalkulation. Ausgegangen wird von einer "realistischen" Produktionsfunktion der Cobb-Douglas-Form mit den folgenden Inputs:

$$Y = A \cdot K^\alpha \cdot R^\theta \cdot L^\omega \cdot O^\xi \qquad (1)$$

Dabei bezeichnet A den (exogenen) Stand des technischen Wissens, K Realkapital, R die erschöpfbaren natürlichen Ressourcen, L die Arbeit und O den Faktor Boden. Die zeitliche Abnahme des Einsatzes der erschöpfbaren Ressourcen ist durch folgende Bedingung gegeben:

$$R_t = b \cdot S_0 \cdot e^{-b \cdot t} \qquad (2)$$

t ist der Zeitindex, S_0 der gegebene Anfangsbestand an R und b eine Konstante. Die Bedingung (2) für R wird in der Produktionsfunktion (1) eingesetzt. Ebenso kann im langfristigen Gleichgewicht berücksichtigt werden, daß der Quotient Y/K konstant ist ($g_Y = g_K$). Weiter wird die Menge an Boden als fix angenommen. Logarithmisches Differenzieren der Produktionsfunktion ergibt für die Wachstumsrate des Einkommens pro Kopf:

$$g_y = -[1 - \omega/(1 - \alpha)] \cdot g_L - [\theta/(1 - \alpha)] \cdot b$$

$$+ [1/(1 - \alpha)] \cdot g_A$$

Nun werden für die Parameter folgende "realistische" Werte eingesetzt: ω : 0.6 , α : 0.2 , g_L : 0.01 , θ : 0.1 , b : 0.005 . Die Parameterwerte g_L und b beziehen sich jeweils auf ein Jahr.

Durch Auflösung ergibt sich die Folgerung, dass das Wachstum von y größer als Null ist, wenn der technische Fortschritt jährlich 0.25 Prozent beträgt, d.h.

$$g_y > 0 \qquad \text{falls} \qquad g_A > 0.0025$$

NORDHAUS kommt zum Schluss, dass dieser Wert in der Realität unschwer erreicht werden kann. Damit ist seiner Ansicht nach die Nachhaltigkeit über den technischen Fortschritt relativ leicht sicherzustellen. Relativieren lässt sich diese starke Aussage u.a. durch Hinweise auf die restriktive Form der gewählten Produktionsfunktion, die Vernachlässigung der Unsicherheit, die fehlende Erklärung des technischen Fortschritts und den eher tiefen Wert für den Parameter b.

Der beschriebene Strukturwandel führt damit zu einer Verstärkung der Anreize, in Forschung und Entwicklung oder Bildung zu investieren und damit zusätzliches Wissen zu akkumulieren. Damit finden wir im Rahmen von Mehr-Sektoren-Wachstumsmodellen eine Grundlage für eine Politik, die dem Prinzip der Nachhaltigkeit verpflichtet ist (vgl. Abschnitt 10.6.).

10.5 Erneuerbare Ressourcen

Eine andere Analyse ergibt sich für den Fall der erneuerbaren natürlichen Ressourcen, die vor allem für weniger entwickelte Länder, in vielen Fällen aber auch für die Industrieländer eine wichtige Rolle spielen. Hier konzentriert sich die Forderung nach Nachhaltigkeit auf die Bestimmung einer "Ernterate", die eine Konstanz der Biomasse und damit eine nachhaltige Nutzung und, zusammen mit den anderen Wirtschaftssektoren, ein nachhaltiges Wachstum ermöglicht. Entscheidend ist dabei die Regenerationsfunktion der Natur, welche die natürliche Erneuerung des Ressourcenbestands beschreibt (vgl. auch HARTWICK/OLEWILER 1986). Die im Marktgleichgewicht angebotenen Mengen bestimmen zusammen mit der Nachfrage nach der erneuerbaren Ressource den Marktpreis.

a) Regenerationsfunktion

Bei erneuerbaren natürlichen Ressourcen wie Wald- und Fischbeständen hängt das natürliche Wachstum vom Bestand der Ressourcen ab. Illustrativ ist das Beispiel der Fische. Ist der Fischbestand in einem Gewässer gering, ist die Regeneration ohne Eingriff von außen groß, da das Nahrungsangebot für die Fische reichlich ist. Mit zunehmendem Fischbestand wird die Wachstumsrate des Bestands geringer, weil der Nahrungszugang immer schwieriger wird. Der gesamte Bestand nimmt so lange zu, bis die Regenerationsrate der Fische die natürliche Sterberate erreicht.

Notation

- V Bestand der erneuerbaren natürlichen Ressource (Biomasse)
- Z "Ernte" der erneuerbaren natürlichen Ressource
- F Natürliche Regeneration

Algebraisch lässt sich die natürliche, zeitabhängige Regeneration als Funktion des gesamten Bestands wie folgt ausdrücken:

$$dV/dt = F(V) \tag{12.36}$$

Die grafische Darstellung von Ausdruck (12.36) gibt im Anschluss an die obenstehenden verbalen Ausführungen das folgende Bild:

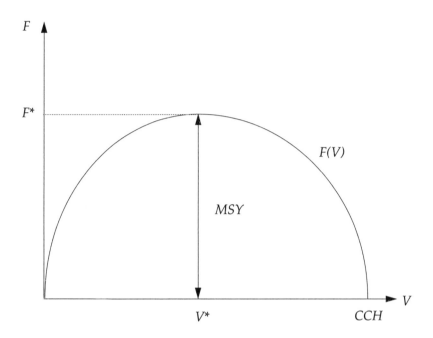

Abbildung 10.3: Regenerationsfunktion

b) Ernte der natürlichen Ressource

Jeder Punkt der Funktion $F(V)$ gibt eine Menge an, die vom Menschen geerntet werden kann, ohne dass der gesamte Bestand an Biomasse V über die natürliche Regeneration zu- oder abnimmt. Bei einem Bestand von V^* ist eine maximale Ernte möglich ("Maximum Sustainable Yield" = MSY). Wird überhaupt nicht geerntet, erreicht das System den Punkt CCH ("Carrying Capacity of the Habitat"), bei dem die Regenerationsrate der natürlichen Sterberate entspricht.

Eine spezielle Form der Regenerationsfunktion ergibt sich, wenn ein minimaler Wert an Biomasse vorhanden sein muss, damit ein positives Wachstum der natürlichen Ressource stattfindet. Einen solchen Schwellenwert weisen zum Beispiel Schwarmfische auf, die nur ab einer bestimmten Populationsgröße überlebensfähig sind. Im übertragenen Sinn kann auch für andere Umweltprobleme mit naturwissenschaftlich vorgegebenen Schwellenwerten argumentiert werden.

In der Folge sollen die Auswirkungen von drei verschiedenen Erntemengen auf den Bestand V untersucht werden. Als Referenz dazu dient Abbildung 10.4:

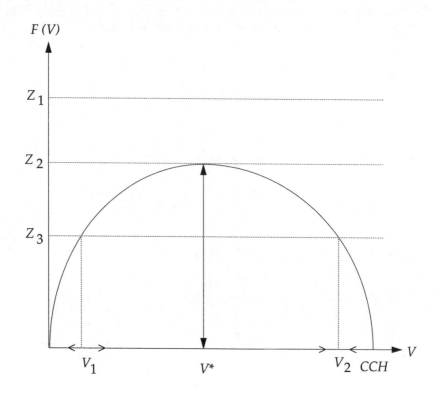

Abbildung 10.4: Verschiedene Erntemengen

- Die Erntemenge Z_1 bedeutet, dass die Ernte die natürliche Erneuerungsrate übersteigt. Die natürliche Ressource wird auf diese Art vollständig erschöpft.

- Z_2 ist die größte nachhaltige Erntemenge. Gäbe es für die Ernte keinen ökonomischen Aufwand, wäre dies in einer statischen Betrachtung die optimale Menge. Allerdings gilt diese Aussage nur dann, wenn der Bestand vor Einsetzen der Ernte mindestens V^* beträgt, andernfalls führt auch diese Erntemenge zur Erschöpfung der natürlichen Ressource.

- Für Erntemenge Z_3 existieren zwei verschiedene Gleichgewichte. Falls man von einer unberührten Natur ausgeht (Zustand CCH), stellt sich über eine Anpassungsphase der Bestand V_2 an Biomasse ein. Falls der ursprüngliche Bestand größer ist als V_1, gelangt das System von der anderen Seite her zum selben Gleichgewicht. Der Punkt V_2 ist somit ein stabiles Gleichgewicht. Instabil ist hingegen das Gleichgewicht im Punkt V_1, denn wenn der Bestand nur geringfügig größer oder kleiner ist, entfernt sich die Entwicklung bei dieser Erntemenge vom Ausgangspunkt.

c) Intertemporales Optimum

Für die optimale Ernterate sind zusätzlich zur natürlichen Regeneration der Aufwand für die Ernte beziehungsweise die Erntekosten sowie die Diskontrate der Haushalte zu berücksichtigen. Zu jedem Zeitpunkt besteht der Nettonutzen der Ernte natürlicher Ressourcen aus der Differenz zwischen dem Konsumnutzen für die Haushalte und dem Aufwand für die Ernte. Für die Bestimmung des intertemporalen Optimums wird der Nettonutzen der Zukunft diskontiert; anschließend ist für den Nettonutzen ein Maximum über die gesamte Zeit zu suchen.

Die Gesellschaft kann in die Biomasse "investieren", indem sie heute auf eine gewisse Erntemenge verzichtet und damit den Bestand der natürlichen Ressource sichert oder gar das Wachstum der Biomasse fördert. Ein konstanter Konsum von Z ist in Analogie zur Keynes-Ramsey Regel von Kapitel 4 dann erreicht, wenn der Grenzertrag der "Investition" (des Nichtkonsums) gleich der Diskontrate ist.

Diese Maximierung erfolgt unter der Nebenbedingung der natürlichen Regenerationsfunktion. Falls die Gesellschaft eine größere Menge nutzen möchte, als von der Natur her wieder nachwächst, ist diese Restriktion für das Erreichen eines Optimums bindend. Um in diesem Fall eine Übernutzung zu verhindern, muss die Ernte über umweltpolitische Maßnahmen verteuert werden.

Notation

- E Ernteaufwand
- U Konsumnutzen der Ernte

Dieser Zusammenhang ist in Abbildung 10.5 dargestellt. Dabei wird davon ausgegangen, dass der Grenznutzen der Ernte den in der Mikrotheorie üblichen fallenden Verlauf und die Grenzkosten der Ernte einen mit geernteter Menge ansteigenden Verlauf aufweisen.

In der oberen Hälfte der Darstellung ist das statische Optimum in der Gleichsetzung von Grenznutzen und Grenzkosten für die Ernte ersichtlich. Die statisch optimale Erntemenge führt aber im gezeigten Beispiel zur Übernutzung der natürlichen Ressource und entspricht nicht dem intertemporalen Optimum.

Das intertemporale Optimum ist an der Stelle gegeben, an der sich der Grenzertrag der Investition (der Nichternte) $F'(V)$ auf die Höhe der Diskontrate ρ stellt. Über eine wirtschaftspolitische Verteuerung der Ernte, die in der Abbildung mit dem Pfeil angedeutet ist, kann eine Erntemenge Z^* erreicht werden, die einerseits intertemporal optimal ist und andererseits Nachhaltigkeit in der Nutzung der Natur garantiert. Der optimale Erntepunkt ist allerdings instabil. Es muß daher zur Beibehaltung des Optimums dauernd darauf geachtet werden, dass der Bestand nicht von V^* abweicht.

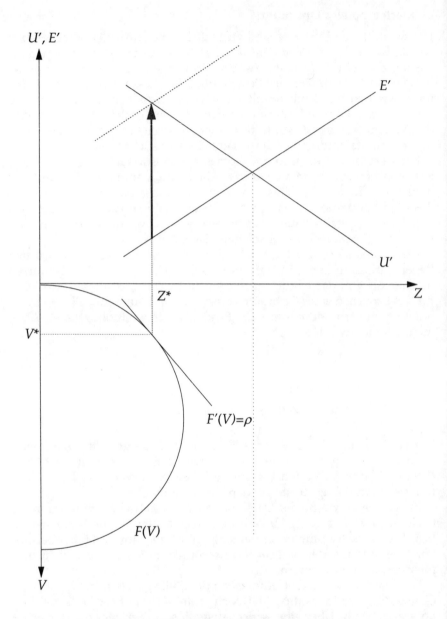

Abbildung 10.5: Intertemporales Optimum

Tritt die Situation auf, dass der Grenzertrag in der natürlichen Regeneration in jedem Fall kleiner ist als die Diskontrate, ergibt sich möglicherweise eine Abweichung der optimalen von der nachhaltigen Nutzung. Optimal ist dann nämlich die Erschöpfung der natürlichen Ressource. Falls aber die natürliche Ressource eine wichtige Funktion im gesamten

Ökosystem hat, deren Verlust längerfristig gravierende oder vielleicht noch unsichere Folgen nach sich zieht, ist die Erschöpfung nicht nachhaltig. Dann muss zur Wahrung der Nachhaltigkeit über geeignete Maßnahmen eine kleinere, der natürlichen Regeneration angepasste Erntemenge verordnet werden.

Oft spielt im Falle der erneuerbaren Ressourcen noch eine andere Art von Externalität eine wichtige Rolle, die durch die meist unvollständige Zuteilung der Eigentumsrechte zustande kommt. Z.B. ist es eine Folge des freien Marktzugangs in der Fischerei auf den Weltmeeren, dass der einzelne Fischkutter nur seine privaten Kosten in Rechnung stellt, aber nicht berücksichtigt, dass durch seinen Fang die Fangwahrscheinlichkeit der anderen Fischer vermindert wird. Ähnlich wie bei den Staukosten auf den Straßen handelt es sich dabei um ein Überfüllungsproblem eines Gutes, das frei zugänglich, aber rivalisierend ist. Um diese Art der Externalitäten zu internalisieren, bedarf es ebenfalls wirtschaftspolitischer Eingriffe, die in gewissen Bereichen unter Umständen bereits ausreichen, um Nachhaltigkeit herbeizuführen.

10.6 Private und soziale Diskontraten

Bisher wurde von der Existenz positiver Diskontraten in der individuellen Nutzenfunktion ausgegangen. Für die lange Frist bedeutet dies, dass die Wünsche der zukünftigen Generationen geringer eingeschätzt werden als diejenigen der heute lebenden Generationen.

Dagegen wird in der Nachhaltigkeitsdiskussion oft die Meinung vertreten, die gesellschaftliche Entscheidungsfindung sollte aus "Fairness"-Gründen die Gleichbehandlung der Generationen gewährleisten. Deshalb liegt die Folgerung nahe, der Staat müsse die Kurzsichtigkeit der Individuen durch eine Korrektur bei der gesellschaftlichen Diskontrate ausgleichen.

Dabei ist allerdings folgendes zu bedenken: Wird der Effekt der positiven Diskontrate beseitigt, erhöht sich gemäß Keynes-Ramsey-Regel die Wachstumsrate der Güterproduktion. Solange nun nicht alle negativen Externalitäten internalisiert sind, kann ein beschleunigtes Wachstum über eine stärkere Umweltverschmutzung negative Auswirkungen auf die gesamte Wohlfahrt haben. Darüber hinaus ist zu bemerken, dass die Diskontraten in der Realität nicht unbedingt hoch sind, wenn die beobachtbaren Raten für Konsumwachstum und Realzinssatz miteinander verglichen werden. Bezüglich politischer Umsetzung ist darauf hinzuweisen, dass Regierungen aufgrund ihrer beschränkten Amtsdauer unter Umständen noch mehr diskontieren als die Haushalte und deshalb nicht unbedingt Interesse an einer solchen Politik haben. Dazu müssten sich die ökologischen Interessengruppen im politischen Prozess besser organisieren.

Box 10.2: Environmental Kuznets Curve

Seit den späten 1990er Jahren wird in der Literatur viel über die sogenannte Environmental Kuznets Curve - Hypothese diskutiert. Diese
Hypothese besagt, dass der Umweltverbrauch zu Beginn der Wirtschaftsentwicklung eines Landes mit steigendem Einkommen zunimmt; sobald
aber ein bestimmtes Einkommen erreicht ist, nimmt der Umweltverbrauch mit steigendem Einkommen wieder ab, d.h. es findet eine Entkop-
pelung zwischen Wirtschaftswachstum und Umweltbelastung statt.
Zusammengefügt ergibt sich in einem Einkommen-Umweltverbrauchs-
Diagramm eine umgekehrt U-förmige Kurve, die Environmental Kuznets
Curve (EKC).
    Zur theoretischen Fundierung der im Rahmen der EKC betonten Ent-
koppelung zwischen Einkommen und Umweltbelastung werden drei verschiedene Mechanismen verwendet. Erstens kann technologischer
Wandel über die Zeit bzw. mit steigendem Einkommen zu umwelt-
freundlicheren Produktionstechniken führen, so dass die Umweltbelastung trotz gesteigerter Produktion reduziert werden kann. Als zweite
Möglichkeit kommen die Präferenzeigenschaften der Individuen, im speziellen die Einkommenselastizität bezüglich Umweltqualität, in Frage;
d.h. es wird angenommen, dass die Individuen mit steigendem Einkommen mehr Umweltqualität nachfragen. Einschränkend muss aber gesagt
werden, dass eine hohe positive Einkommenselastizität zwar hilfreich,
aber weder notwendig noch hinreichend für einen EKC-konformen Verlauf ist. Drittens kann auch eine explizite Möglichkeit, die Umweltverschmutzung durch spezifische Vermeidungsaktivitäten zu verringern,
modelliert werden. Dies führt aber nur dann zu einer EKC, wenn die Verschmutzung entweder ein Argument der Nutzenfunktion ist oder die
Produktions- und damit die Konsummöglichkeiten durch Verschmutzung beeinträchtigt werden und zusätzlich die „Verringerungs-Technolo-
gie" durch zunehmende Skalenerträge gekennzeichnet ist.
    Ökonometrische Schätzungen mit Querschnitts- oder Paneldaten erge-
ben für viele Schadstoffe den von der EKC postulierten umgekehrt U-för-
migen Kurvenverlauf. Die Umkehrpunkte der verschiedenen EKCs, d.h.
dasjenige Einkommen, bei dem die Umweltbelastung mit steigendem
Einkommen wieder abzunehmen beginnt, unterscheiden sich in den verschiedenen Studien aber deutlich. Für entwickelte Länder wird meist eine
fallende, für Entwicklungsländer hingegen eine zunehmende Umweltbelastung prognostiziert. Es drängt sich daher der Verdacht auf, dass durch
das Nebeneinander von zwei u.U. unabhängigen Beziehungen (eine positive in Ländern mit geringem Einkommen und eine negative in reicheren
Ländern) im Querschnitt EKCs gefunden werden, obwohl in der Realität
keine existieren. Da zudem die einzelnen Länder in den Samples sehr
unterschiedlich sind, können Schätzungen mit Zeitreihendaten zusätzliche Informationen liefern. Im Gegensatz zu den Querschnittsanalysen
ergeben sich hier jedoch in den meisten Fällen keine eindeutigen Resultate bezüglich der Gültigkeit der EKC-Hypothese; oft genügen die Schätz-
statistiken den üblichen Signifikanzkriterien nicht, so dass gewisse
Zweifel an der generellen Eignung des EKC-Ansatzes angebracht sind.
    Von der Gültigkeit der EKC-Hypothese hängen gewichtige umweltpo-
litische Implikationen ab. Trifft die Hypothese zu, führt wirtschaftliches
Wachstum langfristig „automatisch" zu einer verbesserten Umweltqualität, vorausgesetzt, dass keine irreversiblen Schäden aufgetreten sind. Im
gegenteiligen Fall kann argumentiert werden, dass ein gewisser Wachs-
tumsverzicht für einen Schutz der Umwelt angezeigt ist.

Mit diesen Feststellungen zur Diskontrate ist allerdings der Gefahr von möglicherweise großen Umweltkatastrophen in der Zukunft noch kaum genügend Rechnung getragen. Umweltkosten, die erst für zukünftige Generationen anfallen, aus heutiger Sicht zu diskontieren widerspricht einer weitverbreiteten Vorstellung von Fairness zwischen den Generationen. Wenn z.b. die Aufrechterhaltung eines gemäßigten Klimas in der Zukunft sehr viel kostet, weil die heutigen Emissionen zu hoch sind, dann ist aus Sicht der Nachhaltigkeit eine höhere Bewertung der Zukunft angezeigt. Ebenso findet das steigende Risiko der Umweltbelastung in den bisherigen Überlegungen noch nicht genügend Beachtung.

Nun könnte vom Staat als Richtschnur für die Politik in den sensiblen Bereichen wie Klima und Artenschutz eine tiefere Diskontrate beziehungsweise ein Diskont von Null für Umweltgüter vorgeschrieben werden. Die Wirkung geht bezüglich Erhöhung der Sparquote in die richtige Richtung, sollte aber mit anderen Umweltmaßnahmen kombiniert werden (vgl. nächsten Abschnitt).

Als Alternative zur Optimierung mit Hilfe von utilitaristischen Nutzenfunktionen und positiven Diskontraten wird in der Literatur manchmal auch ein anderes Wohlfahrtskriterium aufgeführt. Gemäß dem sogenannten "Rawls-Kriterium" soll in einer sehr langen Zeitperiode aus allen möglichen Pfaden derjenige Wachstumspfad ausgewählt werden, bei dem der (in irgendeiner Periode anfallende) minimale Konsum am größten ist. Dieses Vorgehen entspricht einer bekannten Entscheidungsregel unter Unsicherheit und ist auch unter der Bezeichnung "Maximin-Kriterium" bekannt, das hier für den Nutzen aus dem Konsum verwendet wird. Als Folge der Anwendung dieses Kriteriums wird der Gesamtkonsum möglichst gleichmäßig auf alle Generationen aufgeteilt. Das Kriterium hat jedoch einen sehr pessimistischen und risikoaversen Aspekt, da ein Konsumverzicht in einer gewissen Periode im Austausch gegen eine anschließend höhere Wachstumsrate nicht als vorteilhaft bewertet wird. Zudem bleibt unklar, wie die Umsetzung dieses Kriteriums in der Realität vollzogen werden könnte.

10.7 Rolle der Wirtschaftspolitik

In der älteren Wachstumstheorie ist die langfristige Wachstumsrate nicht eine durch die Theorie erklärte Variable; deshalb sind die dynamischen Auswirkungen der Umweltpolitik mit diesem Ansatz nicht analysierbar. Im Forschungsprogramm der Neuen Wachstumstheorie wird die langfristige Wachstumsrate dagegen direkt aus der Theorie hergeleitet. Der mögliche Zielkonflikt des wirtschaftlichen Wohlstands mit einer auf Nachhaltigkeit ausgerichteten Umweltpolitik lässt sich dadurch fundiert untersuchen.

Soll der Wohlstand gehalten oder gesteigert werden, ist die sinkende Menge an natürlichen Inputs über den Aufbau anderer Kapitalarten ausreichend aufzufangen. Je größer die Sparneigung der heutigen Generationen ist, umso eher ist der Ersatz der natürlichen Ressourcen möglich. Sparen bedingt aber Konsumverzicht, und dieser Verzicht ist ökonomisch nur dann attraktiv, wenn der Ertrag der Ersparnisse und der mit dem Sparen finanzierten Investitionen genügend hoch bleibt.

Aus der Ein-Sektoren-Darstellung folgt, dass der sinkende Einsatz des natürlichen Kapitalstocks die Rentabilität der Investitionen in nichtnatürliches Kapital vermindert. Wegen der positiven Diskontrate der Haushalte sinkt damit der Einkommenspfad. In einem Mehr-Sektoren-Ansatz kann demgegenüber explizit abgebildet werden, dass die Lerneffekte, die zur Wissensbildung führen, nicht in allen Sektoren gleich groß sind. Vor allem aber sind lernintensive Tätigkeiten im Durchschnitt nicht die umweltintensiven Tätigkeiten, sondern es gilt im Gegenteil, dass die lernintensiven Aktivitäten die Umwelt meist relativ wenig belasten.

Wird der positiven Diskontrate die "Schuld" an der mangelnden Nachhaltigkeit der heutigen Entwicklung zugewiesen, stellt eine Sparförderung von Seiten des Staates eine mögliche Maßnahme dar. Wie erwähnt, ist dies aber nicht zweckmäßig, denn die Subventionierung des Sparens ist ein sehr unpräzises Instrument. Solange Investitionen in stark verschmutzende Branchen ebenfalls profitieren, ist der Nachhaltigkeit nicht gedient. Ebenso ist eine ausschließliche Ausrichtung der Politik auf eine drastische Reduzierung des natürlichen Ressourceneinsatzes zu einseitig.

Was aufgrund der Ausführungen zum Mehr-Sektoren-Ansatz deutlich im Vordergrund steht, ist die langfristige Veränderung der relativen Preise: Die umweltbelastenden Güter müssen verteuert, die lernintensiven Sektoren, verglichen mit der heutigen Situation entlastet werden. Dies kann z.B. im Rahmen einer ökologischen Steuerreform erreicht werden. Mit den Preisänderungen wird der angestrebte Wandel der Strukturen in einer Wirtschaft effizient erreicht.

Auf diese Weise kann genügend neues Wissens- und Humankapital gebildet werden, das die natürlichen Ressourcen langfristig substituiert. Neues Wissen ermöglicht es auch, die massiven Zunahmen in der Effizienz im Umgang mit der Natur zu realisieren, die heute von den Ökologen gefordert werden. Die von den Ökonomen betonte Rentabilität der Ersparnisse und Investitionen bleibt auf einer attraktiven Höhe, da der ständige Fortschritt die Rentabilität positiv beeinflusst. Ein solcher Weg in Richtung Nachhaltigkeit bietet die bestmöglichen Voraussetzungen, dass die Substitution der natürlichen Ressourcen langfristig mit der wirtschaftlichen Prosperität vereinbar ist.

Eine Anpassung der relativen Preise ist unter dem Titel "Beseitigung der externen Kosten" schon aus Gründen des heutigen Umweltschutzes angezeigt. Eine zweckmäßige Umweltpolitik beinhaltet eine möglichst vollständige und kostengünstige Internalisierung der negativen externen Effekte. Marktwirtschaftliche Instrumente wie Lenkungsabgaben, Lenkungssubventionen und Zertifikate sind normalerweise sehr effizient in dieser Hinsicht. Doch ist durch die Internalisierung die Nachhaltigkeit noch nicht garantiert. In gewissen Bereichen sind unter Umständen noch schärfere Maßnahmen nötig. Z.B. kann in gewissen Fällen die Beschleunigung der Substitution von natürlichen Ressourcen in der Produktion angezeigt sein.

Mit der globalen Ausrichtung der Nachhaltigkeitsdiskussion steht auch eine neue Art der internationalen Arbeitsteilung im Vordergrund. Weniger entwickelte Länder haben einen Vorteil in der Ausstattung mit natürlichen Ressourcen. Der Aufwand für den Schutz der Natur ist in weniger entwickelten Ländern geringer, der Ertrag für alle, auch für die Industrieländer, groß. Durch die internationalen Abgeltungen der Leistungen im Umweltschutz kommt ein Einkommenstransfer zustande, der auch im Rahmen der Entwicklungspolitik angestrebt wird. Ergänzt um zusätzliche Wissenstransfers, haben die Länder der dritten Welt innerhalb dieser neuen Rahmenbedingungen bessere Voraussetzungen, ihrerseits eine nachhaltige Entwicklung zu realisieren.

Viele weniger entwickelte Länder streben im Rahmen ihrer Wirtschafts- und Umweltpolitik, oft unter Aufsicht von internationalen Institutionen wie der Weltbank, eine nachhaltige Entwicklung an. Im Gegensatz zur Nachhaltigkeitsdiskussion in westlichen Industriestaaten liegen die Bemühungen aber schwergewichtig auf der wirtschaftlichen und der politisch-administrativen Seite. Denn viele sogenannte „Entwicklungsländer" sind durch verbreitete Armut und eine politische Marginalisierung weiter Bevölkerungskreise charakterisiert. Die Verteilungsfrage innerhalb von Generationen wird daher im Rahmen der Nachhaltigkeitszielsetzung sehr prominent diskutiert. Die Erfahrung vieler Länder hat gezeigt, dass die Durchsetzung von wirtschaftlichen und umweltpolitischen Maßnahmen eine intensive Kommunikation zwischen den verschiedenen staatlichen Stellen sowie zwischen der Zentrale und den regionalen Körperschaften erfordert. In dieser Hinsicht sind die Kapazitäten in einem solchen Umfeld schnell erschöpft. Weiter zeigt sich, dass die Bedeutung eines effizienten Finanzsektors für die langfristige Entwicklung nicht unterschätzt werden sollte.

Literatur zum 10. Kapitel

* BRETSCHGER, L.: How to Substitute in Order to Sustain: Knowledge Driven Growth Under Environmental Restrictions, in: Environment and Development Economics, 1998, S. 425–442
* BRETSCHGER, L.: Nachhaltige Entwicklung der Weltwirtschaft: Ein Nord/Süd-Ansatz, in: Schweizerische Zeitschrift für Volkswirtschaft und Statistik, 1998, S. 369–390
* BRETSCHGER, L.: The Sustainability Paradigm: A Macroeconomic Perspective, in: Revue Région et Développement, 1998, S. 73–103
* BRETSCHGER, L.: Growth Theory and Sustainable Development, Edward Elgar, Cheltenham 1999

- BRETSCHGER, L., EGLI, H.: Sustainable Growth in Open Economies, in: SCHULZE, G., URSPRUNG, H. (Hrsg.): International Environmental Economics: A Survey of the Issues, Oxford University Press, Oxford 2001

- BRETSCHGER, L., SMULDERS, S..: Sustainability and Substitution of Exhaustible Natural Resources; How Resource Prices Affect Long-Term R&D-Investments, FEEM Nota die Lavoro 87.2003, 2003

- BRUNDTLAND-Bericht, World Commission on Environment and Development: Our Common Future, Oxford University Press, New York 1987

- DASGUPTA, P.S., HEAL, G.M.: Economic Theory and Exhaustible Resources, Cambridge University Press, Oxford 1979

- HARTWICK, J.M., OLEWILER, N.D.: The Economics of Natural Resource Use, 2nd Ed., Longman, Essex 1998

- NORDHAUS, W.D.: Lethal Model 2: The Limits to Growth Reconsidered, in: Brookings Papers on Economic Activity, 1992, S. 1–59

- PERMAN, R., MA, Y., MCGILVRAY, J., Common, M.: Natural Resource and Environment Economics, 3d Ed., Longman, Essex 2003

- PITTEL, K.: Sustainability and Endogenous Growth, Edward Elgar, Cheltenham 2002

Literaturverzeichnis

AGHION, P., HOWITT, P.: A Model of Growth through Creative Destruction, in: Econometrica, 1992, S. 323-351

AGHION, P., HOWITT, P.: Endogenous Growth Theory, MIT Press, Cambridge Mass. 1998

ARROW, K.J.: The Economic Implications of Learning by Doing, in: The Review of Economic Studies, 1962, S. 155-173

BALDWIN, R.E.: The Growth Effects of 1992, in: Economic Policy, 1989, S. 247-282

BARRO, R.J.: Government Spending in a Simple Model of Endogenous Growth, in: Journal of Political Economy, 1990, S. S103-S125

BARRO, R.J., LEE, J.: Losers and Winners in Economic Growth, NBER Working Paper no. 4341, 1993

BARRO, R.J., SALA-I-MARTIN, X.: Economic Growth, 2nd Ed., MIT Press, Cambridge Mass. 2003

BENASSY, J.: Is There Always to Little Research in Endogenous Growth with Expanding Product Variety? in: European Economic Review, 1998, S. 61-69

BRETSCHGER, L.: Integration und langfristige Wirtschaftsentwicklung, Oldenbourg, München 1997

BRETSCHGER, L.: How to Substitute in Order to Sustain: Knowledge Driven Growth under Environmental Restrictions, in: Environment and Development Economics, 1998, S. 425-442

BRETSCHGER, L.: Nachhaltige Entwicklung der Weltwirtschaft: Ein Nord/Süd-Ansatz, in: Schweizerische Zeitschrift für Volkswirtschaft und Statistik, 1998, S. 369-390

BRETSCHGER, L.: The Sustainability Paradigm: A Macroeconomic Perspective, in: Revue Région et Développement, 1998, S. 73-103

BRETSCHGER, L.: Growth Theory and Sustainable Development, Edward Elgar, Cheltenham 1999

BRETSCHGER, L.: Knowledge Diffusion and the Development of Regions, in: Annals of Regional Science, 1999, S. 251-268

BRETSCHGER, L.: Dynamik der realwirtschaftlichen Integration am Beispiel der EU-Osterweiterung, in: Jahrbücher für Nationalökonomie und Statistik, 1999, S. 276-293

BRETSCHGER, L.: On the Predictability of Knowledge Formation: the Tortuous Link between Regional Specialisation and Development, in: Journal of Economics, 2001, S. 247-274.

BRETSCHGER, L.: Labor Supply, Migration and Long-Term Development, in: Open Economies Review, 2001, S. 5-27

214

BRETSCHGER, L.: Wachstumstheoretische Perspektiven der Wirtschaftsintegration: Neuere Ansätze, in: Jahrbücher für Nationalökonomie und Statistik, 2002, S. 64–79

BRETSCHGER, L., EGLI, H.: Sustainable Growth in Open Economies, in: SCHULZE, G., URSPRUNG, H. (Hrsg.): International Environmental Economics: A Survey of the Issues, Oxford University Press, Oxford 2001

BRETSCHGER, L., HETTICH, F.: Globalisation, Capital Mobility and Tax Competition: Theory and Evidence for OECD Countries, in: European Journal of Political Economy, 2002, S. 695–716

BRETSCHGER, L., SCHMIDT, H.: Converging on the Learning Curve: Theory and Application to German Regional Data, in: Weltwirtschaftliches Archiv, 1999, S. 261–279

BRETSCHGER, L., SMULDERS, S.: Sustainability and Substitution of Exhaustible Natural Resources; How Resource Prices Affect Long-Term R&D-Investments, FEEM Nota di Lavoro 87.2003, 2003

BRUNDTLAND-Bericht, World Commission on Environment and Development: Our Common Future, Oxford University Press, New York 1987

CECCHINI, P.: Der Vorteil des Binnenmarkts, Nomos, Baden-Baden 1988

CHAMBERLIN, E.: The Theory of Monopolistic Competition, Harvard University Press, Cambridge Mass. 1933

CHIANG, A.: Elements of Dynamic Optimization, McGraw-Hill, New York 1992

COE, S., HELPMAN, E.: International R&D Spillovers, in: European Economic Review, 1995, S. 859–887

DASGUPTA, P.S., HEAL, G.M.: Economic Theory and Exhaustible Resources, Cambridge University Press, Oxford 1979

DE GROOT, H., NAHUIS, R.: Taste for Diversity and the Optimality of Economic Growth, in: Economics Letters, 1998, S. 291–295

DELONG, J.B., SUMMERS, L.H.: Equipment Investment and Economic Growth, in: The Quarterly Journal of Economics, 1991, S. 445–502

DOMAR, E.D.: Capital Expansion, Rate of Growth, and Employment, in: Econometrica 1946, S. 137–147

GROSSMAN, G., HELPMAN, E.: Comparative Advantage and Long-Run Growth, in: American Economic Review, 1990, S. 796–815

GROSSMAN, G., HELPMAN, E.: Innovation and Growth in the Global Economy, MIT Press, Cambridge Mass. 1991

HARROD, R.F.: An Essay in Dynamic Theory, in: The Economic Journal, 1939, S. 14–33

HARTWICK, J.M., OLEWILER, N.D.: The Economics of Natural Resource Use, 2nd Ed., Longman, Essex, 1998

JAFFE, A., TRAJTENBERG, M., HENDERSON, R.: Geographic Localization of Knowledge Spillovers as Evidenced by Patent Citations, in: The Quarterly Journal of Economics, 1993, S. 577–598

JONES, C.: R&D-based Models of Economic Growth, in: Journal of Political Economy, 1995, S. 759–784

KALDOR, N.: Capital Accumulation and Economic Growth, in: Lutz, F. (Hrsg.), The Theory of Capital, Macmillan, London 1965

KAUFMANN, B.: Microaspects of Saving, in: HEERTJE, A. (Hrsg.), World Savings, Blackwell, Oxford 1993, S. 31–63

KENNEDY, C.: Induced Bias in Innovation and the Theory of Distribution, in: Economic Journal 1964, 541–547

KEYNES, J.M.: The General Theory of Employment, Interest and Money, Macmillan, London 1936

LEVINE, R.: Financial Development and Economic Growth: Views and Agenda, in: Journal of Economic Literature, 1997, S. 688–726

LEVINE, R., LOAYZA, N., BECK, T.: Financial Intermediation and Growth: Causality and Causes, in: Journal of Monetary Economics, 2000, S. 31–77

LEWIS, W.A.: The Theory of Economic Growth, Allen and Unwin, London 1955

LUCAS, R.E.: On the Mechanics of Economic Development, in: Journal of Monetary Economics, 1988, S. 3–42

LUCAS, R.E.: Why doesn't Capital Flow from Rich to Poor Countries, in: American Economic Review, Papers and Proceedings, 1990, S. 92–96

MALTHUS, T.R.: An Essay on the Principle of Population, Original: London 1798, Nachdruck: Pickering, London 1986

MANKIW, G., ROMER, D., WEIL, D.: A Contribution to the Empirics of Economic Growth, in: The Quarterly Journal of Economics, 1992, S. 407–437

MARKUSEN, J., MELVIN, J., KAEMPFER, W., MASKUS, K.: International Trade, Theory and Evidence, McGraw-Hill, Boston, 1995.

MARX, K.: Das Kapital, Band I–III, Nachdruck: Dietz, Berlin 1987

MECKL, J.: Structural Change and Generalized Balanced Growth, in: Journal of Economics, 2002, S. 241–266

NELSON, R.R., WINTER, S.G.: An Evolutionary Theory of Economic Change, Harvard University Press, Cambridge Mass. 1982

NORDHAUS, W.D.: Lethal Model 2: The Limits to Growth Reconsidered, in: Brookings Papers on Economic Activity, 1992, S. 1–59

PAGANO, M.: Financial Markets and Growth, in: European Economic Review, 1993, S. 613–622

PERMAN, R., MA, Y., McGILVRAY, J., COMMON, M.: Natural Resource and Environment Economics, Longman, 3rd Ed., Essex 2003

PITTEL, K.: Sustainability and Endogenous Growth, Edward Elgar, Cheltenham 2002

RAMSEY, F.P.: A Mathematical Theory of Saving, in: The Economic Journal, 1928, S. 543–559

REBELO, S.: Long Run Policy Analysis and Long Run Growth, in: Journal of Political Economy, 1990, S. 500–521

RICARDO, D.: On the Principles of Political Economy and Taxation, Original: 1817, Nachdruck: Cambridge University Press, Cambridge, Mass. 1951

ROMER, P.M.: Increasing Returns and Long-Run Growth, in: Journal of Political Economy, 1986, S. 1002–1037

ROMER, P.M.: Capital Accumulation in the Theory of Long-Run Growth, in: Barro, R.J. (Hrsg.): Modern Business Cycle Theory, Harvard University Press, Cambridge Mass. 1989

ROMER, P.M.: Endogenous Technological Change, in: Journal of Political Economy, 1990, S. S71–S102

SCHUMPETER, J.A.: Theorie der wirtschaftlichen Entwicklung, Original: 1911; The Theory of Economic Development, Harvard University Press, Cambridge Mass. 1934

SHELL, K.: A Model of Inventive Economic Activity and Capital Accumulation, in: Shell, K. (Hrsg.): Essays on the Theory of Optimal Economic Growth, MIT Press, Cambridge Mass. 1967

SHESHINSKI, E.: Optimal Accumulation with Learning by Doing, in: Shell, K. (Hrsg.): Essays on the Theory of Optimal Economic Growth, MIT Press, Cambridge Mass. 1967

SMITH, A.: An Inquiry into the Nature and the Causes of the Wealth of Nations, Original: 1776, Nachdruck: Random House, New York 1937

SOLOW, R.M.: A Contribution to the Theory of Economic Growth, in: The Quarterly Journal of Economics, 1956, S. 65–94

TOBIN, J.: Money and Economic Growth, in: Econometrica, 1965, S. 671–684

UZAWA, H.: Optimum Technical Change in an Aggregative Model of Economic Growth, in: International Economic Review, 1965, S. 18–31

Personenverzeichnis

Sachverzeichnis